中国经济文库·应用经济学精品系列（二）

曹　飞◎著

土地供给制度影响中国房价研究

Study on the Influence of Land Supply System on Housing Price in China

中国经济出版社
CHINA ECONOMIC PUBLISHING HOUSE
北京

图书在版编目（CIP）数据

土地供给制度影响中国房价研究/曹飞著.
—北京：中国经济出版社，2018.9（2024.1 重印）
ISBN 978-7-5136-5209-4

Ⅰ.①土… Ⅱ.①曹… Ⅲ.①土地制度—影响—房价—研究—中国
Ⅳ.①F321.1 ②F299.233.5

中国版本图书馆 CIP 数据核字（2018）第 105337 号

责任编辑　叶亲忠
责任印制　马小宾
封面设计　华子图文

出版发行　中国经济出版社
印 刷 者　大连图腾彩色印刷有限公司
经 销 者　各地新华书店
开　　本　710mm×1000mm　1/16
印　　张　15
字　　数　220 千字
版　　次　2018 年 9 月第 1 版
印　　次　2024 年 1 月第 2 次
定　　价　78.00 元

广告经营许可证　京西工商广字第 8179 号

中国经济出版社 网址 www.economyph.com 社址 北京市东城区安定门外大街 58 号 邮编 100011
本版图书如存在印装质量问题，请与本社销售中心联系调换（联系电话：010-57512564）

前言

房改以来尤其是土地使用制度深入改革之后，我国房地产市场迅速发展，对拉动国民经济快速增长和改善城镇居民居住水平起了很大作用。但同时房价和地价以较快的速度上涨，抑制了国内消费需求并拉大了居民收入差距，过高的房地产价格加剧了金融风险集聚，对优化产业结构转变经济发展方式也起到了阻碍作用。以土地制度为出发点研究高房价成因的文献大都集中在定性分析，少有定量研究，且大都集中在土地价格与房地产价格的关系研究上，对其他方面的研究较少。由于土地供给制度的复杂性，已有文献主要集中在某一个局部问题的研究上，缺乏系统研究土地供给影响房价的机制，对全面认识我国高房价问题和改革土地供给制度尚未提供一个更系统、全新的思路。鉴于以上原因，本书以土地供给制度对房价波动的影响为研究对象，全面系统地进行了理论和实证分析，主要从垄断供地制度、土地批租制度、土地“招拍挂”出让制度以及土地供给政策四个方面分析这些政策或制度对我国房价波动的影响，在理论分析的基础上采用全国或城市层面的数据对上述理论分析进行实证研究。在理论和实证分析的基础上，选取有代表性和借鉴价值的中国香港地区、瑞典、德国等国家和地区，详细对比分析了它们的土地供给制度及其房地产市场的特点，以期对我国土地供给制度的改革提供一些实践思考。

本书的主要结论如下：（1）垄断供地制度下，我国的房地产市场总体上属于垄断竞争型市场，局部的房地产市场结构介于垄断竞争和寡头垄断之间，由于房地产行业上游的土地市场和下游商品住房市场均有一定的市场垄断势力，由此产生了垄断双重加价的现象。实证研究发现地方政府垄断供地制度下的高地价和政府对土地市场的管制解释了大部分的房价波动率，而居民收入增长率对房价波动率的影响不大。(2) 短期内房价和地价的关系非常复杂，并不是简单的房价决定地价，相关文献土地“招拍挂”制度实施不影响房价的结论也值得商榷。由于房地产产品的特殊性质，“招拍挂”供地制度的实施在一定程度上使得房价保持了刚性，而从长期来看，在经济增长的大环境下，成本在总体上影响了房价的走势，“招拍挂”供地制度的实施使得房价总体上呈现上涨势头。短期内土地“招拍挂”制度的实施影响十分复杂。本书实证分析了长期内土地“招拍挂”实施对房价波动的影响，结果与上文理论分析一致，但不同地区之间有差异。(3) 土地批租制的实施使得房地产企业产生了囤地和土地市场投机的激励，在房价、地价上涨的过程中加剧房地产企业的投机程度，投机因素又反过来带来房价和地价的新一轮上涨。同时，土地批租制使得以房租租金水平确定的真实房地产价格水平和以土地资产投机定价的房价水平相互脱离，即商品住宅市场也存在投机现象，这种投机使得土地定价脱离了房租水平，房价水平脱离了地租水平，有可能产生房价泡沫。实证研究也表明了这一点。(4) 2003年实施的土地供给政策在抑制房价和地价过快上涨的过程中效果不明显，但对调整产业结构和促进土地市场发育方面有一定的积极意义。对于房价调控中的土地供给政策，理论分析认为土地供给政策和信贷政策之间存在政策短板效应，即：效率最低的调控政策决定了整体宏观调控政策的绩效。实证分析表明，2005 年以来的房价调控中土地供给政策有效度明显低于信贷政策，土地供给政策的低效率决定了整体调控政策的相对低效率。尤其是打击土地投机和房地产企业囤地的政策有待优化，未来调控政策的主要方向应当着眼于土地供给政策。(5) 香港地区的土地批租法律、规则，以及一些实践探索出来的新的供地制度值得中国内地借鉴学习，而一些土地供给制度弊端需要通过改革加以消除。

瑞典和德国的土地制度都有独特性，尤其是从瑞典的土地租赁制度的变迁历史中得到的经验可供我国土地供给制度的改革参考。而德国特殊的地上权制度和政府对房地产市场的有效管制，对稳定房价功不可没。

综合全书的理论研究和实证分析，本书提出的政策建议如下：(1) 亟待打破地方政府垄断供地的局面，针对不同区位的农村建设用地，分步骤、分情况建立相对应的、形式灵活的城乡统一的建设用地市场，同时可以探索在空间维度上和时间维度上优化配置建设用地指标。(2) 针对土地“招拍挂”制度的改革完善来说，则主要应从完善相关技术程序和相关制度配套两方面着手。要改革“价高者得之”单一的出让规则，土地出让方式应合理引导房地产市场预期，同时要引入土地需求方因素，以更好地执行土地供应计划和平稳市场预期。此外，相关的法律制度配套也非常关键。(3) 探索土地年租制度和土地批租制度的混合租金制度。对于新的土地混合租金制度，则要针对不同地区、不同行业的不同情况合理使用土地年租制度，对于实行土地年租制度实施相关的理论和实践问题，则可选择部分地区作为前期试点，并结合具体实践中存在的问题进一步推进年租制的优化。(4) 对于房价调控中的供地政策而言，首先要提高清理闲置土地的政策有效性，同时对于整个政策体系来讲，土地政策总体效果不佳，未来的政策改善应着眼于土地政策绩效的提高，同时应注重调控政策的制度化和规范化。(5) 香港地区供地制度中的一些技术程序、“勾地制度”、完善的法律法规值得中国内地借鉴，而瑞典土地供给制度中的土地租赁制度、德国不动产市场中的地上权制度和一系列住房制度应结合中国具体国情适当引入。

目　录

第1章 引 言

1.1 研究背景、目的和意义

1.1.1 研究背景

自1998年住房体制改革以来，我国房地产业得到迅速发展，成为我国国民经济中的支柱产业。统计资料显示，房地产业增加值由2000年的4149亿元增加到2009年的18654亿元，年均增长率超过20%，而同期GDP的年均增长率为9%左右。

（1）房地产业高速发展，地价与房价上涨速度过快。

目前，房地产投资占我国固定资产投资的比重已经接近20%，房地产业对拉动GDP作用明显。2003年中央政府把房地产确定为经济支柱产业，各地方政府也相继将房地产确定为地方经济支柱产业。就全国而言，自1998年房改以来，房地产业总体呈现出“量价齐增”态势，尤其2003年以后供需两旺的同时供需缺口在逐渐缩小，同时房价处于快速上升通道。2005年以后供求形势逆转，市场的整体情况呈现出供不应求的局面，房价的上涨速度较2003—2005年更快。

对于重点城市，尤其是一线、二线城市房地产市场则更多呈现了“价涨量平”的态势。即房价增长、房地产商利润增长和政府土地出让金的增长，但同时供给量已经持续多年处于停滞不增的状态。由图1-1可以看出从2004年开始房价一直在增长，但各城市房地产销售面积没有明显增长。其中上海、北京、广州等一线城市尤为明显。

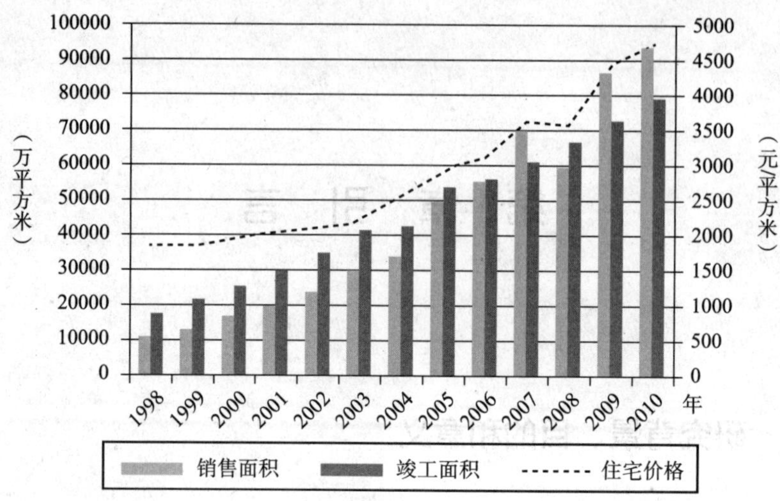

图 1-1　1998—2010 年全国住宅房地产竣工及销售面积和售价

资料来源：历年中国统计年鉴。

1987 年是我国土地有偿使用的开始，从 1988 年修宪确定土地使用权依法出让到 1998 年《土地管理法》的修订，国有土地使用权由有偿出让向双边垄断的土地市场过渡，即新增国有土地和存量国有土地统一由地方政府垄断出让，同时集体土地不得进入国有土地市场交易。而随着 2001 年《关于加强国有土地资产管理的通知》、2002 年《招标拍卖挂牌出让国有土地使用权规定》、2004 年《关于继续开展经营性土地使用权招标拍卖挂牌出让情况执法监察工作的通知》、2007 年《土地储备管理办法》等法律法规的颁布实施，双边垄断国有土地一级市场得到进一步强化。伴随着土地使用权市场化的推进，土地价格也大幅攀升，图 1-2 为 1998 年房改和《土地管理法》实施以来住宅土地交易价格指数和商品住宅价格指数的增长速度图。从 1998 年房改到 2003 年确定房地产业为国民经济支柱产业的这段时间，房价和地价总体涨幅较小，自 2002 年土地使用权市场化推进开始，土地价格与商品房价格指数增长速度开始分离，土地价格的涨幅要远高于商品住宅价格涨幅。

由上可见，土地供给制度的演进对我国房地产市场的发展有着重大的影响，房地产市场的发展也深刻地影响着土地供给制度的变迁。同时土地

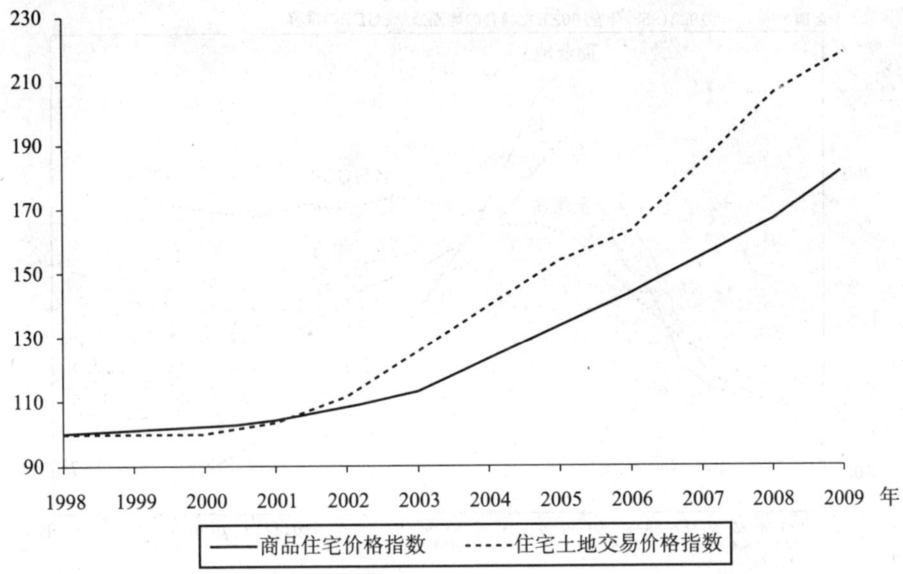

图 1－2 1998—2009 年商品住宅和住宅用地交易价格指数走势

资料来源：历年中国统计年鉴。

作为房地产市场的最核心资源，客观上要求从土地供给制度方面进行理论和实证分析，揭示出供地制度对房价影响机制。

（2）房地产市场蕴含着诱发金融危机的潜在风险，通过土地政策对房地产市场进行干预和调控是一种重要的政策手段。

房地产市场价格波动可能引发金融危机进而带来更大范围内的经济危机和经济衰退的事实被多次印证。例如，20 世纪 80 年代末到 90 年代初的日本经济泡沫，泡沫破灭后带来土地和房地产价格的大幅度下滑的同时经济大倒退，此后进入了平成大萧条时期（如图 1－3 所示）。而东南亚金融危机和 2008 年的次贷危机，引发了区域甚至全球的金融危机和经济增长速度下滑。这些金融危机中有以下共同特征：第一，危机爆发后伴随着的是不动产资产的大幅缩水。第二，随着房地产泡沫的破灭形成了大量的银行呆账和坏账，由房地产价格波动带来的巨大风险全面延伸到金融体系。第三，金融动荡造成各种资产在内的经济指标恶化进而形成经济衰退。

我国经济处于高速发展的时期。但自 2003 年以来，我国房地产市场高速发展同时带来的房价过快上涨所蕴含的金融风险亦不可忽视。土地和房

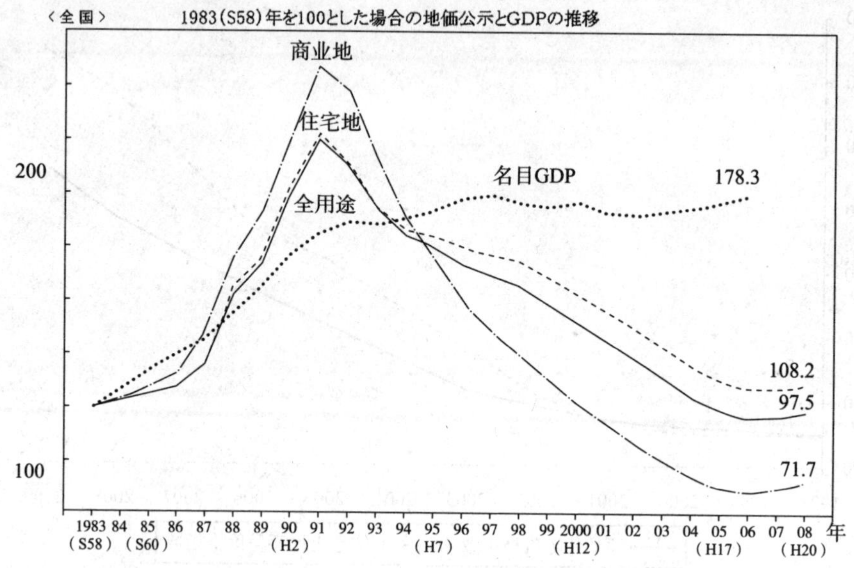

图1-3 20世纪90年代日本经济泡沫破裂前后的地价趋势

资料和数据来源：http：//bj. house. sina. com. cn/focus/japanhouse/index. html，日本国土交通省。

地产作为银行信贷中的优质抵押物，这部分贷款属于优质资产，同时由于房地产业对金融业的高度依赖，它们之间存在相互“加速器”的机制。较为稳定的房地产价格和健康发展的房地产市场对于房地产业和金融业都具有重大意义。

稳定不动产价格和促进房地产市场健康发展，土地供给制度是重要的政策之一，对于特殊土地制度的中国国情，土地政策则有着更独特的地方。中国的土地制度与土地市场与国外的土地制度和土地市场有着根本不同：中国的土地分为集体土地和国有土地，集体土地归农村集体所有，城市土地归国家所有，相应的土地市场分为农村集体土地市场、城市国有土地市场和政府的征地市场，征地市场和国有土地一级市场由地方政府垄断经营，集体土地不能直接进入国有土地市场交易。而国外则基本不存在二元土地市场，土地供给弹性大，流转速度较高。同时在很多国家，人口在城乡间相互流动，一元的土地市场和人口城乡间的自由流动形成了城乡统一的房地产市场。因此，在这种特殊的土地市场结构下，对房地产价格大幅波动蕴含的金融风险要求提高土地政策制定的准确度。

（3）“土地财政”问题突出，保障房建设体系滞后。

我国城市土地为国家所有，土地一级市场由地方政府垄断经营，是国有土地的供地市场主体。同时由于土地利用和房地产市场的特殊性，政府有义务直接对土地市场进行微观规划管制和宏观调控。土地是一种稀缺资源，基于建设社会主义市场经济要求，土地市场的建立和“招拍挂”出让机制的完善是配置土地资源的重要手段，从而由市场配置土地获得经营收入为应有之义。2000 年以来随着我国土地市场的建立完善和房地产市场的高速发展，地方政府的土地出让金、房地产开发税费等迅速占到了地方财政预算收入的相当大的部分，地方政府财政支出对这部分收入有着不同程度的强烈依赖。由于其主要依靠增量征用出让农地创造而主要又属于政府的预算外收入，“土地财政”是对其的形象说法。但随着“土地财政”规模的扩大反而带来了诸多经济社会问题：如优质耕地锐减、征地拆迁纠纷不断、城市建设用地粗放利用、房价高企等。

在“土地财政”规模急速膨胀的同时，我国的保障房建设速度却远远落后于土地出让金的增长速度，1998 年《国务院关于进一步深化城镇住房制度改革加快住房建设的通知》的政策措施是建立和完善以经济适用住房为主的住房供应体系：“对不同收入家庭实行不同的住房供应政策。最低收入家庭租赁由政府或单位提供的廉租住房；中低收入家庭购买经济适用住房；其他收入高的家庭购买、租赁市场价商品住房。住房供应政策具体办法，由市（县）人民政府制定。”

而从图 1 – 4 中可以看到，经济适用房与商品房销售面积比例从 1998 年房改的 15% 上升到 2000 年的 22% 左右，随着 2000 年国有土地使用权出让市场的建立，经适房开工销售面积大幅下滑，与商品房销售面积的占比从 2000 年的 22% 下降到 2010 年的 2.5%。对比国外市场的情况，在新加坡 90% 住房由政府提供、10% 由市场提供，总人口的 85% 居住在政府提供的住房，约 7% 的低收入家庭居住在政府廉价租房，其他约 10% 的高收入家庭在市场上购买高档住宅；在香港，政府提供 50% 的住房，100% 的低收入民众都住在廉租房里，截至 2010 年，香港共有约 73 万套公屋住房，超过 200 万人租住其中，约占香港总人口的 1/3。居屋单位则有超过 30 多万个，约占总人口的1/6。保障房建设体系的缺失，无疑是中国内地房价快速上涨的一个原因。

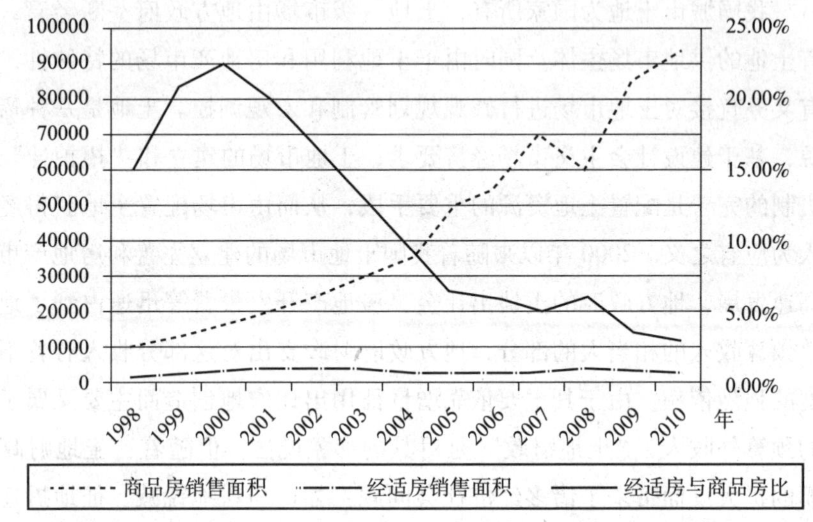

图1-4　1998—2010年经适房与商品房销售面积占比

资料来源：历年中国统计年鉴。

地方政府同时作为土地一级市场的经营主体和保障房政策的执行主体，从上述图中可以看到，相对于地方政府的土地出让收入和房地产企业营业利润的大幅增长，经适房的投资速度长期维持在一个低水平上。既有土地供给制度下如何协调保障房供给和商品房供给，从而遏制房价的过快上涨，也是未来完善住房供给制度的重要课题。

（4）房地产宏观调控政策中的土地政策。

中央政府从2003年以来针对房价过快上涨的形势，制定了一系列的房地产市场宏观调控政策。2004年的调控目标在于防范金融风险和控制土地供给总量；2005—2007年的政策目标在于遏制房价过快上涨，控制土地供给量；2008—2009年的调控目标是防止房地产业大起大落，刺激房地产市场发展，稳定经济增长；2010年以来又回到遏制房价过快上涨的目标上来。从2010年以前的房地产调控政策效果来看，并未将部分城市房价和地价过快上涨、投机性购房的势头从根本上扭转。针对日渐反复的房地产市场，2010年9月29日国家多部委联手出台了被媒体称为“史上最严”的新一轮调控政策措施，全国大中城市先后推出“限购令”，直击投机性行为，给房地产市场再次降温。2011 年伊始，随着各地限购令细则的出台，北上广等大城市楼市初现降价潮，但行政管制性措施显然不是持续调控政策的最佳选择，2003 年以来的房地产调控政策结果表现出“一放就乱，一抓就死”的两难局面。而这些调控政策中无论是“限购令”“限价房”“限贷令”及税收政策都没有触及我国土地供给制度，对于考虑了土地供给制度的房地产调控政策制定，是未来房地产调控政策面临的重大方向选择问题。

1.1.2 研究目的

本书的研究目的在于揭示土地供给制度对房价波动影响的一般原理和规律，从而在政策上提高土地供给制度绩效，有效抑制过快上涨的房价，促进我国房地产市场健康、持续平稳地发展，具体而言，本书的研究目的在于：首先，分析垄断供地制度、“招拍挂”供地制度、土地批租制度三个主要制度特征影响中国房价波动的规律，并提出这些制度改革和完善的途径。其次，述评世界主要国家和地区的土地出让制度的成功经验，并结合我国实际国情，进一步完善我国土地供给的基础理论，对我国土地供给制度变迁提供一些实践上的对照。最后，整体评价 2005 年来房地产价格调控中土地政策的效果，重点分析土地政策和货币政策之间的协调度，以及需要对哪些宏观政策做出改进以更好地实现一定程度上平抑房价的目的。

1.1.3 研究意义

本书的研究意义主要体现在两个方面。（1）理论意义：房地产市场是国内外研究的热点。相关理论多直接从供给、需求面或供需面构建模型来分析，或是直接分析房价和地价的关系。直接结合我国的土地制度尤其是城市土地供应制度来分析房地产供应的理论和实证研究非常少。本书做出尝试，用马克思经济理论和西方经济学理论对上述问题进行理论和实证研究。理论的对比和研究的新视角可以更好地揭示房地产问题的本质，同时也是对房地产相关理论问题进行补充与完善。（2）现实意义：本书通过对土地供给制度对住房供应价格的影响研究，可以深入理解房地产价格的供给面原因，同时结合供给面的金融因素分析，可以为政府制定土地和房地产金融调控政策提供决策依据和长期房地产市场的体制改革做理论参考。同时，房地产业是关系到国计民生的重要支柱产业，对土地市场和房地产市场作为一个系统来分析，也能更好地理解房地产业的突出问题，避免了孤立研究的缺点，对房地产企业决策和促进行业健康良性发展提供一些思路。

1.2 研究对象和研究范围

1.2.1 研究对象

本书研究的对象是土地供给制度对房价波动的影响，而不是所有土地制度对房价波动的影响，这里的房价指的是商品住宅价格，不是泛指意义上的商品房。“供给”界定了研究对象的对应面的实体范畴，表明将作为土地市场的经营者和监管者的地方政府及房地产企业作为主要关注重点，当然，在分析过程中也会涉及一些消费者的分析。全书主要分析在我国特殊的供地制度下，各种具体的供地制度特征如何影响房价波动。

1.2.2 概念界定

本书所说房地产市场特指住宅房地产市场，土地市场作为单独的提法列出来，这与传统的地产市场的说法不同。住宅房地产市场价格包括租金、新房销售价格、二手房销售价格等。由于我国的二手房市场规模相对不大，仅一线城市占比较大，而且土地供给制度主要影响新房市场，故本书的房价选取的是新房销售价格和租金价格。由于我国的经济适用房只卖不租，所以我国的商品房市场上也有经适房等保障房产品，由于经济适用房特殊用地制度，所以本书选取的价格都是商品住宅价格。

1.2.3 研究范围

本书主要在西方经济学、马克思主义经济学、计量经济学等理论指导下采用抽象和演绎的方法来对我国土地供给制度影响房价波动的具体情况进行研究，就基础理论而言，未来土地供给制度的制度变迁方向应建立在土地供给制度与房价互动关系研究的基础上。从另一个角度来说，本书的研究主题是土地供给制度和商品住宅价格波动之间关系研究的深化与发展。有宏观的总体性研究，也有微观的局部性分析，但大部分研究内容属于宏观层面的理论模型与实证研究。

1.3 国内外研究现状

1.3.1 国外研究现状

Hannah（1993）发现韩国20世纪80年代中后期房价的上涨，很大程度上是由于供给不足引起的。Wheaton（1994）认为土地供应量减少将会形成住房供给下降的预期，从而最终引起房价的上升。Hui（2004）认为土地供应的减少导致住房价格变化不是迅速的，而是一个较长的时间过程。Neng Lai 同样研究了开发商的住房供给与政府土地供应量的关系，其结论是依靠加大土地供给的方法缓解住房短缺可能并不是一个较好的方法。而 Tse（1998）采用土地供应量与房价的 Granger 因果关系检验，结果表明两者之间并不存在因果关系，这主要是因为土地供给中的漏出效应：即投入市场的土地并不会被立即投入生产。

古典经济学家李嘉图认为土地的价值由土地产品的价值所决定，而不是地价影响甚至决定房价，所以根据李嘉图的观点则：地价受房地产价格决定。不少学者的研究遵循了李嘉图的要素市场引致需求理论，比如 Muth（1969）利用城市土地竞租理论分析了城市土地利用原理，按照资源配置原则，城市土地将被用于最佳最高的收入回报的用途，按照李嘉图的理论来说房价的快速上涨将极大地带动地价的上升；Grigson（1986）认为对房地产产品价格的预估是房地产企业对土地竞价的最关键原因，从这个意义上来说，房价直接决定了土地竞价价格，这里也遵循了李嘉图的引致需求理论；Tsoukis（1998）认为房价的变化至少在长期上会导致地价的变化，这同样是基于需求面价格的分析；Sullivan（2002）在《城市经济学》中也认为房价是地价上升或下降的原因而非地价上升或下降的结果；但 Raymond（1998）针对香港的土地和住房销售年度数据所做的 Granger 因果检验分析得到的结论却是房价和地价不存在因果关系，这与上文的李嘉图理论有很大出入，但结论的差异性可能来源于研究所选取的数据样本的偶然性；Glaeser 等（2002）则利用传统的回归分析方法研究了地价和房价之间的关系，他认为地价与房价之间没有较为直接的关系，但与区域经济增长速度、工资高低、人口数量等因素密切相关。而古典经济学家 Smith（1976）对房地产价格与地价之间的关系进行了研究，他认为从市场供给角度来看，土地价格在一定程度上决定着房地产价格。同样 Needham（1981）运用新古典经济学分析方法分析了不动产市场，他认为土地价格是影响房地产价格主要因素；Dowall（1982）通过研究新房价格的影响因素后认为土地利用密度规划和土地供给的控制是影响房价的关键性因素；Evans（1987）也较为认同 Dowall（1982）的观点，他认为土地供给的诸多政策和法规限制推进了土地价格的上涨，从而在下游市场又推动了住房价格的上涨。

国外关于土地用途管制制度影响房价方面的文献较多，比如 Barlow（1993）比较了英国、法国和瑞典土地利用规划、土地供给弹性和住房供给之间的关系，结果表明不同国家和地区管制和规划政策会带来不同的土地供给弹性，并认为土地供给与住房供给之间的关系相互独立，这与上文中分析的土地供给中产生的漏出效应是一致的。Allmendinger（2003）着重分析了美国的土地开发问题，由于土地制度的巨大差异，美国土地开发更大程度是一种房地产企业的行为，而美国的城市开发也呈现蔓延式增长的规律。因为土地掌握在诸多分散的土地所有者手中。理论界分析得更多的是住房建设量而不是地价对房价的影响，土地供给量和地价对房地产市场和房价的影响则更多是来源于土地用途管制和土地分区规划的间接影响。

Lai 等（1999）和 Chiu（2007）的研究认为香港和新加坡房地产市场中政府对土地一级市场供应的垄断是推高房价的重要原因，尤其是针对香港的分析表明土地供给量减少明显推动了房价上涨且存在一定的滞后期，同时表明土地供给量与住房供应量之间并没有较为明显的关系，这在一个方面说明了香港房地产市场中的房价上涨过快可能来源于其他原因。Monk 等（1996）认为微观经济分析中所采用的传统分析方法针对产品差异性巨大的房地产市场来说可能并不完全适用，因为房地产产品并不具备边际替代性，地价和房价的差异更多是因为政府对土地和住房市场进行规划管制的结果。Hui（2006）研究了香港租赁型土地供应和住房供应量之间的关系，他认为土地供给的规划管制是造成部分类型住房产品供给不足的原因，与上文的一些文献研究结论较为类似。Tse（1998）则从市场预期角度分析了土地供给和房价之间的关系，他认为土地供给量与房价间不存在固定的因果关系，房价不是对已有土地供给量做出的市场反应，而仅是对土地供给政策预期所产生的结果。Brueckner（1995）也指出土地供给在短期内可能进入开发商的土地储备而不立即进入土地二级开发环节，因此可能并不能立即影响住房市场供应，因此与上文已有文献提到的土地供给漏出效应一样，土地供给量短期内很可能影响不到房价。此外，关于土地管制对住房价格的影响，尚未形成一致的意见。一种观点认为土地供给量的管制政策限制了住房供给进而导致了房价的上涨，土地管制作为政府干预住房市场的政策是低效甚至是无效的，如 Hannah（1993）、Son 等（1998）、Monk 等（1999）、Ihlanfeldt（2007）等。另一种观点则认为土地管制提升了土地利用效率，在增加市场供给量的同时提高了居住品质，另外政府的土地管制政策还有助于减少土地开发中的负外部性，有效地减少了市场失灵。Tse（1998）认为土地管制的目的在于确保城市开发进程与长期规划目标一致，减少土地使用中的外部性。西方市场经济国家中对于土地市场中的微观管制政策也产生了诸多影响，这些微观管制政策包括土地建设利用规划和土地分区管制等，前者对房地产市场的影响主要是通过影响住房产品的密度、高度、容积率等途径，而土地分区管制对房地产市场的影响则主要通过政府对土地开发的计划规划引导房地产开发企业的市场开发预期。这些政府微观管制政策可能会有效减少土地开发外部性，并提高土地开发价值，从而最终提高土地资源的配置效率，但也可能存在政府的过度管制或管制不足，过度管制会造成管制失灵即政府失灵，从而造成资源配置效率降低，而管制不足则产生市场失灵，同样造成资源配置效率降低。因此，政府在土地市场的微观管制政策对房地产市场的影响是较为复杂的，已有文献的研究中也出现了不同的观点，一些研究表明政府管制提高了土地利用效率，而同时另一些研究则认为政府管制给土地开发强加了一个捆绑约束，导致土地价格的扭曲，如 Cho（1997）、Asabere 等（2011）。

1.3.2 国内研究现状

1.3.2.1 土地财政对房地产价格的影响

这方面，马雪（2012）通过分析中央与地方政府的纵向财政竞争下的土地市场秩序混乱问题，认为中央政府与地方政府的财政竞争是导致城市非理性扩张、房价不断攀升的制度原因；宫汝凯（2012）将分税制改革、土地财政和房价纳入一个经济系统，通过实证分析认为分税制改革引致的扩大化的财政分权度是导致房价上涨的不可忽视的制度因素，并且土地财政是联系分税制改革和高房价的中间变量；王学龙（2012）构建了一个土地供应限制下的房地产市场均衡模型，模型认为推动房价飞速上涨，致使其脱离真实供求关系的根本原因不是地价而是土地财政；郑思齐（2011）通过实证检验分析认为控制其他因素之后，越依赖土地财政的城市、通过低价出让工业用地招商引资的城市，居住用地供给的受限程度就越高，住宅用地价格上涨的压力就越大；郭宝林（2007）认为土地出让金是影响房价的一个关键性因素，并提出改革现有土地出让金制度为年租制度的政策建议；周彬（2010）通过构建一般均衡模型发现土地财政必然推动房价持续上涨，而且地方政府具有推动房价上涨的内在激励，实证分析表明地价系数统计显著，地价对房价和成交量具有明显的影响；张双长（2010）的实证分析结果同郑思齐（2011）、周彬（2010）基本一致，陈超（2011）认为地方政府利益是地价和房价上涨的根本原因，开发商垄断是高地价和高房价的直接原因，大力建设保障房是解决房地产市场两难处境的有效手段；张小宏（2010）的理论分析也认为越依赖土地财政的城市地价和房价就越高；邓志锋（2009）用理性经济人假设分析了地方政府表现出来的房价推动行为是为了自身利益最大化，地方政府行为是房价快速上涨的一个重要原因；冯辉（2011）认为地方政府应从土地供应、价格调控、保障房建设三个方面实现角色转变从而实现稳定房价和促进政府职能转换；文桂江（2010）通过对历史上食盐价格的分析，然后嫁接到房地产市场对高房价成因进行分析，认为地方财政困难导致地方政府直接经营土地，将土地作为财政化商品，地方政府对地价的垄断、开发商对房价的垄断，导致了房价的持续上涨。李遵白（2010）认为不同利益集团之间的利益困局是导致高房价的原因，这种利益困局导致了房地产市场中的多输局面。李宏瑾（2005）认为我国房地产市场垄断程度相当严重，政府应将促进房地产市场竞争作为一项基本正常方针。杨璐璐（2012）认为受诸多因素的影响和制约，我国政府土地收入使用还存在偏离公共价值的情况，为此，必须准确界定政府的角色和职能，围绕公共利益加强政府土地收入的收支管理。乌东峰（2011）通过构建房地产企业、消费者、政府间的博弈论模型分析，认为土地财政和消费者的住房消费习惯共同推高了房价。郭宏宝（2011）运用一般均衡理论研究了财产税、城市扩张与住房价格之间的关系，土地政府垄断下的转租制度不是高房价的必然推手，政府转租土地推高房价的现实是住房市场扭曲的表现形式。当然，如果住房市场存在投机行为，那么财产税、土地租金对住房价格影响的上述结论则需要进行相应的修正。

1.3.2.2 土地储备制度对房地产价格的影响

这方面，李昊（2009）研究了土地储备制度对房地产市场的影响，突出了其对房价的作用；郝圆（2009）从土地供应量、土地供应价格、土地供应结构、土地供应节奏方面，探讨我国土地储备制度通过土地市场对房价产生的影响，并从商品房空置问题与土地储备制度相结合的角度，提出完善我国土地储备制度调控房地产市场的相关政策建议；李建建（2007）认为土地储备制度的实施伴随着土地价格快速上涨，但不能笼统地将地价上涨归咎于土地储备制度的实施；敖华（2009）深入分析了土地储备投资对房地产市场的正面影响，即在促进土地市场健康稳定发展、平抑高企的房价、优化房地产市场结构以及调节房地产业区域布局等方面发挥的重要作用；高荆民（2007）分析了土地供应价格、土地供应量和土地市场心理预期对房价的影响，认为土地供应制度对房价的影响是不可忽视的；任荣荣（2007）研究了土地供应对住房价格的作用机制，认为土地供应的确是影响住房价格变化的一个重要因素，政府的土地供应很大程度上通过影响市场参与者对未来房价的预期而作用于当前房价的变化；任超群（2011）通过实证分析表明土地供应量对住房供应量和房价有长期、稳定的影响作用，限制土地供应导致住房供应量减少，房价上涨，政府应充分发挥土地储备调节市场供应的功能，并且在决定土地供应时应有前瞻性和预见性；王松涛（2009）归纳了土地供应政策影响住房市场的“生产函数渠道”“预期渠道”和“供应效率渠道”，通过实证研究表明我国城市土地供应量与住房供给量存在显著的正相关关系，而土地供应价格和住房供给量的负相关关系不显著，土地供应对住房供给影响的“生产函数渠道”部分成立。土地供应政策可通过住房供给弹性这一“供应效率渠道”有效影响住房价格变动，紧缩的土地供应政策通过降低供给弹性而往往最终推高住房价格。此外，他认为国土部、监察部 71 号令是推动 2004 年后房价上涨的重要原因。张文新（2005）认为土地储备将在一定程度上推动我国地价上涨，为此土地储备机构应适当增加储备土地的供给量以降低地价上涨的幅度。吴朝霞（2010）通过实证分析后认为实施土地储备制度后地价对房价的影响不是决定性的。

1.3.2.3 地价对房价的影响

这方面，杜江（2010）通过实证研究分析了实施“招拍挂”制度后土地价格对房价的影响，认为地价对房价的影响具有一致性，但对各个城市而言，还存在一定的差异。李世蓉（2009）认为土地“招拍挂”出让制度提高了资源配置效率。土地“招拍挂”制度对房地产市场绩效产生了显著的影响，但不是房价快速上涨的原因。黄振宇（2011）用供需模型分析了土地供给制度、“招拍挂”制度等对地价的影响，他认为中国土地出让制度和税费制度缺陷是住宅价格快速上涨的基本原因。刘扬（2010）通过分析指出实施“招拍挂”出让制度以来，上海市房地产市场的垄断程度逐步加强，已呈现出明显的垄断特征，土地使用权“招拍挂”制度已经成为城市房地产市场的政策性壁垒。黄静（2012）利用面板误差修正模型分析了8·31大限前后房价与地价的关系，她认为房价拉动了地价，土地“招拍挂”制度的实施使得住房市场和土地市场的联动性加强，但房价上涨却不能由地价上涨来解释。王岳龙（2010）梳理了关于房价和地价的各种观点，认为地价是一种需求价格，如今的高地价是由于高房价而产生了对土地强烈引致需求的结果。而房价的影响因素十分复杂，由于容积率的调节作用，使得短期内地价对房价不产生明显影响，房价更多地与楼盘所处的区位、面临的经济形势等经济基本面因素有关。张同龙（2010）发现，房价和地价之间存在长期均衡关系，其Granger因果关系走向是房价影响地价，而不是相反。也就是说，房地产的总需求扩张仍是此阶段房价上涨的根源，所谓地价推涨房价的说法得不到实证支持。罗玉波（2010）利用空间数据分析方法分析了地王是否有带动空间房价上涨的效应，实证研究表明这种效应是存在的。黄瑜（2010）通过实证研究发现2004—2006年，地价对房价的影响在增加且缺乏弹性，收入对房价的影响在减小但富有弹性，2007—2009年中，收入和地价对房价影响都缺乏弹性，收入支撑房价上涨渐现乏力。相对于地价，收入变化对房价的影响更大。藏波（2011）通过实证研究，“招拍挂”制度实施后的供地制度对不同级别城市之间的房价影响是不同的，无论是短期还是长期，三线城市地方对房价的影响都大于二线城市和一线城市，房价对地价的长期影响则正好是一线城市最强，三线城市最弱。任超群（2011）通过事件研究法和回归分析法分析了地价信号对房价的影响，发现在市场上涨期，正向信号与好的市场形势共同推动区域新建商品住宅价格的上涨。潘爱民（2012）通过省级面板数据实证研究发现土地价格对住宅价格的长、短期影响效应均为正，但影响力度存在区域差异。刘民权（2009）认为用地批租制度和土地出让的“招拍挂”制度构成了诱发价格泡沫的微观基础。严金海（2006）发现短期内房价决定地价，长期内二者相互影响。与协议出让方式相比，土地“招拍挂”出让通过促进土地市场的买方竞争、降低房地产增量市场的垄断性，显化土地价格的同时，低了地价对房价的影响程度。王宏新（2012）认为土地“招拍挂”制度已经偏离了制度初衷，成为地方政府牟利的工具，可以考虑通过加大国家转移支付力度、完善土地拍卖机制等削弱制度变迁的积累效应。高舒畅（2011）认为可以通过少拍多招、明确土地出让条件、推行土地出让预申请制度三种方式完善土地“招拍挂”制度。赵桂生（2011）认为“招拍挂”出让不是推高房价的主要原因，稳定房价，必须坚持公开出让土地。钟京涛（2010）认为地价快速上涨不是高房价的原因，但他同时也认为土地“招拍挂”制度有不完善之处。马小刚（2008）认为土地“招拍挂”出让制度实施的效果与理论上并不一致，并指出了造成该问题的原因是政府对“招拍挂”制度的干预。王岳龙（2010）认为“招拍挂”制度的实施使全国房价水平提高了13.2%，同时各个地区地价对房价的影响方式不同，控制不同地区的房价应该采取不同的有针对性的措施，不宜实行“一刀切”政策。胥玲（2009）认为中国房地产价格的持续上涨根本上源于旺盛的房地产需求，试图通过限制土地价格来解决房价过高的问题显得缺乏公信力。岳晓武（2005，2006）也持有与胥玲类似的观点。温海珍（2010）发现房价与地价之间存在内生性关系，相互影响的方向均为正向，并且房价处于主导地位。同时，人均可支配收入是地价的重要影响因素，同时也对房价有显著的影响作用，房价滞后期对房价的影响程度最大，说明房价的预期效应是推动房价上涨的主要原因。柴凤桐（2011）认为“招拍挂”中主要有保密措施不好，底价经常泄露、土地供应计划性差、生地出让、设置排他性条件、价款交付不及时等问题，并提出了相对的政策建议。吕光明（2010）认为土地出让方式改革对房价与地价关系影响并不大，且在长短期内房价与地价都相互影响。王岳龙（2009）认为无论是长期，还是短期，房价对地价的需求拉动作用都明显，而地价对房价的成本推动作用主要还是体现在较长时间中。陈会广（2011）认为在不完全竞争市场中，地价作为房价成本构成之一，是房价上涨的一个重要但非决定性因素；而以土地为生产要素的引致需求决定着地价受预期房价的影响更大。张小武（2005）通过实证分析认为土地“招拍挂”制度未引起地价上涨，也不是沈阳市房价上涨的原因。王振伟（2011）认为房地产市场的乱象在于其特殊的市场环境，而不是土地“招拍挂”制度。李玲（2011）发现房价的增长拉动了地价的增长，地价又对房价产生推动作用。由于开发周期的影响，地价占房价的比例与从取得土地到售房经历的时间呈负相关关系，因此，研究地价与房价比例关系应以土地购买价格与销售房价来计算比较科学，地价占房价的比例总体呈上升趋势。我国地价在房价中所占的比例偏低，说明房价存在某种程度的“虚高”。谭政勋（2012）认为非金融部门利润率的下降是导致信用扩张的内生性原因，信用游离于实体经济之外、单纯在金融系统内循环是房价上涨和波动的主要推动力。

1.3.2.4 供地政策在房价调控中的作用

王松涛（2011）利用住房存量流量模型、干预分析模型和面板数据模型分析了住房政策的干预效果并进行了评价，他发现全国性政策工具对重点城市住房价格产生了显著的长短期干预效果，同时，2004 年土地交易制度改革可能是造成近年住房价格上升的主要政策因素之一。魏玮（2010）利用面板向量自回归对房地产宏观调控政策进行了分析，发现东、西部地区房地产价格受数量型工具冲击后向稳态收敛的速度慢于中部；数量型工具对西部地区房地产价格的累积效应最为显著，价格型工具对东部地区房地产价格的累积效应最大。徐利（2010）认为开发商囤地囤房、消费者投机投资和地方政府抬高地价谋取暴利成为房价不断上涨的推手，简单地强调其中任何一点都有失偏颇，以抑制房价过快上涨为核心的房地产市场调控政策的着力点应当是使用综合手段控制好上述三个环节。陈卫东（2010）认为世界上主要国家和地区在房地产调控政策中都出台法律严禁炒地炒房行为，使得住房市场和住宅土地市场中投机成分很小，在一定程度上降低了房价的过快上涨。张红利（2009）认为非市场化的土地交易制度极大程度上制约了中国房地产市场调控政策功效的发挥，在此基础上提出了相关的政策改进建议。王梅（2011）认为现有的房地产宏观调控政策陷入了“囚徒困境”之中，中央政府和地方政府就各自的利益展开博弈，现有的财税体制、土地出让体制的缺陷是导致这场博弈的原动力，要使房地产调控政策发挥效果，就必须设置双赢的共享税、将土地出让金纳入预算、建立全新的考核机制等。丰雷（2010）基于中国实践，对土地宏观调控的政策目标、主体、对象以及政策工具等进行系统分析，认为供地政策可作为土地宏观调控政策的核心，长期来看则可将深化土地制度改革作为宏观调控的重要手段，并尽量减少价格管制和行政手段的运用。任木荣（2010）通过对2003年以来的房地产调控政策实证分析后发现，2003年之后的房价上涨很大程度上源于供给不足、宽松的宏观经济政策、房价上涨的预期，其建议的政策为增加土地供给、提高开发速度和引导消费者预期。吴妍（2011）对近年来的房地产调控政策进行了实证分析，认为这一系列调控政策已经整体上发挥了作用，但要将房价稳定在合理水平，还需建立房地产宏观调控的长效机制。周晓蓉（2012）利用面板数据分析了税收政策、土地政策、金融政策对房地产价格的影响，结果发现三种调控政策与房价变动之间均不存在稳定的长期均衡关系，但在短期层面上，税收政策是引致房价波动的Granger原因。杨继波（2007）总结了我国自2004年以来的土地调控政策，通过近几年的土地政策作用、效果等分析，说明了政府采取政策的及时有效，同时也指出在调控过程中出现政府角色定位混乱等问题，进而提出了强化土地供应管理，完善土地“招拍挂”制度等政策的系列建议。辛园园（不动产年会论文）将35个大中城市按区域和用地政策进行分类，并对这些不同类别城市的土地调控政策效果进行了分析并提出了相关的政策建议。李成（2011）采用基于DSGE模型的模拟分析和基于VAR－GARCH（1，1）－ABEKK模型的溢出效应检验发现，在运用货币政策调控房地产市场时应以数量型工具为主，同时由于数量型工具调控下房地产市场波动可能对宏观经济产生较大的冲击效应，使得宏观调控不能忽视价格型工具的作用。吴焕军（2011）实证分析了土地政策及其不同手段对房地产市场的影响，认为土地政策只对房地产供应方面的作用较为显著，但存在滞后性，而对房价的作用较小。因此，土地政策整体上在房地产调控中的作用有限，需要与其他政策组合起来进行运用。张伟（2006）基于住房市场模型——Poterba住房模型分析2003年以来的房地产调控政策，认为在政策的实际运用过程中，要根据一个时期宏观调控的目标，考虑各项调控措施之间的抵消作用和叠加效应以及各项措施取得效果的快慢，使调控措施的效果达到最佳。周冰（2012）认为数量型货币政策工具比价格型货币政策工具在调控当前中国房价时更加有效，调控房价的重点在于从严控制货币供应量、降低地方政府对土地财政的依赖，同时建成多元化的住宅供应体系。刘应杰（2012）介绍了德国房价不涨的调控经验，并对抑制过快上涨的中国房价提出了相关政策建议，汪建强、黄聚河、付颖哲也做了类似的对比分析（2011，2010，2011）。郭志远（2012）认为2008年以来的房地产调控政策有了初步的效果，应当继续坚决控制投资投机需求，加强房地产市场监管，加大保障性住房的建设与制度完善。邹士年（2012）认为不合理的土地政策和土地制度是高房价的重要原因，建议改革现有的土地出让制度以平抑房价。陈浪南（2010）通过实证分析发现我国房地产价格互动存在空间滞后效应和时间滞后效应，且城镇居民可支配收入、信贷扩张、土地价格和房屋竣工面积是影响我国房价的重要因素。刘江涛（2012）通过理论分析认为限购政策的作用大小与市场对政策不确定的预期紧密相关，市场预期管理对于稳定房价具有关键作用。曹军新（2012）认为制度缺失核心功能导致房地产调控地方总负责制运行效率低下，应建立和完善垂直管理部门的房地产调控合作机制，形成中央政策在地方的执行合力。同时加快财税、土地供应制度和相关金融制度的配套改革。项卫星（2007）通过供求理论和实证分析2003年以来不合理的抑制供给的房地产宏观调控政策加快了房价上涨速度。李猛（2011）则认为在楼市混沌期，调节房地产市场需求的良方在于调整货币政策，引导房价回落到合理区间的切入点在于控制货币供应量。卢驰文（2011）认为打击房产市场投机行为是治标，降低通货膨胀率和废除房地产开发商垄断城市建房的特权是治本，治理房价过快上涨问题要标本兼治，但重在治本。谭术魁（2011）通过对武汉市供地政策运行情况分析发现武汉市的土地政策调控效果明显，供地控制的刚性效果有显著作用，需求引导、价格调节也凸显出配置资源的基础性作用。

1.3.2.5 垄断供地及政府管制对房价的影响

这方面，张娟锋（2012）利用微观数据实证分析了土地微观管制政策对地价的影响，认为土地供给对住房供给在长期内有显著影响，土地供给对住房价格在短期和长期都有显著影响，通过市场预期影响当年住房价格，通过控制住房供给影响滞后1年的住房价格，政府通过调整土地出让策略、改变约束条款等策略，能影响区位住房市场价格；孟星（2006）分析了政府对城市土地市场的管制，认为城市土地市场有失灵，政府管制也同样有缺陷，现实的选择并不是非此即彼，而应该是应对同样具有缺陷的二者的。王态翌（2007）针对我国的房地产市场的竞争状况及垄断势力进行了一项实证研究，他认为贝恩的结构、绩效关系模型并不能很好地解释我国的房地产市场，房地产市场开发商之间的竞争更倾向于生产能力约束下的竞争，空间的竞争，而不是一般市场的价格竞争和数量竞争。此外我国住宅市场垄断非常严重，市场势力是价格变动的一个重要原因。陈焕（2007）认为我国房地产市场结构是属于不规模的寡头垄断，价格合谋是我国房价一直居高不下的一个合理解释。黄振宇（2010）通过对住宅市场的分析表明寡头垄断并不是导致住宅市场上涨的根本原因。杨艳琳（2008）发现中国房地产业明显地存在市场集中度与产业利润率之间呈负相关关系、与市场绩效呈正相关关系，表现为低集中度、高利润率、低市场绩效的现象。汪冲（2011）认为地方政府为了争夺国有土地供应出让中的更大市场份额和更有利位置，获得更多的垄断利润，已经产生了显著的土地供应权竞争现象。政策上则应构造目标供应量、实际收益和惩罚三者相结合的“胡萝卜加大棒”式重复博弈策略选择空间，以形成激励、约束地方政府改善土地供应的财政调整机制。柳泽民（2011）认为投机和垄断是房价非理性上涨的根本原因。赵玉琳（2011）认为政府加强管制是解决高房价的根本出路，措施有住宅分类定价、住宅分类管理、加强行业监管、一户一宅等。张立建（2008）利用利润最大化区位理论，建立房价模型分析广州市房价持续上涨的原因，他认为影响房价的主要因素是住房供给的短缺，次要原因是高成本以及严重的贫富分化。王华春（2006）指出我国存在集体土地市场与城市国有土地市场并存的二元市场结构，并存在城市国有土地出让竞争性与非竞争性并存的二元市场结构，这种土地市场二元市场结构造成了我国土地资源配置效率低下。徐华灿（2008）从土地供给制度角度分析房地产垄断经营的特点，认为供给方垄断是高房价的重要原因。高一兰（2011）认为房地产市场供给锁定型市场结构使得开发商垄断定价获得超额利润，消费者利益受损。张富田（2011）认为房地产市场之所以出现严重的泡沫，关键在于土地市场的单边垄断，构建房地产环境下中央政府和地方政府的利益博弈模型是理解房地产泡沫的关键。丰雷（2011）用修正传统的存量——流量模型分析土地供应管制与住宅价格波动的关系，发现中国的土地供应管制对住宅价格水平及波动都有显著影响，同时土地供给管制环境的宽松与紧缩影响投机行为作用的大小，当土地供应管制加强时，投机因素对房价波动的影响更大。2003 年从紧的供地政策对平抑房价政策目标的实现起了负面的作用。张智（2009）从国外土地供给限制制度的视角分析了我国房地产市场，他认为土地供给限制成为本轮房地产泡沫累积的一种合理解释。邹琳华（2009）认为由于管制和垄断的存在，实际房地产开发成本将远高于有效率的成本，造成社会福利损失。他利用2004—2006 年 30 个城市的房地产开发面板数据，构建 SFA 模型，估算了管制和垄断对我国房地产开发成本的共同影响。结果显示，管制与垄断显著增加了我国房地产开发的成本。黄忠（2007）认为土地出让市场中的国家垄断是合理的，二级市场的寡头垄断是造成房价上涨的根源。这是因为房价的形成过程和一般的商品不同，在寡头垄断市场中，房价不是由地价决定的，房价飞涨的根源是房地产二级市场的寡头垄断，所以要治理房价须先打破垄断。万浩华（2006）指出我国房地产业是一种区域寡头垄断类型的行业，并由此分析了房地产企业定产与定价策略，最后提出了预防房地产业合谋的相关建议。余华义（2009）通过实证分析表明严控土地供给的政策是推动地价上涨的重要外生因素，而扩张性的信贷政策也在一定程度上导致了房价的上涨。王继东（2012）通过实证分析认为房价主要由需求面决定，可以通过调整房地产业的市场集中度调控房价。余华义（2010）发现中国房价与经济基本面间缺乏稳定的对应关系，房地产宏观调控后房价向上偏离了经济基本面，且是土地政策影响了房价反映经济基本面的机制。况伟大（2005）发现规制情形下的房价和地价高于无规制情况下的房价和地价，缓解高房价的对策为：短期内增加土地供给并控制房价和地价过快上涨，长期内应抑制地价过快上涨。

1.3.3 文献研究小结

通过上文对国内外文献关于土地制度对房价波动影响的文献总结来看，国外这方面的文献主要偏重于三个方面：土地价格与商品住房价格之间的关系、政府规划和管制对地价和房价的影响、土地供给量对住房价格之间的关系三个方面。而国内的文献总体上偏重于价格方面：土地财政与房地产价格之间的关系、土地储备制度的实施与房地产价格之间的关系、地价与商品在住房价格之间的关系、垄断供地与房地产价格之间的关系、供地政策在房地产价格调控中的作用等几个方面进行研究分析。需要指出的是，国内外的土地制度尤其是土地供给制度差别很大，由于我国是社会主义国家，土地所有制和土地使用制度具有特殊性，国外的这些文献的结论在国内的独特国情下可能并不适用，由于国内特殊的土地供给制度，国外的文献也没有针对特殊的土地供给制度对房价的影响做出全面分析。国内的文献针对垄断的供地制度、批租制、供地政策等做了一些定性分析，但定量方面的研究还比较欠缺。而国外的这些文献所用大都是定量分析，相当部分缺乏坚实的理论基础。

这些研究为本研究提供了一定的研究基础和丰富的文献资料，国外的文献缺乏针对中国特殊供地制度影响房价的研究，但国外的实证研究进行得较为成熟，国内的文献对我国供地制度影响房价的研究范围比国外文献要宽，但仍然没有进行全面系统的总结分析，且研究方法上较为单一。本书拟针对这两方面的研究不足，系统总结研究我国土地供给制度影响房价的机制，从理论上进行分析拓展，并尽量结合实证定量研究进行分析，以期更全面地认识土地供给制度与房价波动之间的关系。

1.4 研究方法与技术路线

1.4.1 研究方法

本书以土地供给制度对房价波动的影响为研究对象，以垄断理论、马克思地租理论、土地产权、地价理论等既有理论为分析基础，从多角度对土地供给制度影响房价的各方面进行了分析，在理论分析的同时也强调用“数据”来说明问题，以求更客观、真实、全面地分析土地供给制度和房地产价格之间复杂的社会经济现象。即除了规范分析和理论演绎的方法分析问题之外，还采用了一些计量经济学、数理经济学和博弈论的分析方法。具体来说：第 3 章当中采用了最优化分析技术来分析垄断供地制度下房地产市场结构如何影响房价，第 4 章采用了博弈论等来分析不同供地方式对房价的影响，第 5 章用到了马克思地租理论来分析土地批租制度如何影响房价波动，第 6 章用到了简单的数理模型和向量自回归模型。

1.4.2 实证研究的数据结构

实证研究的数据包括了目前可以获得的大部分宏观数据，包括 1998 年第一季度到 2010 年第四季度全国及 35 个大中城市的房价及地价指数，全国层面的住房信贷数据、利率、土地供给量、房价等和 2005 年第一季度到 2011 年第四季度的季度数据。此外还有 1998 年第一季度到 2010 年第四季度的全国层面房租指数、地价指数。这些数据主要来源于国家统计局、wind 数据库、CEIC 中国经济数据库及中国经济景气月报和公开发表的各种年鉴。对于单个城市的案例分析，则来源于城市土地管理局、房管局和统计局网站。

1.4.3 研究思路

土地市场是房地产市场的上游市场，土地资源也是房地产业的核心资源，何种土地供给制度在很大程度上影响甚至决定了房地产市场的运行的一些基础特征，研究土地供给和土地供给制度对房地产市场的影响有多种角度，本书则集中分析现阶段我国城市土地供给制度对房价的影响机制，但除了土地供给制度以外的其他土地制度问题可能在分析中也会涉及。

房地产市场是一个复杂的市场系统，由土地市场子系统、房地产金融市场子系统、房地产市场子系统等若干子系统构成，土地市场和土地供给是房地产市场的源头。市场经济中价格是资源配置的核心信号，为了更深刻地理解房地产系统，本书选择房地产价格而不是房地产投资量或者房地产交易额作为研究变量，分析土地供给制度对于房地产价格的影响。

从我国土地使用制度的历史变迁和房地产市场发展的过程、已有相关的文献资料和国家统计局公布的公开数据以及其他数据来源出发，构建了一个基本的研究框架结构。我国城市土地使用制度的改革始于社会主义市场经济建设之后，是配合建立社会主义经济要素市场的必然要求，改革的基本特征是：计划配置资源转向市场配置资源；无偿配置转向有偿出让配置；划拨配置转向协议配置、“招拍挂”配置；划拨制转向土地年租制、批租制、短租制，最终定格在批租制。此外，由于我国特殊的土地公有制，土地分为两类，大公有的城市国有土地和小公有的农村集体土地，国有土地属全民所有，集体土地是农村集体内部所有的土地，二元的土地所有制的结果是城乡二元的土地市场，城市土地市场逐渐实现市场化、资本化配置，农村土地市场尚未实现资源化、资本化配置，这是一个独特的国情。在这种土地所有制下，我国城市用地制度也衍生出了一系列的土地制度：土地储备制度、土地供给制度、征地制度、土地规划制度等，当然这些制度之间并非是完全相互割裂，各制度之间存在某种程度的联系。随着城市土地使用制度的改革，我国出现了地方政府依靠征地、出让土地获得土地出让金的“土地财政”现象，土地财政成为地方政府的第二财政。与此同时，在经营城市和以地生财的理念下，我国房地产业蓬勃发展，一枝独秀，城市化在某种程度上已经成为房地产化。大量的资本流转在地方政府、房地产企业和商业银行之间，实体经济中产业结构呈现了一定的空心化，这直接在一定程度上降低了我国制造业的竞争力。甚至解决“三农”问题的城乡统筹、新农村建设等政策也被异化为“土地经济”和“土地财政”。上述的经济增长方式可以概括为以土地城市化推动经济增长的土地经济、房地产经济增长模式。

特殊的土地供给制度毫无疑问对这种经济增长模式起了推波助澜作用，在“土地经济”时代下，我国的房地产价格①上涨速度很快，相对于世界上主要国家和地区，我国房价收入比很高，此即意味着土地资本对劳动力一定程度的剥削。对于土地公有制的社会主义国家而言，应该在平抑

① 有时指地价，有时指房价，也可以地价房价通用。在香港更通俗的说法是地产，而在台湾有不动产之说，台湾的不动产包括地产和房产。在中国内地一般将房地产分为房产和地产。

房价过快上涨上更有制度优势，但我国却相反，房地产调控政策常常失灵。本书的研究思路之一就是从理论上分析我国土地供给制度如何影响房地产价格，这种影响的必然性如何体现？并对这种影响给予数据和实践上的实证。研究思路之二就是要对这种土地供给制度下形成的相关效应进行科学、客观的评价。具体来说就是记录、剖析、评价城市土地供给制度对房价的影响。

1.5 结构安排与主要内容

本书的主要结构安排如下：介绍土地供给制度的概念、变迁过程、特征、房地产市场的发展过程。从理论和实证上分析土地供给制度如何影响房价波动；对我国土地供给制度对房地产市场、房价的影响作出判断和评价；实证分析我国房地产价格调控中土地供给政策的效果；世界上主要国家和地区供地制度的借鉴；最后总结各章结论并提出相关的政策建议。

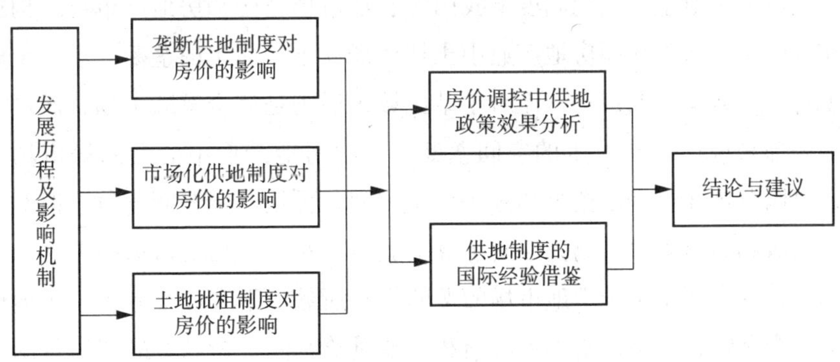

图 1-5 土地供给制度对房价波动影响的研究框架

围绕上述理论框架，全书由 8 章组成，除引言外，其他章节主要内容如下：第 2 章对我国土地供给制度的历史变迁过程和住房制度改革过程进行刻画，对土地供给制度的概念范畴进行了理论阐释，并且区分出土地供给制度同其他城市土地制度之间的复杂耦合关系，以便下文进一步做出分析。对我国房地产市场的发展历程做出一个阶段划分，并直观地指出土地使用制度改革和住房制度改革、房地产市场发展的简单关系。然后将土地供给制度实施的制度工具——土地储备制度引入，指出我国城市土地供给制度的实施主要是由土地储备中心这个中介进行的，通过三种主要特征出让土地：垄断供地制度、“招拍挂”供地制度、土地批租制度。然后对改革后的城市土地使用制度如何从宏观和微观上影响我国房地产市场，做出一个总体刻画。自 2004 年以后我国把土地政策作为一项宏观调控政策来调控宏观经济，因此对历年来房价调控中土地供应政策的有效性分析作为政策性应用部分也将纳入全书分析当中。此外，由于我国土地供给制度是借鉴中国香港地区土地制度发展而来，因此对国外有代表性和借鉴意义的国家和地区的土地供给制度和房地产市场发展情况的对比分析，可以为我国土地供给制度的改革提供一些实践上的参照。

第 3 章主要是分析垄断供地制度对房地产价格波动的影响。本章首先对垄断理论进行了分析，主要引入马克思的垄断竞争理论和西方经济学中的垄断理论。对于垄断理论，本书还引入了空间区域垄断、产业链上下游垄断等，新的垄断理论对于分析我国土地、房地产市场的垄断有重要意义。然后分别对垄断供地制度下我国的土地市场结构和房地产市场结构进行实证分析，认为我国房地产业中土地市场并不是简单的垄断，对于全国来说是一个寡头垄断市场，而对于某区域来说则是完全垄断市场，而对于区域内部来说还存在严重的空间垄断。对于房地产业中的商品房市场来说，全国总体介于垄断竞争和寡头竞争之间，更偏向于垄断竞争，但对于若干区域和城市来说，则更偏向于寡头竞争。对于商品房市场中的这种市场结构，则主要是由于土地市场的垄断供给所致，下文详细分析了土地供给的完全垄断、土地供给寡头垄断和土地供给空间垄断导致的高房价的成因。最后，选取房价增长率、成本即地价增产率、地方政府对城市一级土地市场的管制率、房地产行业市场集中度等衡量价格和垄断、市场集中度等指标对上文理论进行实证分析。

第 4 章主要分析供地方式对房价波动的影响。本章首先回顾了供地方式的改革过程，即由无偿划拨到协议出让到“招拍挂”出让的过程，并详细地分析了每种供地方式的特点，然后简单介绍了商品房的定价特征，对地价和房价的定价特征进行了对比分析。再从传统的西方经济学理论分析了经典的“谷物法悖论”，已有的文献也大多从“谷物法悖论”出发阐述“招拍挂”供地方式对房价波动的影响，认为“招拍挂”供地制度对房价的波动没有影响，这在理论上是一个极大的误区，即使不考虑“招拍挂”供地制度实施的环境，这对供地制度改革的实践也起到了误导作用。下文用马克思地租理论和空间经济学理论对新古典经济学的理论进行修正，在理论上确定在城市土地市场上，“招拍挂”供地制度消除土地一级市场中寻租的同时，对房价波动起了很大的作用。同时，由于中国地域广阔，不同地区的经济发展程度不一，土地市场和房地产市场起步时间有差异，因此可以推断“招拍挂”制度的实施对于不同区域的影响是有区别的。在上文理论分析的基础上，下文对“招拍挂”制度影响房价波动的情况进行了实证分析。

第 5 章主要是分析土地批租制度对房价波动的影响，主要是针对土地市场和房地产市场中的投机情况进行描述分析。本章首先介绍了市场经济中地租的不同形式和我国实行土地批租制度的过程。然后详细介绍了马克思地租理论和地价理论及新古典经济学的一些地租、地价观点，为下文利用马克思地租理论和西方经济学地租理论分析我国土地批租中的投机因素对房价的影响提供一个理论基础。最后运用马克思主义经济学原理拓展了传统的马克思地租理论用来分析城市地租和房价的新情况，传统的马克思地租理论对这些领域有涉及但没有详细地展开分析。在这个基础上利用现代西方经济学中的期权定价理论来分析批租制下的土地市场对我国房价如何影响，批租制是否更容易产生房价泡沫。接下来分析在现有土地制度下的商品房市场中的投机因素，这里同样运用了一些马克思地租理论的知识，并用全国的房租、地租、地价、房价数据对商品房市场的投机度进行了实证分析。

第 6 章和第 7 章属于政策层面的分析。第 6 章主要分析土地政策和货币政策的协调作用及房价调控中土地政策的效果。首先介绍了土地供给政策作为宏观调控政策的一种参与宏观调控的理论机理分析，土地政策作为一种特殊形式的宏观调控政策在一定的经济发展阶段有其存在的必然性。然后运用一个模型分析了房地产价格调控中政策间协调的重要性，单一政策对平抑房价和促进房价合理回归的作用很小。最后分析了货币政策和土地政策中数量型调控工具和价格型调控工具对平抑房价作用的大小及其匹配度问题，同时运用全国层面的数据进行实证研究。第 7 章主要分析世界上主要国家和地区的供地制度对我国供地制度的一些借鉴意义。这些国家和地区主要有瑞典、芬兰、新加坡、中国香港、中国台湾、英国、美国等。虽然不同国家和地区间的土地制度、土地出让制度、经济发展水平、经济体类型等各有所不同，但通过梳理中国香港、瑞典、德国等这些国家和地区的土地制度之后仍然有不少地方值得我国在既有大的框架制度内进行新的土地制度变迁和政策完善时予以借鉴。

第 8 章是本书研究结论和政策建议。对于我国土地供给制度改革，既要有制度改革变迁的部分，同样也离不开技术程序上的改变、制度实施环境、配套措施的完善。主要的方向有以下几个方面：第一，宏观制度层面上，完善农村土地产权，逐渐打破城市土地一级市场由地方政府垄断的局面；改革单一的主张用地土地批租制的现状，实行年租制和批租制混合出让的供地制度。第二，微观技术层面上，探索尝试新的土地供给方式，比如双向竞拍方式，完善土地出让制度的配套环境；无论是宏观层面还是微观层面，均有大量的国外经验教训值得借鉴。第三，相关法律法规的及时出台将保障新制度的平稳实施。

1.6 可能的创新与不足

1.6.1 可能的创新

就已有的文献而言，本书可能的创新点有以下几点：第一，在对垄断理论的拓展应用上，认为传统的 SCP 理论直接应用于中国房地产市场有诸多的不适用性，针对特殊的房地产市场，提出了区域空间垄断理论和产业链上下游理论来分析土地和房地产市场，这样得到的结果更适用于中国房地产市场。对于我国房地产业的垄断而言，地方政府对土地一级市场的垄断和房地产业的空间垄断是反垄断的核心内容，在提高行业集中度的同时要注意防止个别区域、城市出现的房地产业寡头垄断。第二，运用了马克思地租理论和空间经济学分割市场的角度论证了“招拍挂”供地制度对房价波动的影响，这与已有的文献完全不同，已有的文献大都基于纯粹的样本实证分析，得到的结论差异很大，相关的理论论述也基本雷同即采用传统的新古典经济学理论，或者是没有相对应的理论分析。新的理论分析不仅从理论上指出房价和地价之间有确定的相互影响关系，而且实证上也给予了验证。第三，用马克思地租理论和西方经济学期权定价理论分析了土地批租制度下土地市场投机和房地产市场投机对房价波动的影响。第四，在供地制度的政策环节的分析中，综合地分析了房地产价格调控中的土地政策与货币政策匹配度及数量型工具和价格型工具孰优孰劣的问题，并结合其他国家的土地出让实践对我国改进土地出让制度提供一些建议和思考，尤其是已有文献没有提到的一些国家的情况，对我国制定土地供给政策更具参考价值。

1.6.2 不足之处

当然，因区域、城市数据获取较难，加之一些统计数据仅有全国统计数据，所以一部分实证检验忽略了总体中的差异性而考虑一般性较多，另外，由于时间、能力等因素限制，文中的一些理论分析限于文字性的描述，这方面可以有很大的研究空间。另外，实证分析中的一些方法是一些较为传统的分析方法，没有构造有特色的计量模型和用到更新的分析工具，这些都是后续研究中需要改进和加强的。

第2章　中国土地供给的制度变迁及房地产市场的发展

在制度经济学中，关于“制度”一词有较多的定义，因为研究目的不同，不同时代、不同学派的社会科学家对“制度”有不同的定义和解释。如新制度经济学家的制度概念，基本上是指产权制度，产权在行为主体之间的某种安排就构成了一种制度结构，产权制度决定了行为主体交易的前提、权责关系和预期。诺思把制度理解为正式和非正式制度的总和，他提出：“制度是一个社会的游戏规则，更规范地说，它们是为决定人们相互关系的一系列约束，制度由非正式约束（意识形态、道德约束、禁忌、习惯、传统和行为准则）和正式的法规（宪法、法令、产权）组成”。① 从本书研究的“城市土地供给制度对房价的影响”来看，仅仅从土地产权制度出发而缺乏其他土地供给制度的整体构成则会使研究缺乏系统性，也不能更好地对制度的演变过程、绩效及其对房价影响进行研究。因此文章采用诺斯对制度的定义，即认为制度为一个规则系统。

2.1　新中国成立以来城市土地供给的制度变迁

2.1.1　城市土地供给制度内涵分析

由上文的定义，城市土地供给制度是在特定的土地产权制度下，构成

---

① 濮励杰．城市土地供应与房地产市场运行研究［M］．北京：科学出版社，2008（1）．

城市土地供给制度各方面相互依存、影响的综合规则。如城市土地供给政策法律法规、城市土地供给方式、城市土地供应流程、城市土地供应渠道等综合体。从狭义上讲，城市土地供给制度指的是城市土地在市场供给活动中所形成的规则；从广义上来讲，还包括供给主体、供给客体等。城市土地供给活动可以看作由三个要素构成：一是供给主体，一般包括地方政府、拥有土地的企业或个人。二是供给客体，在我国是国有土地使用权。三是供给规则，主要包括制度层面的内容如一系列政策法规文件，以及供给方式、供给计划等。①

城市土地供给制度与土地交易制度并不完全相同，因为不同产权体系下的土地供给受到一定程度的限制，例如我国城市土地供给的客体只限于一定年限的国有土地使用权，国有土地所有权仍然属于国家所有即全民所有。土地供给制度也不完全等同于土地流转制度，前者侧重于土地资源的优化配置即配置效率的提高和有效供给，而后者则仅强调土地产权客体的流转，因此它们之间是有区别的。最后，城市土地供给制度与城市土地储备制度也不完全一样，城市土地储备制度是城市土地管理体制的一种创新，而土地供给制度是在社会主义市场经济改革推进的情况下建立的要素市场，其主要目的虽然和土地储备制度一样都是为了更好地配置土地资源，但土地储备制度的产生则更是一种政府对土地市场管理的制度变迁，一定程度上土地供应是通过土地储备制度实施的，因此可以说土地储备制度是城市土地制度和城市土地供给制度的最重要的内容。

2.1.2　土地供给制度变迁的总体阶段划分

我国土地供给的变革总的来说是以重要的法律或政策出台为标志，以这些政策和法律出台的时间为主线划分土地市场化建设历程，可以使得土地供给制度变迁的脉络看起来更加清晰。土地供给制度的变革是伴随着由计划向市场经济的转变，土地资源由计划配置向市场配置的转变过程，下文对这个过程进行简单阐述。

---

① 濮励杰．城市土地供应与房地产市场运行研究［M］．北京：科学出版社，2008（1）．

2.1.2.1 探索阶段（1978—1987年）

新中国成立以后我国进行了社会主义土地改革，废除土地私有制建立社会主义土地公有制，形成了与计划经济发展模式相适应的行政划拨土地制度，即无偿、无期限、低流动性的土地供给制度。此制度主要特点有：第一，国家计划管理部门用审批权控制城市土地供应，土地供应呈现高度集中性。第二，不存在土地交易市场，土地使用者不能将土地转让给其他单位或个人。且土地供应只有行政划拨这种方式，用地者无偿、无限期使用划拨土地，一般情况下政府不对已划拨土地进行二次配置，因此土地资源浪费严重。第三，供地的土地来源主要是征收集体土地。但同时城市土地供应并无科学的供应计划，一般是以需求定供给，使得计划和市场双双失灵。

在计划经济初期，这种供地制度尚与计划经济的发展模式相吻合，没有暴露出太多弊端。随着改革开放后的社会经济发展及建立社会主义商品经济的需要，这种制度显示出的弊端越来越多。主要特点有：第一，城市土地资源粗放和低效利用。由于使用土地零成本，刺激了各类土地使用者加大占地用地力度，政府通过行政划拨手段配置土地资源，由于企业缺乏相应的市场约束和价格尺度，很难限制各用地单位对土地的需求。第二，土地资源得不到优化配置，企业不能展开公平的市场竞争。主要是因为不同企业占有的土地数量和区位不同，这在很大程度上影响了企业的经营成果。对于占有区位好的优等地和占地较多的企业而言，在相同的市场竞争条件下因为用地条件的不同获得了相当于其他企业的部分超额利润，由于是无偿划拨用地，这部分超额利润并没有作为地租的形式回归政府所有。当然这种情况也加重了相关用地企业的道德风险。第三，城市土地归全民所有，但政府却没有国有土地收益权和处分权，大量的基础设施投资带来的地租升值被企业无偿所得，这也不利于城市基础设施的持续改善和土地供应的可持续性。

这个时期学术界开始在理论上对城市国有土地使用制度改革的探索，随着理论界对一系列相关的城市土地问题的讨论和争鸣，马克思主义地租理论也得到一定程度发展，初步形成了有中国特色的社会主义初级阶段的

地租理论。同时实践中也有少数地方政府打破了行政划拨制度收取土地使用费，但整体的土地供给制度的改革尚没有大范围开始。随着1978年改革开放政策下经济体制改革和社会主义商品经济的逐步建立，计划经济模式的行政划拨土地制度排斥公平竞争、否定地租规律的弊端更加凸显，为适应新的经济体制建立，客观上需要改变无偿使用的土地供给制度。要求土地像劳动力、资金一样成为一种生产要素，通过市场价值规律对配置土地资源发挥积极作用。从1987年深圳公开拍卖第一幅土地至今，我国城市土地供给制度发生了深刻的历史性变化，改革后的土地供给制度大致经历如下几个阶段。

2.1.2.2 形成阶段（1988—1991年）

这一时期的土地供给制度改革是从理论探索到实践探索，各地相继在国有土地所有权和使用权分离基础上对土地使用权有限期出让进行了尝试和探索。

这一时期土地使用制度改革的进一步推动遇到最大的障碍是“宪法障碍”。1982年修改后的《宪法》第十条第四款规定“城市的土地属于国家所有。任何组织或者个人不得侵占、买卖、出租或者以其他形式非法转让土地”。为了推进土地有偿使用制度改革，必须修改宪法。1988年4月，全国人大对《宪法》进行了修改，删除了土地不得出租的内容，将第十条第四款修改为：“任何组织或个人不得侵占、买卖或者以其他形式非法转让土地。土地的使用权可以依照法律的规定转让。”随即全国人大常委会根据《宪法》修正案对《土地管理法》也进行了第一次修正，提出国有土地和集体所有的土地的使用权可以依法转让，并规定国家依法实行国有土地有偿使用制度。这标志着我国的根本大法和专门法律都承认了土地使用权的商品属性。由此奠定了我国土地管理制度市场化改革和国有土地资源有偿使用的基础，也成为新型土地使用制度确立的开端。

1990年，国务院出台了《城镇国有土地使用权出让和转让暂行条例》和《外商投资开发经营成片土地暂行管理办法》，细化了《土地管理法》规定的国有土地有偿使用制度。比如，第一，确立了国家实行城镇国有土地使用权出让、转让制度；第二，明确了土地使用权的使用主体，并对其合法权益加以保护；第三，对土地使用权出让、转让、出租、抵押和终止做出了系统规定；第四，对划拨土地使用权处置做出了法律安排，从而确立了国有土地使用权的交易和流转规则，构建了中国土地市场的基础框架。总体上，这一时期土地使用制度变革的主要内容是变无偿、无限期、无流动的行政划拨供地为有偿、有限期、有流动的出让供地。但基于我国的现实，大量的建设用地仍然实行划拨供地。因此，这一时期的土地市场处于初步形成阶段，主要呈现出两个特点：其一，政府供应土地由原来无偿、无限期、无流动的行政划拨供地方式向有偿、有限期、有流动的出让供地方式转变。在土地有偿使用方式中，主要采取协议出让方式供地，较少采取招标、拍卖等公开竞价形式。由于土地使用制度的重大变革，国有土地资源配置不再呈现单一的计划配置色彩，市场机制的作用开始显现。其二，国有土地使用在制度上实行划拨制度与有偿使用制度并存，且划拨制度作用的覆盖面大于有偿制度。

2.1.2.3 发展阶段（1992—1999 年）

经过城镇土地使用制度的初步改革，市场手段配置土地资源从无到有，但这个时期的市场力量非常弱，行政划拨配置土地资源的比例仍然非常高。而随着 1992 年邓小平南方谈话和十四大确定了社会主义经济体制改革和城镇土地市场的培养进程，通过市场手段配置土地资源的实践范围不断扩大，国有土地使用权实行有限期出让、有偿使用的政策已经在全国大部分地区实施。

1994 年《城市房地产管理法》出台，将上述规定上升为国家法律并增加了相关内容，特别是明确规定："国家依法实行国有土地有偿、有限期使用制度"。1995 年出台的《协议出让国有土地使用权最低价确定办法》指出培育发展土地市场的要求，主要是加强政府对国有土地使用权出让的垄断，一个重要的外部原因就是 1993—1994 年房地产投资过热中的土地资源浪费情况突出，各用地单位违规转让土地的现象比较突出。《办法》同时指出坚持政府统一管理、统一规划，进一步扩大国有土地使用权出让范围，规范出让方式。这个《办法》中规定的政府统一规划与统一管理、政府垄断等政策要求是 1998 年《土地管理法》地方政府垄断建设用地供给

制度和土地储备制度的制度雏形。1998年为了保护耕地国家修订了《土地管理法》。相对于1986年旧《土地管理法》中将集体建设用地和国有建设用地置于相对平等的地位，如“国有土地和集体所有的土地的使用权可以依法转让”，1998年新《土地管理法》将国有建设用地和乡村建设用地合并为建设用地，1998年新法以计划配置土地资源为主：禁止集体土地进入建设用地市场；征收土地为新增建设用地的唯一途径；由政府垄断建设用地的供给；然后按国家计划配置土地资源，并通过将县乡政府审批制度和土地用途管制制度的上收保证国家规划计划的实施。

在土地有偿使用制度的重大转变的同时，国有土地经营主体也在转换。为了改变城市存量划拨土地由企事业单位控制而多头供地的局面，地方政府成立了“统一征用、统一收购、统一储备、统一开发、统一供应”的土地储备中心来经营存量土地和新增农地。1996年上海首家土地储备中心成立，之后2001年国家政策鼓励各地建立土地储备中心。

2.1.2.4 完善阶段（2000年以来）

土地市场进一步规范与完善：经营性用地实行“招拍挂”出让（2001年以来）。2001年，国务院下发《关于加强国有土地资产管理的通知》明确提出：为体现市场经济原则，确保土地使用权交易的公开、公平和公正，各地要大力推行土地使用权招标、拍卖。国有建设用地供应，除涉及国家安全和保密要求外，都必须向社会公开。商业性房地产开发用地和其他土地供应计划公布后同一地块有两个以上意向用地者的，都必须由市、县人民政府土地行政主管部门依法以招标、拍卖方式提供，国有土地使用权招标、拍卖必须公开进行。15号文件第一次明确具体地提出了国有土地招标拍卖的范围和界限，对经营性用地协议出让亮起了“红灯”，是国有土地实行市场配置的第一个国家政策，也是经营性土地由非市场配置向市场配置转变的分水岭。

2001年以来，我国土地市场的机制健全主要体现为制度完善。国务院先后下发了《关于加强国有土地资产管理的通知》《关于深化改革严格土地管理的决定》《关于加强土地调控有关问题的通知》《关于促进节约集约用地的通知》等一系列重要文件；国土资源部也先后下发了《划拨用地目录》《招标拍卖挂牌出让国有土地使用权规定》《协议出让国有土地使用权规定》《招标拍卖挂牌出让国有土地使用权规范》《协议出让国有土地使用权规范》《全国工业用地出让最低价标准》《招标拍卖挂牌出让国有建设用地使用权规定》等一系列规章政策。这些法规政策严格控制划拨供地范围，规范协议出让行为，有力地推进了土地市场化进程。

2007 年 3 月 16 日，《中华人民共和国物权法》对土地招标拍卖挂牌范围进行了明确规定："工业、商业、旅游、娱乐和商品住宅等经营性用地以及同一土地有两个以上意向用地者的，应当采取招标、拍卖等公开竞价的方式出让"，从法律的高度确立了以国有建设用地使用权招标拍卖等公开竞价方式出让的市场配置制度，使土地市场化又向前推进了一步。

2.1.3 现阶段城市土地供给制度特征

现阶段我国城市土地供给制度主要通过建立土地储备制度予以具体的实施，即在符合土地利用规划、计划和土地用途管制制度情况下，以政府为主导下的统一收购、储备、出让和管理的城市土地市场，农村集体土地不能进入城市土地一级市场，使政府能根据市场变化情况供应土地，严格控制供给总量和供给结构，以及在不同的时间、空间上供应土地，从而调节市场供求关系，提高市场机制配置土地资源效率，促使土地开发由粗放利用向集约利用转变。其最主要特征体现在以下几个方面。

（1）一级土地市场垄断。

国有土地所有权的主体是国家，国家垄断了土地一级市场的供给，一般由地方政府代理中央政府经营管理土地一级市场。土地二级市场为国有土地使用权转让市场。为了结束长期的土地供应总量失控、市场混乱的多头供地形势，国家收回土地供应权实行垄断供地制度。实行垄断供地的初衷是为了政府能够控制土地供应总量，同时便于国家实施土地利用总体规划，以土地供给引导用地需求。

（2）有偿供地，"招拍挂"出让，计划与市场并行的供地制度。

土地供给制度改革后将原有行政划拨的无期限、无偿变为有偿、有限期使用，引入市场机制配置土地资源。经营性用地的供地方式主要为"招

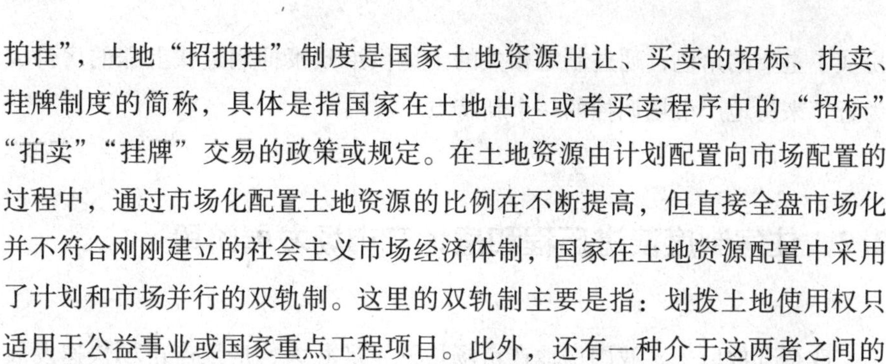

拍挂”，土地“招拍挂”制度是国家土地资源出让、买卖的招标、拍卖、挂牌制度的简称，具体是指国家在土地出让或者买卖程序中的“招标”“拍卖”“挂牌”交易的政策或规定。在土地资源由计划配置向市场配置的过程中，通过市场化配置土地资源的比例在不断提高，但直接全盘市场化并不符合刚刚建立的社会主义市场经济体制，国家在土地资源配置中采用了计划和市场并行的双轨制。这里的双轨制主要是指：划拨土地使用权只适用于公益事业或国家重点工程项目。此外，还有一种介于这两者之间的出让形式，即协议出让土地。协议出让国有土地使用权，是指国家以协议方式将国有土地使用权在一定年限内出让给土地使用者，由土地使用者向国家支付土地使用权出让金的行为。

（3）土地批租制度。

同时采用土地批租制，即土地批租是国家土地使用权有偿使用的一种形式。即将若干年内的土地使用权一次出让给土地使用（经营）单位。土地批租的费用，即土地使用权出让金，也称土地价款，由用地单位一次交付。土地批租制度下建设用地使用权是有一定使用期限的，建设用地使用权只是将一定年限内的使用权出让给土地使用者，建设用地使用权最高年限根据不同的土地用途不同，居住用地一般为 70 年，工业用地、科教文卫用地、商服用地、综合或其他用地的最高使用年限分别为 50 年、50 年、40 年、50 年。物权法规定“住宅建设用地使用期届满的，自动续期。非住宅建设用地使用权届满后的续期，依照法律规定办理”。针对居住用地使用权续期是否继续缴纳土地出让金，则没有明确的规定。

（4）政府宏观调控下的供地制度。

我国土地所有权属于国家，进入土地市场的是土地使用权。供地的数量、结构、空间时间分布等与土地利用规划和国民经济社会发展规划密切相关，在此基础上（2004 年以后）逐渐形成了国民经济宏观调控的一种重要手段。在政府控制下的土地供给，以市场配置土地资源为基础并对土地供给进行宏观调控和资本运作，能在一定程度减少供地的盲目性。由于土地资源作为房地产业的核心资源，是商品住房市场的源头市场，因此在 2003 年以来的房地产市场调控中，土地供给政策也几乎在每一轮的调控中扮演了重要的角色，通过制定相关的土地供给政策抑制过快上涨的房价成为近年来房地产市场调控的一个新特点。

2.2 住房制度演进历程和房地产市场发展阶段

改革开放以来，我国房地产市场快速发展壮大，房地产市场快速发展的基础源于城镇国有土地使用制度改革和城镇住房制度改革，尤其是城镇住房制度改革，直接刺激了房地产市场的产生发展。通过土地使用制度改革和房改，我国逐渐建立了城镇国有土地使用权一级市场、土地二级市场、商品房一级市场、商品房二级市场（二手房市场）、房地产租赁市场、房地产抵押市场等一系列房地产子市场。与房地产业相关的房地产经纪市场、房地产估价市场、物业管理市场等也逐渐建立并迅速发展，土地和商品住宅作为一种基本的生产要素和生产资料，成为一种重要的家庭财产，随着房地产市场规模的扩大，其对宏观经济的发展速度的影响越来越大，但同时房地产价格的波动也将影响宏观金融的稳定。根据中央政府出台的文件和宏观经济的发展趋势可以将我国房地产市场的产生发展分为 4 个阶段：1978—1988 年的初步形成时期；1988—1998 年的深化改革阶段；1998—2003 年全面货币化改革阶段；2003 年到现在，房地产业作为支柱产业时期等几个阶段。

2.2.1 1978—1988 年的初步形成时期

新中国成立之后到改革开放之初，这个时期国家投入巨大的财政资金建设住房，但城镇居民的居住条件改善有限，1978 年全国城镇居民人均居住面积仅 3.6 平方米，因为这个时期实行的是低租金的福利分房制度，国有企业和国家财政为解决城镇居民的住房问题背上了沉重的资金包袱，实践的发展证明了计划经济下的福利分房制度对于改善居民居住条件的路子是走不通的。因此这时我国没有房地产市场和房地产业，只有建筑业。房地产业是随着土地使用制度改革和住房制度改革之后出现的新的产业，土

地资源和住房作为一种资产价值显化，初步形成了土地市场和商品住宅市场。

从 1978 年开始，国家在加大对住宅投资建设力度的同时开始探索城镇住房制度改革，1978 年 9 月在中央城市住宅建设会议上提出的思路是“解决住房问题能不能路子宽些，比如允许私人建房或者私建公助，分期付款；长期规划中，必须把建筑业放在重要位置”，1980 年邓小平同志指出“住房制度改革要走商品化的路子”。1982 年国家在相关城市试点“三三制”，即政府、企业和个人各承担住宅建设成本的三分之一，然后补贴个人购买住房。试点中出现了原有福利分房制度下的租价比例过低导致新建商品住房的销售形势不好，巨大的政府和企业支出使得试点改革没有继续推进。根据 1982 年“三三制”中出现的租价比过低而导致的居民购买新建商品住房缺乏动力的情况，从 1985 年改革由“三三制”转向租金制度即选择新的“提租补贴、租售结合、以租促售、配套改革”试点改革，这里实际上是改革原有的房地产价格比例体系失衡的问题，即租金市场和住房市场达不到市场均衡的状态。

2.2.2　1988—1998 年的深化改革阶段

1988 年国务院出台《关于在全国城镇分期分批推行住房制度改革的实施方案》，方案中仍提出“提租补贴和租售结合”，实行新的成本租金，新的成本租金包括房产税和维修费等 5 项因素，并在成本租金的基础上逐步调节成本租金到市场租金标准，这也是朝着市场化方向推进的一个方案。而随着 1988 年下半年的高通货膨胀上述方案中的提租补贴方案无法继续实施，一些试点城市以低价而非低租福利分房的做法也因为重走计划路子而被禁止。1991 年国务院出台《关于全面进行城镇住房制度改革的意见》中提出房改的总目标是“从改革公房低租金入手，从实物福利分房制度向货币工资分配，住房作为商品进入市场”，这是 1998 年全面货币化房改文件出台之前的一个纲领性文件，货币化商品化的房地产市场由此逐渐形成，但在实践中仍有一些地方出现了低价售房变相福利化分房等形式。这个阶段的房地产市场处于发育阶段，市场功能很不健全，供求机制、价格机制和竞争机制尚不能良好地发挥应有的作用，市场交易行为也不规范，同时政府对初步形成的房地产市场的管理基础也比较薄弱。

“南方谈话”后，1992 年国务院出台《关于发展房地产业的若干通知》中提出深化土地使用制度改革和城镇住房制度改革、完善房地产投资管理、建立完善房地产市场体系等新的改革方向，在改革开放的大潮下，伴随着政府行政审批权的下放、房地产价格的放开、新的土地出让制度的初步形成和房地产开发贷款的供给，全国出现了 1992—1993 年房地产开发投资过热的现象，主要表现为：房地产投资活跃，价格大幅度上涨，房地产企业数目迅速增加，土地出让大幅度增加等。这使房地产投资过热引发一些地区房价上涨过快，导致了国民经济发展严重失衡，随后 1993 年国务院出台了宏观调控措施以抑制过热的房地产市场。1994 年国务院出台《关于深化城镇住房制度改革的决定》中提出“三改四建”的房改方案，三改即改革国家统包的福利分房制度为个人、企业和国家之间合理负担的体制，改革国家建设、分配、维护、管理公房体制为社会化专业化管理体制，改革实物分配住房制度为货币化工资体制。“四建”即建立经济适用房和商品房并存的体系，建立住房公积金制度，建立住房消费信贷制度，建立二手房市场和物业管理市场等。决定出台后加上前期的宏观调控政策，1994 年后我国房地产市场步入了第一次调整时期，又因 1997 年的亚洲金融危机，房地产市场相对步入了低潮。这次住房制度深化改革后截至 1998 年房改前，全国城镇住房自有比例达到 50%，部分地方的比例更高。

2.2.3 1998—2003 年的全面货币化改革阶段

1998 年由于受到亚洲金融危机的影响，我国经济增长速度下滑，同时由于前期房改深化以来取得的成果，国务院提出要把住房建设培养成国民经济增长点和新的消费热点。1998 年国务院出台《关于进一步深化城镇住房制度改革加快住房建设的通知》中提出“从 1998 年下半年开始全面停止住房实物分配，实行住房分配货币化”，这是我国住房制度改革和房地产市场发展过程中一个里程碑的文件，中国住房制度发生了一次根本性的改变。这次通知提出重点发展经济适用房以满足大多数城镇居民家庭的住

房需求，同时建立针对最低收入群体的廉租房制度和针对高收入群体的商品房制度，并在一些房价收入比较高的地区发放住房补贴取代福利分房。由于这次房改的一个很重要的原因是亚洲金融危机的外部冲击，再加上以经济适用房为主的住房制度设计有一些无法克服的难题，这些难题主要是：实行政府指导价格，按保本微利原则出售，开发利润不超过3%，实践中由于成本难以核实，经济适用房的计划性和市场经济的营利性的内在机制相互冲突，再加上经济适用房的分配、管理所需的制度环境不完善，这期间全国经济适用房仅仅累计解决600多万户的家庭住房问题，并没有成为制度设计之初的主要的住房供给来源。总体来说，这个时期全国住房建设取得了迅速的发展，房地产市场机制进一步得以完善，房地产业得到重大发展。

2.2.4　2003年至今的快速发展阶段

房改后1998—2003年房地产市场竣工量、销售量迅速上升，以住宅为主的房地产市场不断发展，对拉动经济增长和提高人民生活水平发挥了重要作用。同时，房地产市场发展不平衡，房价和投资增长过快，对房地产市场的监管和调控有待改善。“非典”疫情暴发后2003年上半年国民经济增速整体下滑，城镇登记失业率创新高。为在短期内减少因企业投资减少造成的失业面扩大，长期内为促进增加投资带动内需扩大，国务院出台《关于促进房地产市场持续健康发展的通知》即“18号文”，“18号文”首次确定房地产业“已成为国民经济的支柱产业”。与1998年“23号文”不同，“18号文”还强调了“调整住房供应结构，逐步实现多数家庭购买或承租普通商品住房”。

2003—2004年我国经济增长在遭遇“非典”等灾害袭击的情况下保持高速增长势头，在国民经济快速增长同时，房价从缓慢增长转化为快速增长、固定资产投资过快、新开工项目骤增、钢铁及电解铝等部分行业盲目投资增势未减、贷款规模过大、通货膨胀压力增大等问题凸显，房改以来首次房地产宏观调控政策出台，政策着眼于抑制房地产开发投资的过快增长，控制房地产市场发展节奏。2004年3月出台《关于继续开展经营性土地使用权招标拍卖挂牌出让情况执法监察工作的通知》即规定“831大限：

规定2004年8月31日后，不得再以历史遗留问题为由采用协议方式出让经营性土地使用权，国有土地使用权必须以公开的招标拍卖挂牌出让方式进行"。2005年是中国房地产市场发展的一个关键转折点，缘于"招拍挂"制度在全国的强制普遍实施。市场主要特点：其一是供求形势逆转，以竣工面积代表供给量、以销售面积代表需求量，房地产市场需求量大于供给量；其二是相对于前一个阶段房价上涨速度更快。这也直接导致了2005—2008年第三季度前的房地产宏观调控：2005年"旧国八条"、2005年"新国八条"、2006年"新国六条"、2007年"24号文"廉租房制度、2008年"46号文"住房规划计划等一系列调控政策出台，政策目标直指"房价过快上涨"。房价在这些调控政策的密集出台后短期回调又迅速进入加快上涨通道，直到2008年国际金融危机冲击的到来。

在内需外需双双萎缩的情况下，从2008年第四季度开始到2009年"国十三条"放松房地产市场调控促进经济回暖、国务院"金融三十条"放松货币供应稳定经济增长，同时在购房信贷利率、开发贷款利率、开发交易税收等方面进行政策优惠，房价从2009年开始立刻进入了井喷式上涨阶段，最终使得2010—2012年"史上最严厉的调控"出台。从2010年"国十一条"、2010年"史上最严厉的国十条"、2010年全面限购、2011年"新国八条"、2011年"新国五条"、2011年二三线城市限购，使得市场从量价井喷式上涨到价平量跌、价微跌量跌、价平量升，2012年第二季度，随着国民经济增速放缓，宏观经济政策下调了利率来促进经济平稳增长，虽然并非直接针对房地产市场，但房地产市场量价已经止跌，有回暖价升的势头。

2.3 土地供给制度对中国房地产市场及房价的影响路径

2.3.1 土地供给制度变迁和住房市场的发展过程

由上文对土地使用制度的变迁过程和我国住房制度及住房市场发展过程的分析，将它们按照发展阶段总结见表2-1：

表 2－1　土地使用制度变迁过程和房地产市场发展过程

时间	1978—1988 年	1988—1992 年	1992—1997 年	1998—2004 年	2005 年至今
土地供给制度	探索阶段	初步形成阶段	初步发展阶段	垄断供地的起点（初步市场化）	"招拍挂"供地的起点（全面市场化）
时间	1978—1988 年	1988—1992 年	1992—1998 年	1998—2003 年	2004 年至今
住房市场	探索阶段	初步形成阶段	初步发展阶段	全面货币化阶段	支柱产业阶段
房价上涨速度	国家低租金	低租金，房价上涨率低	房价上涨率低	房价上涨率较高	房价上涨率更高

从表 2－1 中可以看到，1998 年之前我国土地供给制度和住房制度的改革进程相对较为一致，大致经历探索阶段、初步形成阶段和初步发展阶段，土地市场和商品住宅市场在这段时间内市场机制都不完善，价格机制、竞争机制、供求机制还不能良好地调节市场，政府对土地市场和商品房住宅市场的管理和政策也都在探索完善之中。这些阶段的主要特征是：首先，土地使用制度的改革主要缘于计划经济下土地资源的低效率配置，这与社会主义市场经济要求建立健全的市场体系是不符合的，而促进住房制度改革的原因除了适应改革开放的原因之外，更重要的是福利分房制度下政府支出大而居民的居住条件改善有限，而且福利分房制度同样存在资源配置的低效率。因此可以说，土地使用制度改革的起始更重要的是因为土地要素市场的建立从属于社会主义经济体制的建立的需要，而住房制度改革则具有更多的独立性。其次，城镇土地使用制度的改革的起始更大程度上是与农村土地使用制度改革一样，都是缘于基层的自我探索型的诱致性制度变迁，其中城镇土地使用制度的最早探索缘于深圳市。而城镇住房制度改革和房地产市场的建立在更大程度上则缘于自上而下的强制性变迁，在改革开放之初，中央就提出了房改的总体思想，并在全国和地方分别设立住房制度改革的专门机构——房改办。一方面因为政府用福利分房制度解决居民住房问题的过程中背负了很大的财政包袱，另一方面住房制度改革关系到个人切身利益，故在改革之初和改革的每一个阶段中央政府都在法律法规政策上进行了规定，并对改革过程中的偏差进行矫正。再次，城镇住房制度和房地产市场的建立具有渐进性的特点，这与城镇土地使用制度改革具有一致性，渐进式的改革主要体现在三个方面：改革的步

骤上都是从试点到扩大到全面推进和配套改革，渐进性体现在中央政府出台的土改和房改的政策上，有关房改和土改的渐进性还体现在改革的具体内容上。最后，改革的前一阶段土地供给制度和房地产市场的发展趋势和速度较为一致，而1998年后土地供给制度的制度弊端已经制约了房地产市场的健康发展，房价呈现加速上涨态势，增长率远高于同期人均收入增长率和国民生产总值增长率。

从整体趋势上来看，改革开放前二十年的1978—1998年，城镇土地使用制度改革和房地产市场的发展速度和趋势基本相同，这个阶段市场化配置资源的比例还不高，计划配置资源的影子还始终存在房地产市场中，土地市场中计划性则更强。1998年是土地供给制度改革和房地产市场的发展趋势和速度出现非同步的一年，从政策文件上来看，这一年是新的《土地管理法》实施的一年，新法规定了城市土地一级市场由地方政府垄断控制，但土地市场化的程度偏低，“招拍挂”供地的比例远远小于行政划拨出让和协议出让土地的比例，但1998年房改时大部分的省市住房自有率已经相当高，房改实行全面停止福利分房和住房福利货币化，但实际上住房供应仍有相当一部分是来源于变相的福利分房，因此这个时期的住房市场并非垄断市场，实行一级市场垄断供地之后，房价于1998年脱离之前的平稳增长进入较快增长的速度。房改后土地市场的市场化程度要远低于房地产市场的市场化程度，虽然房地产业作为支柱产业的政策出台只比“招拍挂”供地制度实施提前一年，但土地市场的相当一部分土地资源仍由地方政府以协议和划拨的方式出让，尤其是在经济增长速度放缓的阶段。房地产市场的市场化率很高，地方政府供应的保障房的比率占商品房供应的比率很小。2004年后，房地产价格进入了加速上涨的阶段，直到2004—2007年和2010年以来两轮严厉的房地产调控政策出台，房价仍然没有摆脱上升通道。

2.3.2 土地供给制度影响房地产市场及房价的路径

我国土地使用制度的变迁是一个长期的过程，通过新的土地出让方式、地方政府垄断城市一级土地市场的土地供给、经营性用地土地批租制、征地制度、土地储备制度等一系列土地使用制度的建立，作为房地产市场上游的土地市场，在通过对土地一级市场的完全垄断、微观管制、宏观调控后，政府对房地产市场有了相当大的影响力。首先，对土地市场的垄断直接在源头上决定了土地供给的总量和结构，对于宏观房地产市场有着直接的影响和控制力，政府可以通过供地行为影响房地产价格和房地产市场的走向。但同时，地方政府的相当一部分的支出在某种程度上依靠土地出让收入，即所谓的土地财政现象，这种现象尤其在经济发展程度较高、土地市场发育较早的东部地区比较明显，因此，虽然地方政府存在通过土地供给平抑房地产价格的政策可行性，但同样存在垄断经营土地而获取地租收益的可能性。其次，地方政府通过城市规划、土地出让计划、用地规划条件等一系列微观管制，可以影响房地产产品结构和区位分布；通过调整土地出让方式和地租支付方式等影响土地价格和房地产价格。因此，土地供给制度可以通过宏观层面和微观层面两种大致途径影响土地市场和房地产市场，最终将影响到房地产价格的波动，如图 2－1 所示。

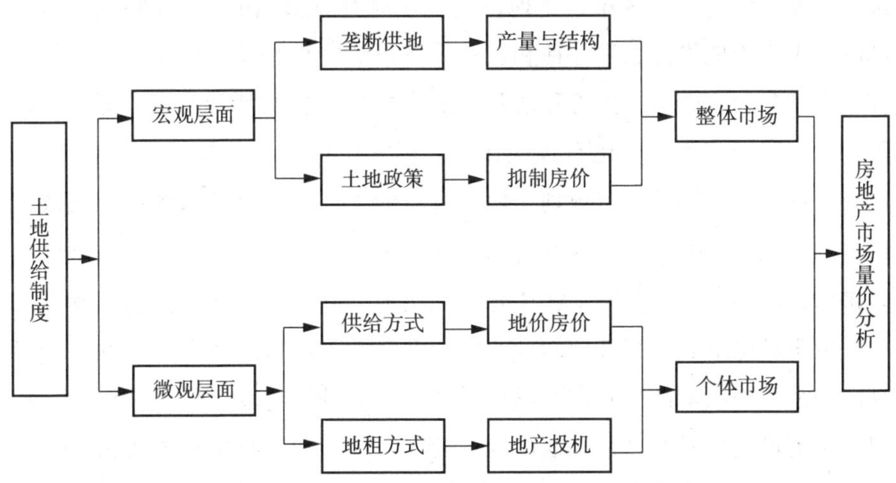

图 2－1　土地供给制度对房地产价格的影响途径分析

2.3.2.1　土地供给制度对宏观层面房地产市场的影响

从宏观层面上来讲，地方政府通过土地出让总量、土地出让结构和土地政策来影响土地市场和房地产市场，土地出让总量、土地出让结构受城市规划、土地利用总体规划和地方政府意图的影响较大，而土地政策的政策方向经常由中央政府针对房地产市场的形势出台后由地方政府执行，因此，土地政策对房地产市场的影响度主要看地方政府对中央政府宏观调控政策执行度和中央政府宏观政策出台的决策恰当与否。① 以上这些方式主要通过市场产量、产品结构、市场预期等影响房地产市场进而影响到房地产价格。具体来讲如下：

（1）垄断供地制度对房地产市场和房价的影响主要是通过土地供给总量和土地供给结构两个途径来实现的。第一，对于土地供给总量而言，由于土地资源是房地产业的核心资源，在一定微观规划控制下，土地资源的供给量将直接决定商品房的供给量，这里尚没有考虑到土地的供给是否形成有效供给和商品住宅的供给是否形成有效供给。因此可以说，理论上土地供给的总量的扩张或紧缩将会对房地产市场产生重大冲击作用。由于房地产业的特殊性，土地供给后经过土地二级开发到形成商品住房供给一般需要1~2年，抑或更长时间，因此，不论是正常的供地行为还是为了调控市场需要出台的土地政策，土地供给的扩张往往具有较长时间的滞后性。同时，由于土地供给总量往往和宏观经济形势密切相关，因此这个指标往往会影响房地产企业的投资和消费者的商品房住房的消费需求，即在一定程度上对市场信念的变化有预期作用。影响土地供给总量的因素有很多，比如土地利用规划、城市规划、地方政府的土地收入获利意图和中央政府出台的房地产调控政策。这些宏观规划和微观管制条件往往约束或限制土地供给，而地方政府意图则往往有扩大用地的倾向，当地方政府垄断了土地一级市场供给后，突破计划量的往往都是地方政府，近年来土地市场出现的一系列违法事件中经常可以见到地方政府的影子就是例证。第二，相对于土地供应总量而言，土地供应结构对房地产业的影响可能更大。土地供应按照用途划分的供应结构如工业仓储用地、商住用地、基础设施用地、公共及教育卫生用地，在我国大部分城市中都存在工业仓储用地粗放低效利用、基础设施用地供给量过大、行政划拨用地不受规划约束甚至违

① 因为地方政府只能规定基础地价和出让底价，而不能决定土地市场价格，因此，地价在这里没有作为一个影响因素单独列出分析。

法的情况，从土地供给总量中来看，商住用地的供给比例一般在20%左右，而商住用地中又有别墅用地、高档商品房用地、普通商品房用地和保障房用地等多种用地类型。考虑到高档商品房用地和保障房用地之外，对于普通商品房用地而言，其供应量相对比例是很小的。因此在供地总量相对刚性的情况下，城市供地结构则在更大限度上决定和影响了商品住宅市场。对于目前我国的土地供给现状而言，在制度层面，土地供给总量受到土地利用总体规划的制约更大一点，而土地供给结构则同时受到城市规划和土地利用总体规划的制约，当然由于地方政府是土地一级市场的垄断供应者，一级市场中的土地供应量和土地供应结构在某种程度上受地方政府决策影响也很大。因此可以说虽然有城市规划、土地利用总体规划、土地利用年度计划和土地出让年度计划等一系列法律法规条文，对于中性地方政府和营利性地方政府而言，土地实际供应量和土地实际供应结构是完全不同的。因此，土地供应结构通过地方政府行为间接影响了土地市场和房地产市场供求形势，从而影响了房地产价格的波动。

（2）对于土地政策来说，在某种程度上就是通过调整土地供给量和土地供给结构、规划计划、出台土地税收、放松或收紧土地金融等方式调控房地产市场和宏观经济的。与成熟市场经济体运用财政政策和货币政策双向调节宏观经济不同，高房价和过快的房价上涨率、不合理的经济增长方式和经济结构始终伴随着近年来我国经济的快速发展而出现，因此2003年以来，土地政策作为一种特殊的宏观调控政策用于我国经济结构调整和房地产市场调控。其特殊性表现在：成熟市场国家没有这项专门的宏观调控政策；虽然土地政策参与房地产市场的调控有一定的现实需要和理论基础，但土地政策作为一项“单向调节”的政策调控宏观经济缺乏经济理论基础。此外，土地政策参与宏观调控与财政政策和货币政策相比来说，将面临更多的地方政府和中央政府之间目标的不一致而产生的政策博弈。目前，由于地方政府不能直接控制土地价格，而只能制定基准地价和出让底价，所以目前主要采取的手段就是土地供应量和土地供应结构，但是对于采用土地供应量和土地供应结构来调控宏观经济和房地产市场时候，往往存在一定的矛盾性。这是因为宏观经济过热时往往伴随着房地产市场的快速增长和房价的快速上涨，如果利用土地政策调控就要适当控制土地供给量和适当调整土地供给结构，但这往往会加速房价上涨的速度，2004 年以来的土地政策就是如此。但宏观经济过冷时，土地政策单向调节性又不能促进房地产市场和宏观经济回暖。因此，运用土地政策调控房地产市场抑制房价促房价合理回归来说，效果往往会大打折扣。

2.3.2.2 土地供给制度对微观层面房地产市场的影响

土地供给制度通过宏观层面作用于土地市场和房地产市场，通过土地价格、商品房住房市场供求形势、引导房地产企业和消费者的预期等途径调节房地产市场从而最终影响房价。而从微观层面来讲，则主要通过调整土地出让方式、地租缴纳形式、区位及规划控制等方式。其中，土地出让方式是朝着“招拍挂”出让土地方向演进，这是有效防止地方政府寻租和预防土地国有资产流失、促进我国土地资源市场化配置的必由之路；对于地租缴纳形式，我国对经营性房地产用地来说一律采用批租制度，将土地出让金一次打入土地成本收取，这对房地产企业来说行业门槛相对较高，一次收取的高额土地出让金对房价的影响是明显的，此外批租制下的房地产市场容易产生投机现象，投机性的房地产市场中房地产价格波动性往往更大。微观层面中，土地的区位供应和规制条件也通过地价因素等影响到房价。具体来说，土地供给制度在微观层面对房地产市场的影响主要体现如下。

（1）对于土地出让方式而言，划拨用地存在利用效率低下的弊端，而协议用地则易产生寻租和腐败现象，土地出让“招拍挂”制度在微观资源配置方式上形成的市场价格最高。土地“招拍挂”制度中又存在招标、挂牌、拍卖等不同竞争程度的出让方式，市场化出让土地的这三种制度形成的土地市场价格也不同。中央政府在全国推动土地“招拍挂”出让制度，但土地“招拍挂”制度的实施由地方政府执行，地方政府如果从经营土地资产来说，这也是经济效益最佳的出让方式。但由于缺乏有效的法律法规和监管机制，地方政府可能采用一些限制条件使用协议方式出让土地，因此“招拍挂”制度实施需要良好的制度环境。由于“招拍挂”制度形成的土地价格最高，就微观层面和短期而言，土地成本的上升对价格不是决定性的，但从长期来看，土地“招拍挂”制度的实施必将引起房地产价格的

上涨。

(2) 对于租金缴纳方式而言，我国土地使用制度改革之初，在一些试点城市有经营性用地年租制和批租制两种主要的地租制度，但随着土地使用制度在全国层面的推广，城市商品住宅用地逐渐采用了单一的土地批租制度。城市房地产管理法规定：对于使用者申请建设用地进行经营性房地产开发的，必须实行出让，不实行国有土地租赁。批租制下的地价形成机制与年租制下的地价形成机制完全不一样，故而批租制下的房价形成机制与年租制下的房价影响机制也完全不同。由于土地批租采用一次性收取地租即土地出让金的形式，土地所有者不能享受土地地租增值部分，地价的定价形式也偏离了正常的地租资本化方式，容易产生土地市场投机和商品房市场投机。同时由于缺失合理的地租年租水平，房价和房租也可能偏离合理水平。当然，批租制下一次性收取70年的地租即土地出让金抬升了土地成本，也在很大程度上提高了商品住宅价格，此外，由于我国采取的是住宅用地70年使用期限，但对于土地使用期限届满时的地租问题尚无明确的法律规定，所以房地产二级住房市场价格将极大程度地受到土地批租制度的影响。

2.3.2.3　其他方面的影响

从宏观层面来讲，其他方面的影响还主要表现在土地的限制性供应上。土地的限制性供应主要是通过土地利用总体规划、土地利用年度规划、城市规划等一系列规划和计划实施的。这些规划计划的实施最后将以土地供应量和土地供应结构两种方式影响房地产市场和房价，这与上文中提到的垄断供地制度对房地产市场和房价的影响机制并无二致。但土地的限制性供应与垄断供地制度的产生和作用机理还是有很大区别的。垄断供地制度主要是通过限制农村集体土地自由进入土地一级市场进而造成房地产市场的土地资源相对短缺，同时地方政府垄断了土地一级市场后可以通过逐利行为减少土地供应量从而获得土地出让金的最大化。而限制性供地则主要是政府制订的土地利用规划、计划等制定和实施带来的一系列政府失灵作用于房地产市场和房价，更侧重于政府行为和政府失灵。

从微观层面上来讲，其他方面的影响主要表现在土地供给的区位结构上。土地供给的区位结构对房价的影响主要是通过级差地租Ⅰ和级差地租Ⅱ途径。就区位而言，按照单极中心城市模型的外延式供给土地来说，则沿城市中心向外扩大供地规模将会提高城市总体房价水平，因为对单中心城市来讲，随着用地规模的扩大和城市向周边扩张，级差地租Ⅰ一直增长，其次，随着基础设施的不断完善，级差地租Ⅱ也在不断增长当中，因此，对于单中心城市和不均等的公共服务水平而言，单一地增加供地量更将提高城市总体房价。而对于大面积出让宗地而言，容易形成房地产企业的环形局部垄断，提高企业的市场垄断势力从而推高房价。此外，容积率、绿地率和总建筑面积限制等，都会对土地成本高低产生明显的影响从而最终影响房价。

第3章 垄断供地制度对房价影响的分析

3.1 垄断理论回顾

3.1.1 马克思主义经济学的垄断理论

垄断理论是马克思主义经济学的重要组成部分，它是研究垄断资本主义经济关系及其发展规律的科学。马克思、恩格斯、列宁等马克思主义学者用辩证唯物主义的方法分析了垄断理论，在揭示垄断资本固有矛盾的同时，还分析了垄断对资本主义经济发展的积极意义。概括来讲主要有以下几个方面。第一，垄断来源于竞争。垄断是社会生产力发展的必然结果，竞争是产生垄断的根本原因，只要存在竞争，垄断就不可避免地产生。资本主义的发展是由资本本身属性决定的，资本的逐利性是资本主义发展的原动力，资本的逐利性产生了竞争，竞争直接催生了垄断。资本在增值的同时又促进了生产的发展，这就是马克思主义分析资本主义垄断发展的辩证法。第二，垄断的二重性要区别开来。资本集中形成垄断，从而加速生产力的发展，可以使企业资本增加，规模扩大，并提高企业的经营管理水平，垄断资本有强大的资本实力，能够用更多资本进行科技研发，可以追加更多的资本进行扩大再生产，直接促进了科学技术的进步。同时，垄断形成的规模经济是优化经济的重要组合。但从另一方面来看，竞争受到垄断抑制，垄断也会在某种程度上阻碍技术进步。尤其是在垄断的卖方市场下，消费者和整个社会的福利难以得到提高。第三，垄断与竞争相互融合，垄断没有消除竞争。如上所述，垄断来源于竞争，但垄断从来都没有消除竞争。它们的关系不仅表现为单向的起源关系，而且两者之间是相互彼此作用，相互融合的市场结构，是市场经济运行机制中不可缺少的统一整体。没有单一的垄断或竞争存在，垄断与竞争是矛盾的统一体表现为：竞争不一定与垄断相互对立，垄断的存在也并不排斥竞争。一方面，垄断的形成是竞争的结果，另一方面，在竞争中形成的垄断仍然存在竞争。总的来说，竞争内部的矛盾冲突导致垄断，垄断内在因素的激化产生竞争。

当垄断在资本主义经济中还处于萌芽状态时，马克思就论证了垄断具有的独占性是必然的，他在论述垄断特征的同时还注意到垄断所带来的寄生性和腐朽性。当资本主义发展到一定程度出现了私人垄断资本，马克思预见到随着垄断资本的发展必将产生金融垄断资本和国家垄断资本。此外，马克思分析地租理论时肯定了地租产生的原因是土地所有权的垄断，无论所有权是个人所有还是公共所有，正是由于土地所有者的垄断，使土地所有者能够得到超额利润即地租。

3.1.2 西方经济学的垄断理论

古典经济学对垄断理论没有集中全面的论述，其相关垄断的分析大都夹杂在论述其他问题当中，如重商主义提出的对外贸易实行垄断的主张；李嘉图提出的稀缺性垄断思想；穆勒提出的地租是垄断的结果；古诺研究了不同垄断形态下的市场运行机制等。古典经济学的垄断经济理论存在一定的局限性表现在：对垄断本身和垄断市场结构没有做出区别；将竞争和垄断看作是彼此的对立面；竞争富有效率，垄断有害；将垄断结构与垄断行为看作必然的联系等。古典经济学的集大成者马歇尔用供求理论和边际分析法研究了市场均衡价格，马歇尔的垄断经济理论是均衡价格理论的一部分，其主导思想仍然为经济自由主义。

19 世纪末到 20 世纪初，经过巨大的资本积累，资本主义经济体出现了一系列垄断组织，垄断经济理论也有了重大发展，以张伯伦和罗宾逊提出的垄断竞争理论、不完全竞争经济学为代表。他们否定了古典经济学把完全竞争作为既定存在的假设，完善了垄断定价的边际方法并提出了产品差异的概念。此外张伯伦对作为一种市场结构的垄断与垄断本身做出了区分。张伯伦与罗宾逊提出的以边际方法为基础的垄断经济理论，为微观经济理论打下了重要基础，现代微观经济学的核心内容就是研究竞争与垄断市场的运行机制和资源配置效率。

垄断程度的不断提高促进了更大限度上的资本积累，促进了资本主义生产力的快速发展。一些非主流的垄断理论开始研究垄断促进生产力发展的机制和垄断的成因及影响。如熊彼特的创新理论断定垄断是有利于生产发展的，他认为垄断价格并不必然比竞争价格高，垄断产量并不必然比竞争产量少。① 新制度学派的加尔布雷斯资本主义社会的经济结构是由“计划体系”和“市场体系”构成的二元体系，其中“计划体系”由许多具有垄断性质的大公司构成，它们决定生产的品种数量和销售价格；而“市场体系”则由大量的小企业和个体经营者构成，它们只能被动接受“计划体系”所操纵的价格，任凭计划体系的掠夺。②

在马歇尔及之前的古典经济学垄断经济理论里，对垄断的经济分析或多或少地包含对现实的关注，而马歇尔之后的主流新古典经济学以新古典世界的边际等式作为效率标准，专注于垄断的低效率特征阐述。当然随着对垄断认识的不断深入，理论界区分了两种不同的垄断：一种是效率垄断，这种垄断缘于企业的技术进步和技术创新；另一种是非效率垄断，是依靠垄断市场权力后形成的；这两种垄断并存。与非主流学派的熊彼特不同，哈伯格证明了相对完全竞争市场，垄断价格更高而产量更低，存在资源低效率配置，产生了社会福利的净损失，这个损失被称为哈伯格三角形。莱本斯泰因证明了垄断企业的平均成本比竞争企业平均成本高即“X 效率”损失，这个损失被称为莱本斯泰因四边形。塔洛克认为以哈伯格三角形衡量的垄断的价格扭曲效率损失和以莱本斯泰因四边形衡量的垄断的成本扭曲效率损失都低估了垄断的社会成本。他认为，垄断的最重要的社会成本是潜在厂商为了成为在位厂商，以及在位厂商为了保有垄断地位和垄断利润而进行的非生产性寻利活动所造成的社会成本，③ 这个社会成本本称为塔洛克四边形。虽然已有理论

① 龚敬伟．西方经济学垄断理论的发展过程［J］．社会科学辑刊，2007（1）．
② 黎贵才．现代西方垄断理论述评［J］．当代经济研究，2012（1）．
③ 谢作诗．垄断理论及其演进脉络［J］．经济评论，2008（2）．

已经区分了效率和非效率两种垄断形式，但无论是哈伯格三角形、莱本斯泰因四边形还是塔洛克四边形都没有区分效率损失和社会成本提高是源自效率垄断还是非效率垄断，这是值得注意的一个问题。

二战后的垄断理论研究主要是伴随着产业经济理论分析，20 世纪 40 年代哈佛学派的梅森和贝恩开展了市场结构与市场绩效之间的研究，创建了"S（市场结构）–C（市场行为）–P（市场绩效）"产业组织分析体系，哈佛学派认为市场结构、市场行为与市场绩效三者之间存在因果关系，即市场结构决定市场行为，市场行为决定市场绩效，因而哈佛学派也被称为结构主义学派，其提出的政策主张为实施政府管制和反托拉斯政策，以改善市场结构进而提高市场绩效。与哈佛学派相反，20 世纪 60 年代芝加哥学派的施蒂格勒、德姆塞茨等市场绩效决定市场行为和市场结构，芝加哥学派注重市场效率，反对政府以各种手段干预市场结构的做法，尤其是反对哈佛学派提出的控制大企业兼并的做法。芝加哥学派提出的政策主张认为：垄断的核心在于规制企业的价格行为，而不是改变市场结构。

20 世纪 70 年代以来，产业经济学的研究重心从市场结构转向市场行为，作为策略分析工具的博弈论被引入到产业组织分析当中。伴随着信息技术时代的到来，哈佛学派、芝加哥学派和新产业组织理论不能对信息经济条件下柔性生产、虚拟组织等后福特制生产组织形式新现象新问题予以很好地解释，产业组织理论发展出了模块化分工理论。

3.1.3 纵向市场的垄断理论

3.1.3.1 纵向市场垄断的概念

产业链指的是产业的部门之间基于一定的技术经济关系，并根据特定的逻辑关系和时空布局关系形成的链条式的关联关系形态。即在产业的最终产品的生产过程中，从最初的生产要素到最终的消费品所包含的各个环节构成的纵向的链条。在现代经济学研究中，产业链、价格理论、宏观经济系统分别属于中观经济层级研究、微观经济层级研究、宏观经济研究，而在中观经济层级的研究中，产业间关联分析属于中观偏宏观的研究范围，产业组织分析则属于中观偏微观的研究范围。以产业链的概念为研究对象出发可以有多种不同的研究目的，也可以采用不同的研究角度，比如产业集群问题、产业协同发展问题、产业竞争力问题、纵向序列研究产业链的纵向关系问题。本书针对房地产业的研究就是以产业链的纵向垄断市场结构分析为起点。①

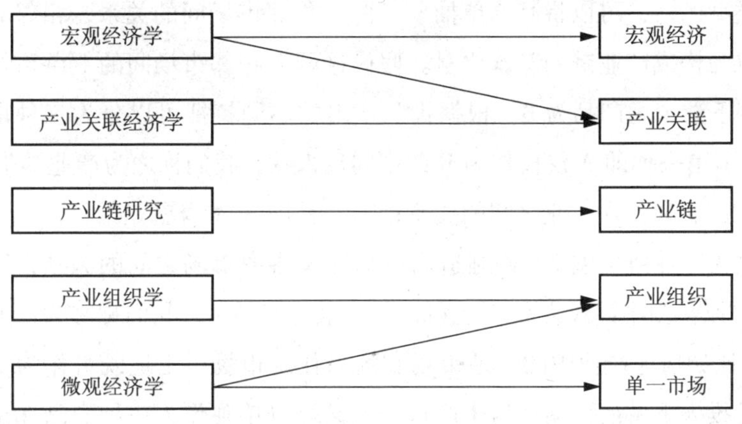

图 3－1 经济系统分析的层级

资料来源：郁义鸿．产业链纵向控制与经济规制［M］．上海：复旦大学出版社，2006.

在分析产业链的纵向垄断市场结构之前讨论下产业链的纵向市场关系，它是指一个产业链条当中处于产业链条上下游的企业之间存在的制度安排的总和。这种纵向关系制度安排主要分为两类。第一类为纵向一体化，即沿着产业链占据若干环节的业务重新布局，纵向一体化按照发展的方向可以分为纵向一体化和横向一体化两种。第二类为纵向约束，纵向约束主要指的是在具备纵向关系的产业链条中，企业利用自身的垄断势力或讨价还价能力通过各种纵向控制或约束的方式影响产业链条中上下游的竞争状态，达到延伸垄断或者阻止竞争者进入的目的。②

上文分别介绍了产业链、产业链纵向市场关系及产业链的纵向控制等几个范畴，而针对整个产业链条中不同企业之间的技术关系和产品特征可

① 郁义鸿．产业链纵向控制与经济规制［M］．上海：复旦大学出版社，2006.

② 郁义鸿．产业链纵向控制与经济规制［M］．上海：复旦大学出版社，2006.

以将产业链分为不同的类型，所谓产业链类型就是产业链条中不同企业间是何种类型的关联方式。由这里可以看到产业链主要由产品特征决定，产品特征既包括最终产品特征也包括中间产品特征，所以从某种意义上来说，技术特征决定了产业链的具体类型。如果从理论上抽象出实践中的产业链类型的话，可以将其简单抽象为两个相邻市场间的关系，相邻的市场关系成为构成产业链的基本要素。假设这两个相邻市场间的上游市场产品为A，下游市场产品为B，根据投入产出的不同特征可以分为三种市场间关系：① 第一种即A仅仅作为B的中间投入品，我们称之为产业链类型1，如汽车产业和钢铁产业之间的关系；第二种即A本身就是最终产品B，我们称之为产业链类型2，如制造商市场和零售商市场之间的关系；第三种即A可以作为中间投入品A也可以作为最终产品B，我们称之为产业链类型3，比如房地产业中的土地市场和商品住房市场，土地既可作为一种中间产品投入下游的商品住房生产过程，又可以单独作为一种商品在土地二级市场上流转获利，本章研究的土地垄断供给对房价波动的影响就是这种产业链类型。不同产业链间的纵向市场关系差异很大，因此产业链的分类是分析产业链纵向市场垄断及垄断规制的基础，由于产品特征或技术特征，产业链条的稳定性比较强，产业链条上的企业之间的博弈行为在很大程度也取决于产业链条的类型。

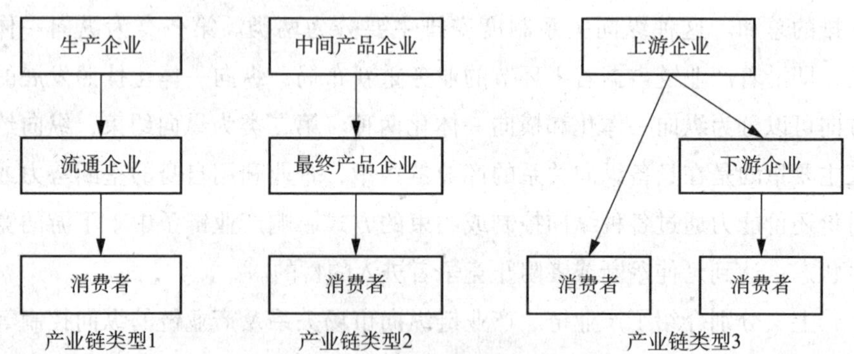

图3-2　根据技术特征和产品性质划分的产业链类型

资料来源：郁义鸿．产业链纵向控制与经济规制［M］．上海：复旦大学出版社，2006（4）．

① 郁义鸿．产业链纵向控制与经济规制［M］．上海：复旦大学出版社，2006.

针对房地产业而言，自1998年房改以来房地产市场的全面建立发展也仅仅20年时间，因此可以说是一个发展中的市场和产业，国民经济核算体系中对房地产业的核算方法也在不断探索和完善中，实践探索中和理论研究中存在一些争议，通过分析联合国国际行业分类标准和世界一些主要发达国家的产业分类标准及我国的房地产业实际，我们认为房地产业应该包括两大类：物业销售或租赁业和房地产中介行业，建筑业属于第二产业范畴，从理论和实践上均不能认定为第三产业。所以物业租赁业或销售业包括土地开发、住房开发、房屋出租、福利分房以及自由住房服务，与这些活动密切相关的土地开发整理、住房建设等则属于建筑业。房地产中介行业包括行政部门的土地管理和房地产管理活动、房地产经纪业、房地产估价、房地产代理、房地产拍卖、房地产咨询等，还包括以收费为基础从事各类物业维护管理的物业管理业。

从房地产业的生产过程来说，主要经过从土地市场购置土地，经过前期勘察、设计、基础设施配套、建筑施工、市场营销等过程，如图3－3所示，整个生产链条中除去建筑业之外都属于房地产业。在这个生产链条中，建筑市场和房地产中介市场都属于竞争性的市场，所以它们在房地产行业中的讨价还价能力或者说市场势力是较弱的，而土地市场在我国由地方政府完全垄断，房地产业则由于其位置不可移动性、区域市场性等特征具有明显区域垄断性，因此用产业链理论来分析房地产业生产链条中的价格行为或市场结构就可以整体上忽略掉房地产中介行业和建筑业，直接分析产业链上游政府垄断的土地一级市场和产业链下游的房地产市场并不影响我们得到的实际结论。

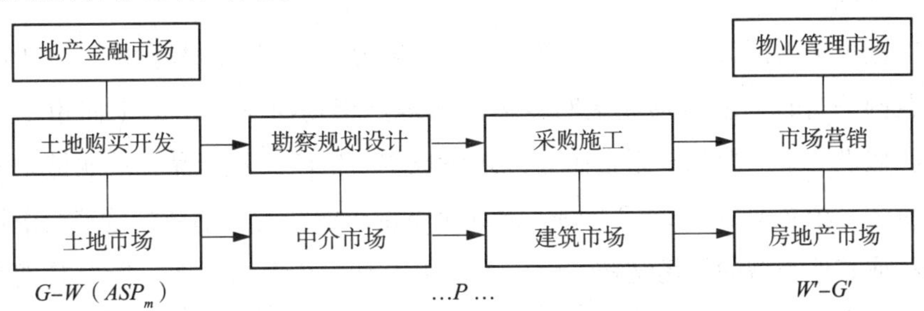

图3－3　房地产纵向市场结构

3.1.3.2 垄断纵向市场序列的理论分析

上文简单介绍了产业链及其不同类型，并指出房地产业中土地市场和商品住房市场作为两个相邻的上下游市场是一种特殊的产业链，即上文中提到的产业链类型3，这种产业链的特殊之处在于土地既可以作为中间产品即商品住房的空间基础进入商品住房市场，同时土地也可以作为单独的商品在二级市场上转让，所以这是一种较为特殊的产业链类型。同时上文对产业链条上的纵向市场结构及产业链条上纵向控制也简单地进行了分析，这一节将在上文的基础上发展一个针对房地产产业链条类型的一个价格模型，用来分析垄断供地制度下对房价波动的影响。

在垄断的市场或产业链纵向垄断市场结构中，价格问题毫无疑问是反垄断的核心所在，价格与边际成本的关系反映了企业有多大的垄断势力即讨价还价能力，这里假设有一个纵向垄断市场结构的产业链，并假定这个产业链条的上游是具有垄断势力的企业，下游是偏向竞争性质的企业，对于垄断势力的企业的定义与经典教材中 MR = MC 垄断定价的分析一致，但由于这里并不是传统微观经济学的对单个市场或单个企业的微观分析，而是涉及产业链条上不同企业间的市场行为分析，因此这里不能采用传统的分析方法，这里用的是纵向垄断市场序列模型来分析这种情况下的价格变化和福利变化。虽然处于垄断链条上的上下游企业都可以通过一些措施消除掉外部性，但由于企业间存在的垄断势力使得整个产业链条存在价格扭曲和福利损失，所以这一节就考察纵向垄断市场结构中的产品定价问题及资源配置效率。本节的理论分析用于下文对土地供给制度影响房价分析的实证基础。

这里采用郁义鸿（2006）所做出的一般分析框架，但我们用来分析的是我国垄断的土地市场和垄断竞争的房地产市场所呈现出的纵向市场结构。假设一个上游的垄断企业 U 以边际成本 c 生产一种产品，产业链条的下游为 n 个企业 D_i（1，2…n），这 n 个下游企业间的市场结构是垄断市场结构或其他类型的市场结构，由于上游企业是一个垄断企业，所以其拥有市场势力并具有较强的价格谈判能力，由于我国的土地一级市场由地方政府垄断控制，而我国房地产业有众多的房地产企业，因此模型所做的基本假设符合我国房地产行业的基本现状。在博弈的第一阶段，由上游企业给出一个价格 p_w，博弈的第二个阶段下游企业观察到价格 p_w 后独立选择销售价格 p_i 和附加服务价格 $s_i(i=1，2\cdots n)$，消费者对商品 i 的需求为 $D_i(p)$，这里价格 $p=(p_1,p_2\cdots p_n)$ 为一个价格向量，并假设需求函数有下列性质：

$$\delta D_i/\delta p_i<0，\delta D_i/\delta s_i>0，\partial^2 D_i/\partial^2 p_i\leqslant 0，\partial^2 D_i/\partial p_i\partial p_j\geqslant 0$$

首先考虑下游企业的决策，给定 p_w，下游企业问题是选择最优价格 p_i 来最大化其利润：

$$\pi D_i=[p_i-p_w-\Phi(s_i)]D_i(p,s)$$

求解下面的一阶条件：

$$D_i(p,s)+[p_i-p_w-\Phi(s_i)]\partial^2 D_i(p,s)/\partial p_i=0\quad i=1\cdots n$$

$$-\Phi'(s_i)D_i(p,s)+[p_i-p_w-\Phi(s_i)]\partial^2 D_i(p,s)/\partial s_i=0\quad i=1\cdots n$$

求解上述式子可以得到纳什均衡最优价格 $p(p_w)=[p_1(p_w),p_2(p_w)\cdots p_n(p_w)]$

$$s(s_w)=[s_1(s_w),s_2(s_w)\cdots s_n(s_w)]$$

上游垄断企业预期到下游的企业的最优销售价格后，将选择最优出让价格 p_w 来最大化其利润：

$$\pi U=(p_w-c)D_i[p(p_w),s(p_w)]$$

求解其一阶条件可以得到均衡的出让价格：

$$D_i[p(p_w),s(p_w)]+(p_w-c)[(\delta D_i/\delta p_i)(dp_i/dp_w)+(\delta D_i/\delta s_i)(ds_i/dp_w)]$$

如上文所分析的，用 π 表示上下游合并的利润即整个产业链条上的利润：

$$\pi=\sum_{i=1}^{n}[p_i-c-\Phi(s_i)]D_i(p,s)$$

为了比较合并后整个产业链条上的利润和合并前各个企业利润和的大小，下游企业 D_i 可以重新改写为：

$$\pi D_i=\pi-(p_w-c)D_i(p,s)-\sum_{i\neq j}^{n}[p_j-c-\Phi(s_j)]D_j(p,s)$$

将上式对 p_i 求导得：

$$\partial\pi D_i/\partial p_i=\partial\pi/\partial p_i-(p_w-c)\partial D_i(p,s)/\partial p_i-\sum_{i\neq j}^{n}[p_j-c-\Phi(s_j)]D_j(p,s)/\partial p_i \tag{1}$$

$$\partial \pi D_i / \partial s_i = \partial \pi / \partial s_i - (p_w - c) \partial D_i(p,s) / \partial s_i - \sum_{i \neq j}^{n} [p_j - c - \Phi(s_j)] D_j(p,s) / \partial s_I \tag{2}$$

式（1）和式（2）是理解产业链条上上下游企业合并和纵向分离结果的关键，从式中可以看到，纵向市场结构中存在两种外部性，一种是产业链条上的纵向外部性，即上游垄断企业和下游竞争或垄断竞争企业之间的外部性，另外一种是下游竞争或垄断竞争企业之间的横向外部性，当式（1）和式（2）中右边第一项都为0时纵向合并的利润最大化，式子中右边第二项和第三项代表了纵向市场下和纵向合并下的差异所在，其中第二项表示纵向市场情况下定价的纵向外部性。产业链条上纵向的外部性是由于下游企业在选择价格时忽略了这种选择对上游垄断企业利润的影响，因此会选择一个与纵向合并价格相比更低的价格，所以此时上游垄断企业每单位的额外利润是 $p_w - c$，于是上游垄断企业可以选择一个较高的出让价格和一个较低的出让量，当 $p_w = c$ 时，产业链条上纵向外部性才会消失。式（1）和式（2）中第三项为下游企业间的横向外部性，横向的外部性表示的是下游企业不能获得价格上涨带来的利益，当下游企业改变价格时其面临的需求 D_i（p）会受到影响，这种影响由上式（1）和（2）中的右边第三项来表示，因为下游每个竞争企业在选择价格时忽略其自身的选择对于其他企业利润的影响，因此下游每个竞争企业都最终选择了一个与产业链条纵向合并时低的销售价格和较高的服务价格。从这里可以看到，产业链条上纵向的外部性和横向的外部性起的作用正好相反：纵向的外部性导致下游竞争企业制定较高的销售价格，而横向的外部性导致价格过低。产业链条纵向分离下的下游企业销售价格高或低于产业链条纵向合并的价格则取决于这两种外部性作用的大小。

当下游行业也是垄断市场结构时，即下游也只有一个企业，这是比较极端情形的一种分析。假设此时的下游垄断企业不提供其他服务，此时的需求函数为 D（p），产业链条纵向分离的情况下下游垄断企业的边际成本为 p_w，选择产业链条纵向分离的销售价格 p^{NI} 最大化其利润：

$$\pi D = (p^{NI} - p_w) D(p^{NI}) \tag{3}$$

其一阶条件为：

$$D(p^{NI})+(p^{NI}-p_w)D'(p^{NI})=0 \quad (4)$$

进一步考察上游垄断企业的决策，上游企业选择价格 p_w 最大化其利润：

$$\pi U=(p_w-c)D[p^{NI}(p_w)] \quad (5)$$

最优条件为：

$$D[p^{NI}(p_w)]+(p_w-c)D'[p^{NI}(p_w)]p^{NI}{'}(p_w)=0 \quad (6)$$

由式（6）求解均衡出让价格并带入式（4）得到产业链条纵向分离下的均衡销售价格 p^{NI}。

由式（4）和式（6）可以得到下边的命题：

在产业链条上下游垄断的纵向市场体系中，并且没有服务成本的情况下，有 $p^{NI}>p_w$ 和 $p_w>c$。这就是上下游垄断加价的情况，产业链条上游的垄断企业选择一个出让价格高于边际成本，下游具有垄断势力的企业按照出让价格作为边际成本制定销售价格，由于纵向外部性的产生，下游垄断企业销售量是其自身定价策略的结果，上游垄断企业得到额外的利润 p_w-c，这个差额就是产业链条上纵向外部性产生的结果。如果上游垄断企业兼并下游企业则意味着纵向合并，与纵向合并相比，产业链条垄断市场结构产生了更高的销售价格和更低的利润。

3.2　垄断供地制度下的房地产市场结构

3.2.1　垄断供地制度下的土地市场结构

市场结构一般是指各个市场交易主体之间、市场已有的交易主体与市场上潜在的交易主体在交易价格、交易量、市场利益分配等方面存在的市场关系，按照经典微观经济学理论，市场结构分为：完全竞争市场、垄断竞争市场、寡头竞争市场和完全垄断市场。完全竞争的土地市场的条件一般被界定为完全信息即不存在不对称信息、土地交易对象的均质性、土地市场上有足够的市场交易者、土地交易者有充分的决策权四个方面。土地市场上存在较大的信息不对称和不确定性；同时由于区位的作用每一宗土地都不同，因此也不存在交易主体的均质性；土地市场的需求者很多单供给者是唯一的，因此不满足有大量的市场主体这一竞争市场特点；另外由于土地利用的外部性，土地交易者没有充分的决策权。所以从简单的竞争市场要求的条件来看，土地市场不是一个完全竞争市场。

按照交易主体和交易内容划分，中国的城市土地市场可分为国有土地使用权出让市场、国有土地使用权转让市场、国有土地使用权抵押及租赁市场，由于我国不存在私有制土地，因此土地所有权市场只有农村土地向城市土地的转换，目前法律规定只有地方政府能完成这一过程即征地过程，由此可以看到农村土地向城市土地转换的过程中是被地方政府完全垄断，即买方垄断，而城镇国有土地使用权由地方政府作为唯一的出让主体，因此在土地一级市场即土地使用权出让市场上为卖方垄断市场，土地使用权转让市场为垄断竞争市场。

表 3-1　中国城镇土地市场组成及市场结构

市场层次	交易主体	交易客体	交易方式	市场结构
土地所有权市场	农村集体经济组织、县级以上地方人民政府	土地所有权	土地征用	垄断
土地使用权一级市场	政府（土地所有者）、土地经营者、土地使用者	土地使用权	出让、出租、作价出资（入股）、授权经营	垄断
土地使用权二级市场	土地经营者、土地使用者	土地使用权	转让、转租、抵押	垄断竞争

在我国垄断供地制度下，土地使用权一级市场在区域房地产市场中是一个完全垄断市场，按照曼昆将垄断分为市场垄断、行政垄断和自然垄断的话，我国城市土地一级市场是一个典型的行政垄断市场。同时因为土地市场是一个区域市场，但各区域市场之间不能人为地行政分割，需要有统一的交易规则。虽然二级市场的土地供给也能满足市场的部分需求，但由于地方政府垄断了土地一级市场，因此土地二级市场的土地总量也主要由土地一级市场决定，一级市场的供地量在某种程度上决定了土地市场的土地数量。城市土地一级市场完全垄断体现在两个方面：一是交易主体的垄断即地方政府为唯一的供地主体；二是交易客体的垄断性即只有国有土地能进入一级市场，集体土地不能进入一级市场。虽然在区域内地方政府完

全垄断了区域房地产市场的土地供给，但从全国范围来看，县级以上的县、市成立的2000多个土地储备中心都是土地供给的主体，从这个意义上讲全国土地市场是一个垄断竞争的市场，从理论上讲，这种市场结构既可以避免小土地所有者分散供地导致的无序竞争从而提高土地资源配置效率，此外还可以有效地避免完全垄断下产生的福利损失。但这样的市场绩效需要一定的前提条件，就是地方政府的供地行为需要在一个良好的法律法规和规划条件约束下进行，因此垄断竞争供地或垄断供地的实际市场绩效需要结合实际进行分析。

3.2.2　垄断供地制度下的商品住房市场结构

3.2.2.1　测定市场结构的方法

按照主流学派哈佛学派的 $S-C-P$ 论，市场结构的衡量是通过对市场结构本身、企业的市场行为和市场整体绩效三个方面进行。对市场结构的测度通常采用的是勒纳系数（Lerner Index），计算公式为：$L=(P-MC)/P$，其中 L 为勒纳系数，P 为市场价格，MC 为产品的边际成本，完全竞争条件下 $P=MC$，因此勒纳系数为0，完全垄断条件下勒纳系数趋近于1，所以勒纳系数越高表明市场的集中度越高。当勒纳系数被看作企业自身产品的需求价格弹性时，则表示企业产品相对其他企业的产品是否具有竞争优势，此时勒纳系数越大表示企业的产品越有竞争力；当勒纳系数被看作整个产品市场的产品需求价格弹性时，则表示企业和消费者在市场中的讨价还价能力，此时勒纳系数越大则表示企业的讨价还价能力越大即卖方市场。

贝恩指数（Bain Index）则是从超额利润角度来分析市场集中度的，具体方法为计算出企业的会计利润：$\pi_1=R-C-D$，其中 R 为当期收入，C 为当期成本，D 为折旧，π_1 就表示企业的会计利润，定义 $\pi_2=\pi_1-iV$，其中 i 为社会平均利润率，V 为总的投资额，π_2 为经济利润即会计利润与正常利润的差额。定义贝恩指数为 $B=\pi_2/V$，贝恩系数实质是用超额利润来表示企业的市场势力，贝恩指数越高，则表明企业的市场势力越大即讨价还价能力越强，市场绩效越低。

行业绝对集中度（Concentration Ratio）则是最常用、简洁的反映市场集中度的一个指标，它指的是按照销售规模或者资产规模计算的行业前几位企业的资产规模或销售规模占全行业资产规模或销售规模的份额，其公式为：

$$CR_n = \sum_{i=1}^{n} X_i / \sum_{i=1}^{m} X_i$$

n 和 m 则分别表示行业中资产或销售规模最大的 n 个企业和全行业 m 个企业。通常情况下 n 取 4、6、8、10。所以市场集中度最高的就是市场中只有一家企业，当市场中企业的个数大于 1 时，行业中全部企业的资产或销售规模分布情况以及前 n 个企业资产或销售规模在市场中的份额分布就会影响到行业集中度的大小。因此这两个指标都被恰当反映时的指标才更算科学，但绝对市场集中度不能反映这两个指标，20 世纪 80 年代前美国反垄断实践中用的市场集中度指标通常用行业集中度，80 年代后则采用了行业相对集中度指标来衡量行业的市场集中度，原因就是上文提到的两个指标问题。此外，行业绝对集中度也不能反映行业中企业规模与产品差异的动态变化情况。

行业相对集中度（Herfindahl Index）简称 H 指数，上文中指出的行业绝对集中度不能反映所有企业在全行业中的资产或销售规模份额分布情况，行业相对集中度可以较好地反映，因此实践中采用行业相对集中度能更好地反映企业的垄断势力和行业的整体市场结构。完全竞争的市场中行业相对集中度为 0，完全垄断的情况下行业相对集中度为 1，如果行业中企业规模相同的话则行业相对集中度等于 $1/m$，实际应用中由于计算得到的行业相对集中度通常数值很小，所以常常用乘以 10000 之后数值表示行业相对集中度，一般情况下，行业相对集中度小于 1000 的时候，表明该行业市场结构趋向于竞争市场，行业集中度低，当行业相对集中度大于 1000 小于 1800 的时候表明该行业是适度集中的市场结构，当行业相对集中度大于 1800 时，则表明该行业是高度集中的市场结构，此时有若干企业的垄断势力很大，市场中存在潜在的福利损失，行业相对集中度 H 指数公式为：

$$H = \sum_{i=1}^{m} (X_i / \sum_{i=1}^{m})^2$$

3.2.2.2 房地产市场结构度量与判定

这一节主要从房地产业的行业集中度、进入壁垒及产品差异等几个角

度度量房地产市场的市场结构及分析我国房地产市场的主要壁垒。首先从全国数据出发，选取2001—2011年的全国房地产上市公司的资产总额与房地产上市公司资产额前十位的企业的总资产规模，从全国范围内度量我国房地产市场的市场结构，得到市场绝对集中度见表3－2，从表3－2中可以看到我国房地产市场绝对集中度的大小分两个阶段，第一个阶段为2001—2004年，即8.31大限实施前，第二个阶段从2005年开始，市场绝对集中度呈现出总体上升的趋势，最重要的原因是随着“招拍挂”制度的全面实施极大提高了我国房地产业的市场集中度，但最高的2011年，也仅为3.22%，相对于香港市场前十大地产商占据香港80%的市场份额，中国内地的市场绝对集中度很低，但由于香港是一个单一城市经济体，而且香港的人均土地资源比中国内地任何一个城市都要稀缺，所以香港房地产市场同内地房地产市场没有可比性。但与同期美国房地产27%绝对市场集中度相比，中国房地产市场的市场绝对集中度也明显偏低，同时依据贝恩对市场结构的区分情况（见表3－2），无论是采用CR_4还是CR_{10}全国范围内的房地产市场都属于竞争型市场。

表3－2　2001—2011年中国房地产业市场结构

年份	2001年	2002年	2003年	2004年	2005年	2006年	2007年	2008年	2009年	2010年	2011年
CR_{10}(%)	1.7	1.6	1.5	1.2	2.0	2.2	3.1	2.8	2.9	3.18	3.22

资料来源：2002—2012年中国房地产统计年鉴和房地产上市公司TOP10研究报告。

土地位置的固定性和不可移动性决定了房地产市场的供给是在一个区域市场中，房地产的区位价格差异也是房地产市场是区域性市场的具体体现，不同地区的房地产在供求关系、价格、价格弹性等方面存在明显的差异。房地产市场的区域特性不仅仅取决于土地生产要素的空间固定性，也取决于市场需求、资本和劳动力等其他生产要素的区域间流动情况，所以从某种程度上来说，房地产市场作为区域性的属性也是相对的，将随着经济发展和城市化的进程而不断变化。比如说三线、四线城市及县城、建制镇基本属于本地市场，而杭州、南京、厦门由于经济发展程度较高，在一定程度上受到周边地区的影响进而成为区域性或全国性的房地产市场，而北京、上海、深圳等房地产市场由于国外的置业者需求的进入，从而表现出一定国际性市场。鉴于房地产市场的这种区域性，这里着重选取几个代表性的大城市分析其房地产市场的市场结构，以和全国房地产市场进行比较分析。

表3-3 不同行业集中度下的市场结构

市场结构\市场绝对集中度	CR_4（%）	CR_8（%）
寡占1型	$CR_4 \geq 75$	
寡占2型	$75 > CR_4 \geq 65$	$CR_8 \geq 85$
寡占3型	$65 > CR_4 \geq 50$	$85 > CR_8 \geq 75$
寡占4型	$50 > CR_4 \geq 35$	$75 > CR_8 \geq 45$
寡占5型	$35 > CR_4 \geq 30$	$45 > CR_8 \geq 40$
竞争型或垄断竞争型	$CR_4 < 30$	$CR_8 < 40$

资料来源：贝恩市场结构分类表。

例如上海2012年上半年的房地产市场，根据《2012年上海房地产报告》和其他公开的房地产市场数据（见表3-4），计算上海市房地产行业市场绝对集中度，按照成交金额份额计算为29%，按照成交面积计算为24%，相对2001—2011年全国房地产市场绝对市场集中度的1.7%～3.2%来说，上海市的房地产市场集中度虽然有大幅度提高，但与香港的前十大房地产企业的80%的市场份额仍然相差很远，上海市的人均国土土地资源面积是香港人均国土资源面积的2.3倍，因此简单地从上海房地产市场和香港房地产市场来看，因为上海市实施的土地储备制度总体上以发挥市场配置土地资源功能为主，土地一级市场的垄断程度没有香港强，所以直观地看，土地资源禀赋稀缺和政府对土地资源垄断程度的不同，将直接影响到下游房地产行业的市场集中度。土地资源越是稀缺、政府对土地一级市场垄断程度越高，将造成下游房地产市场越高的集中度，在某种程度上也更容易催生较高的房价。

表3-4 2012年上半年上海市商品住宅市场成交面积和成交金额前十强

市场份额排名	成交份额（%）	成交金额（亿元）	市场份额排名	成交份额（%）	成交面积（万平方米）
1 绿地	7.25	91	1 绿地	4.95	38
2 大华	4.15	52	2 大华	3.12	24
3 万科	2.97	37	3 万科	3.03	23
4 保利地产	2.89	36	4 保利地产	2.51	19

续表

市场份额排名	成交份额（%）	成交金额（亿元）	市场份额排名	成交份额（%）	成交面积（万平方米）
5 星河湾	2.19	27	5 江苏新城	2.07	16
6 中海	2.10	26	6 上海住投	1.85	14
7 江苏新城	2.10	26	7 金本	1.75	13
8 万兴地产	2.05	25	8 城投	1.68	12.9
9 隆宇企业	1.70	21	9 上海地产	1.55	11.9
10 象屿	1.63	20	10 旭辉	1.32	10

资料来源：新浪房产。

为了方便对比，我们同样选取2012年上半年全国房地产市场的一些交易数据见表3－5，按照成交金额计算的市场绝对集中度为15.5%，按照成交面积计算的市场绝对集中度为9.06%，同上海市相比全国市场绝对集中度明显要低得多，这在一定程度上说明房地产市场的区域市场性质是较为明显的。同时为了较为全面地分析全国房地产市场的市场结构，这里同时采用勒纳指数来测定全国房地产业的市场结构，相关数据选自1998—2012年中国统计年鉴，价格 P 选择全国商品住宅销售均价，边际成本则选取全国平均房屋造价，由此计算的1997—2011年全国的勒纳指数分别为：0.44、0.41、0.44、0.46、0.48、0.473、0.46、0.49、0.54、0.53、0.57、0.52、0.57、0.52、0.57、0.56、0.56。从纵向时间上勒纳指数反映的情况来看，我国整体上房地产市场的垄断性在加强，这总体上也符合房地产业的发展规律。

表3－5　2012年上半年全国商品住宅市场成交面积及成交金额

市场份额排名	成交份额（%）	成交金额（亿元）	市场份额排名	成交份额（%）	成交面积（万平方米）
1 万科	2.6	610	1 恒大	1.58	630
2 中海	2.3	543	2 万科	1.54	615
3 保利	2.1	493	3 绿地	1.21	485
4 绿地	1.93	450	4 保利	1.08	443
5 恒大	1.62	380	5 中海	0.99	396
6 万达	1.57	365	6 万达	0.74	298

续表

市场份额排名	成交份额（%）	成交金额（亿元）	市场份额排名	成交份额（%）	成交面积（万平方米）
7 世贸	0.97	225	7 碧桂园	0.51	202
8 华润	0.88	206	8 世贸	0.49	194
9 绿城	0.76	178	9 华润	0.47	188
10 龙湖	0.74	174	10 龙湖	0.45	183
全国		23314			39964

资料来源：新浪房产。

为了一线城市房地产市场之间的相互比较以及一线城市房地产市场与二线城市房地产市场有一个明确的对比，这里选取2012年上半年一线城市深圳市房地产市场数据和二线城市厦门的房地产市场数据。从表3－6中可以看到按照成交金额计算的深圳房地产行业绝对集中度甚至高达63%，按照贝恩市场结构表的话为寡占4型，并不是强寡头的市场类型，而按照成交面积计算的行业绝对集中度也大致接近64%，因此，相对于上海房地产市场和全国房地产市场来说，深圳房地产市场即使不考虑房地产市场中的空间垄断因素，其市场结构达到了弱寡头垄断。

表3－6　2012年上半年深圳市商品住宅市场成交面积和成交金额

市场份额排名	成交金额（%）	成交金额（亿元）	市场份额排名	成交面积（%）	市场份额排名
1 万科	14.9	42	1 万科	16	25.4
2 招商局	12.4	34.9	2 招商局	12.3	19.5
3 星河	6.8	19	3 恒祥基	7.6	12
4 深圳中洲	5.7	16	4 星河	5.6	8.9
5 恒祥基	5.5	15.5	5 深圳中洲	5	7.9
6 蛇口湾厦实业	3.9	11	6 绿景	3.9	6.1
7 莱蒙鹏源	3.81	10.8	7 莱蒙鹏源	3.5	5.5
8 阳光海滨	3.8	10.7	8 深圳控股	2.5	4
9 绿景地产	3.4	9.6	9 蛇口湾厦实业	2.4	3.8
10 合正	3.3	9.4	10 合正	2.34	3.7
全市	62.6	280.9		64.1	158.3

资料来源：新浪房产。

二线城市中选取福建省厦门市为例，厦门的地理位置较为特殊，其特

殊性在于是一个海岛型城市，岛内市场成熟于岛外市场，全市土地资源稀缺。这里选取厦门市 2012 年全面成交金额前十位的房地产企业成交情况（见表 3－7），按照成交金额计算的行业绝对集中度达到 48%，与全国市场的 16%、上海市场的 29%、深圳市场的 63% 相比，由于经济发展程度、国土资源面积、特殊地理位置等因素的不同，这里选取的几个一线和二线城市之间的房地产市场结构明显不同，但都明显地高于全国市场。按照贝恩市场结构表来划分的话，上海市房地产市场的市场结构处于垄断竞争和弱寡头垄断之间，厦门市和深圳市房地产市场结构为弱寡头垄断的市场结构。虽然每个城市的房地产市场的市场结构不同，但每个城市的土地一级市场都是政府完全垄断的，所区别的仅仅是不同城市的土地资源禀赋、经济发展程度等客观条件不同。因此，虽然房地产市场呈现出明显的区域性，但并不影响我们使用全国数据来分析全国房地产市场，经济发展速度、人均收入、土地资源供给等宏观变量决定了全国房地产市场的发展水平。

表 3－7　2012 年上半年厦门商品住宅市场成交金额和成交面积

市场份额排名	成交金额（%）	成交金额（亿元）
1 禹州	6.11	48
2 国贸	5.94	46
3 世茂	5.17	40
4 建发房产	4.97	39
5 万科集团	4.85	38
6 新景地	4.84	38
7 特房	4.31	34
8 中航	3.8	30
9 源昌	3.56	28
10 联发	3.48	27
总计	47.78	

资料来源：新浪房产。

3.2.2.3　我国房地产业的主要进入壁垒分析

从上一节的分析中我们可以看到，不存在全国统一的房地产垄断市场，从选取的几个一线和二线样本城市来看，城市间房地产市场的市场结构也有差异，但由于房地产市场区域性市场特征较强，因此这种差异符合空间经济垄断理论，这种市场结构并不是政府设计的而是在既有制度下市场选择的结果。从纵向时间序列上来看，随着房地产业的发展企业间的兼并和土地一级市场的垄断性的加强，房地产市场的垄断性不断加强。全国房地产市场集中度的原因可能有房地产市场规模扩大的速度高于房地产企业规模的扩大速度；各级别城市中尤其是中小城市中数目众多的房地产企业数量以及房地产业相对较低的技术、资本、规模壁垒。这一节主要分析房地产业的进入壁垒。

企业的进入壁垒，是指企业必须承担的进入行业的成本，只有在不完全竞争市场中才有进入壁垒，从上文的分析可以看到无论是全国房地产市场或者区域房地产市场均不是完全竞争的房地产市场，故均存在进入壁垒，进入壁垒按形成原因可以分为经济壁垒和行政壁垒，经济壁垒可以分为规模壁垒、技术壁垒、资本壁垒、信息壁垒等。而行政壁垒则包括行业壁垒、行政垄断壁垒等。

房地产业是一个资源整合的服务业，中国房地产业中80%以上的企业属于中小规模企业，这部分企业投资额占全行业的总投资的70%左右，依照产业经济学中规模经济壁垒分析的方法即最低经济规模与市场总规模的比重，简称规模障碍系数，用公式表示为 $d = MES/S$。

表3-8　行业进入障碍高低

标准	$d<5\%$	$5\% \leqslant d<10\%$	$d \geqslant 10\%$
进入壁垒难度	进入障碍低	进入障碍居中	进入障碍高

资料来源：刘树枫．我国房地产市场特征、结构、行为及绩效研究［M］．北京：经济科学出版社，2012.

依照刘树枫（2012）的计算结果，我国1996—2009年房地产企业的规模障碍系数分别为0.005、0.04、0.04、0.04、0.037、0.034、0.031、0.027、0.017、0.013、0.012、0.016、0.012、0.013。我国房地产业自1998年房改以来高速发展，但规模经济壁垒很低，这主要与房地产业特殊性有关，其资源整合者的角色和房地产产品属性使得市场进入壁垒较低：一个开发周期结束就意味着房地产公司有可能退出市场，同时房地产企业实际上是整合了土地资源、规划设计业、建筑业等不同行业的资源的服务型企业，虽然属于资本密集型企业，但总体来说进入壁垒由此降低很多，故市场中的大多数房地产企业都是中小规模的企业且以项目公司为主，这也是规模经济难以构成房地产业的进入壁垒的重要原因。

而从资本壁垒和技术壁垒方面来看，上文已有提到房地产业属于资本密集型行业，其需要投资的资金数量大，产品周期相对于农业产品和其他工业产品来说更长，而且房地产业和金融业紧密联系，受宏观经济的影响很大，因此具有较高的风险性，从而对资金量的要求可能更高，但是相对诸多的工业企业而言，房地产业的资本壁垒并不算高，但我国房地产企业的经营普遍是高资产负债率经营，此外，房地产业在土地出让金缴纳、建筑成本以及银行信贷方面的诸多特殊性，使得房地产业的资本壁垒并不高，从1998—2011年我国房地产业的资本来源构成中可以很明显地看到（如图3－4所示）。对于技术壁垒而言，我国住宅行业尚未实现产业化，资源粗放利用情况较为严重，而且房地产业的技术提供主要是房地产中介市场中的勘察、设计、规划行业以及建筑业建筑技术的改进和制造业节能环保建筑材料的研发，房地产企业作为服务企业外生于技术进步，因此技

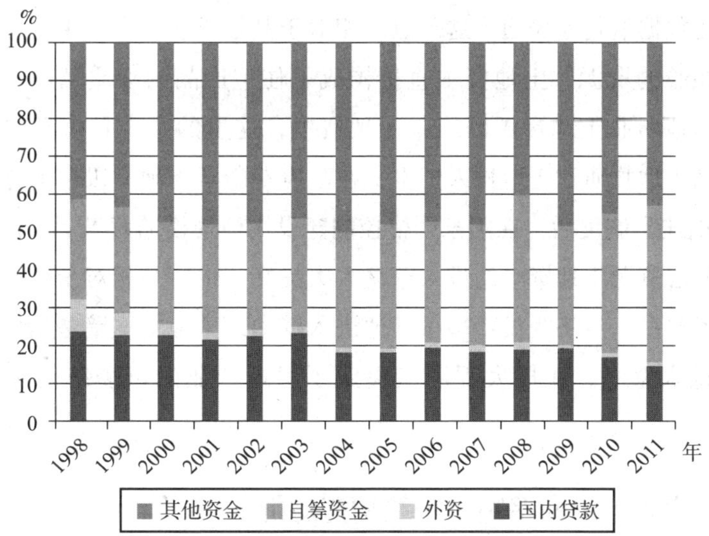

图3－4　1998—2011年我国房地产开发企业资金来源结构

资料来源：历年中国统计年鉴。

术壁垒等并不构成房地产业的进入壁垒。此外，随着近年来房价的快速上涨，技术壁垒相对于土地资源壁垒和资本壁垒的门槛就更低了，因为企业即使不改进建筑规划设计和使用新型建筑材料也可以从快速上涨的房价和地价过程中获得平均利润和超额利润。对于信息资源要素、品牌要素等其他可能构成的进入壁垒，尚不能构成较高的全面的进入壁垒，这里不一一做具体分析。

下面分析我国房地产业中的土地资源壁垒，上文已有提到我国城市土地市场中存在土地一级市场和土地二级市场，农地征收被地方政府买方垄断，因此可以说地方政府在城市土地市场是一个双边垄断组织，所以尽管存在土地一级市场和土地二级市场，但由于卖方垄断的存在使得土地二级市场的土地供给量最终也由一级市场决定，而通过土地一级市场“招拍挂”获得国有土地使用权是目前唯一的合法途径，在我国土地供给制度改革后，尤其2004年“8.31大限”后，从上文可以明显地看到勒纳指数迅速上升，即整个行业的垄断势力增强，很重要的一个原因就是新制的实施提高了企业进入土地市场的门槛，尤其是一线和二线城市中众多的中小企业退出市场进入三、四线城市市场，一线城市的房地产行业集中度大大提高，历史数据清楚地表明了这一点。相对于其他行业而言，土地是房地产业的最核心的资源，土地资本直接构成了住宅产品的物质基础，也就是说，在房地产业土地资源已经是土地资本，这里的资本是广义的土地资本，包括土地物质和土地投入资本，在政府垄断了土地一级市场并实施土地“招拍挂”制度后，在国家严格控制建设用地规模的背景下，作为房地产业的核心资源土地资本的进入壁垒大大提高，也就是相对于金融资本壁垒、技术壁垒、经济规模壁垒等其他进入壁垒，土地资本壁垒是房地产业最大的进入壁垒，在极大程度上决定了房地产业的市场结构和房价的走向。

3.2.3 房地产纵向垄断市场结构与房价

上文理论分析部分已经对垄断市场下双重加价做了分析，同时对纵向市场的上下游的价格垄断也做了相应的分析。这一小节来具体地分析房地

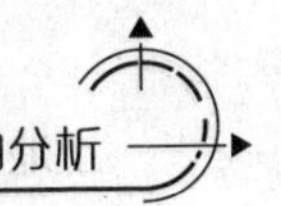

产行业产业链的情况。房地产行业产业链是由土地市场、勘察设计规划等中介行业、房地产开发经营业及房地产业、物业管理业产业构成的产业链条，当分析产业链上市场结构对房地产价格的影响时，要去粗取精，主要选择土地市场和房地产市场这两个上下游市场来进行分析，舍弃掉产业链中其他不影响我们分析的行业链条，因此在这个产业链条中，上游是地方政府经营的土地一级市场，下游是房地产企业。这里假设房地产市场上房地产的需求曲线为：$d=1-p$，房地产的边际成本为 c，为了简单分析起见假设其他销售或中介费用为 0。基于产业上下游主要的纵向市场结构有以下四个类型：类型 1 为土地市场和房地产市场都是垄断供给；类型 2 为土地市场和房地产市场都是竞争供给；类型 3 为土地市场垄断供给而房地产市场为竞争供给；类型 4 为土地市场竞争供给而房地产市场垄断供给。当纵向市场结构为类型 1 的时候，产业上游只有一个企业即供地机构，就是中央政府取代地方政府向市场供给国有土地，实现真正意义上的国有土地由全民所有代表中央政府经营管理，产业下游是一个垄断房地产企业，这个房地产企业和中央政府间有相互讨价还价的能力，这时房地产企业利润最大化：$\pi=(p-w)(1-p)$，分别对中央政府和房地产企业利润最大化公式求导计算得到房价、中央政府的利润、房地产企业的利润分别为 $p=(3+c)/4$，$\pi_{中央政府}=(1-c)^2/8$，$\pi_{房企}=(1-c)^2/16$。当纵向市场结构为类型 2 的时候，这时即上游有众多的土地供应者，比如地方政府和各农村集体的土地可以自由入市，假设这些土地供给者是同质的，这个假设并不影响到我们的分析和结论，下游有众多的房地产企业，此时上游众多土地供给者和下游房地产企业各自确定自己的最大化利润：$\pi_{房企}=(p-w)(1-p)$，$\pi_{土地供给者}=(w-c)(1-p)$，这种情况下房价等于成本 c，土地供给者和房地产企业的利润都为 0。当纵向市场结构为类型 3 时，这时假设上游的土地供应者是由中央政府完全垄断，而下游有大量房地产企业，中央政府有和房地产企业进行讨价还价的能力，中央政府通过纵向一体化利润最大化来定价，实行价格维持制度。这种情况下 $\pi_{中央政府}=(p-c)(1-p)$，经过计算可得到房价、房地产企业和中央政府的利润分别为：$p=(1+c)/2$、0、$\pi_{中央政府}=(1-c)^2/4$。当纵向市场结构为类型 4 时，即产业上游有众多的土地供给者如地方政府经营的国有土地、农村集体土地、拥有土地使用权的企业、单位或个人等，下游为垄断的房地产企业，此时上游众多土地供给者之间的供地价格 w 等于房地产的边际成本 c，每个土地供给者的利润都是 0，房地产企业根据边际成本来确定利润最大化：$\pi_{房企}=(p-c)(1-p)$，可得房价、土地供给者和房地产企业的利润分别为：$p=(1+c)/2$、0、$\pi_{房企}=(1-c)^2/4$。将不同类型的纵向市场结构下的房价水平、政府的净利润（包括作为土地所有者代理人的中央政府和中央政府的委托代理人地方政府）及房地产企业的净利润总结见表 3－9。

表 3－9　不同纵向市场结构下的价格与利润分配情况

	垄断＋垄断	竞争＋竞争	竞争＋垄断	垄断＋竞争
房价	$(3+c)/4$	c	$(1+c)/2$	$(1+c)/2$
政府净利润	$(1-c)^2/8$	0	0	$(1-c)^2/4$
房地产企业利润	$(1-c)^2/16$	0	$(1-c)^2/4$	0
纵向一体化利润	$3(1-c)^2/16$	0	$(1-c)^2/4$	$(1-c)^2/4$
消费者剩余	$(1+c)^2/32$	$(1+c)^2/2$	$(1+c)^2/8$	$(1+c)^2/8$

由表 3－9 可以看到，如果房地产行业上下游都是竞争性的市场结构的话，房价最终表现为最低，商品房供给量最高，消费者的福利也最高；如果纵向市场结构中上下游市场某一环节存在垄断的话，那么房价就相对较高，消费者的总福利就相对较低，处于垄断环节的企业或政府将获得超额利润；如果纵向结构的上下游均为垄断市场结构，则由于“价格双重加成”导致最终的高房价、最低的商品房供给量、最低的消费者剩余，此时，因为上游的垄断企业有更多博弈优势，因而将获得更多的垄断利润。总体分析来说，纵向产业链中的局部垄断导致的超额利润将会使房价最终超过边际成本，超过的程度则视垄断程度而言。此外，由于整个纵向结构有上下游的关系，上下游的市场主体分享整体垄断利润的份额是不同的，这取决于它们之间讨价还价的能力的大小，讨价还价能力强的市场主体将获得更多的超额利润。由于垄断的企业具有较大的市场势力，因此垄断企业将会获得更多的纵向结构超额利润。因此，在纵向市场结构的市场链中，纵向产业链中的某一环节存在的垄断将产生价格加成现象从而最终导致高房价现象的出现，并且该市场主体利用市场垄断势力获得更多的垄断利润。

针对我国的房地产业而言，由于我国城市土地属于全民所有，由中央

政府代理全民土地所有权，而由于土地的不动产性质，各区域的土地不能移动，因此土地不能像资金系统即银行系统由中央政府进行统一经营管理，同时由于各地区的国有土地的具体资源现状和需求状况的信息中央政府不能及时掌握，基于信息不对称的原因，由中央政府委托地方政府对城市国有土地资产进行管理，而中央政府仅成立国家土地督察制度对地方政府的土地供给行为进行监管，这种性质与银行业的情况不相同，地方政府对商业银行的信贷决策没有太大的干预空间，银行业的监管系统也由中央政府的银监会监督管理，尽管也存在信息不对称，但是很明显，国家土地督察局对地方政府城市国有土地经营情况的监督则存在更大的信息不对称。这个情况下地方政府往往产生过多的经营城市土地资产的激励而建立不起来相应完善的惩罚和约束制度，国家土地督察制度建立以来的地方政府违规用地屡次出现就表明了这种情况。

我国城市国有土地自 1998 年《土地管理法》实施以来，地方政府作为唯一的城市国有土地供应者，对城市国有土地资产进行经营、管理和实施管制，即地方政府既要保证城市国有土地资产保值增值实现利润最大化，又兼顾着对城市国有土地的行政管理职能，同时监管实施城市规划、城市土地利用总体规划的具体实施，但由于这三个职能存在本质上的冲突，因此由地方政府垄断土地一级市场的供给必将同时产生政府失灵和市场失灵，政府失灵在一定程度上更甚于市场失灵。在土地使用制度改革之初，地方政府出让土地获取的地租即土地出让金有一部分上缴中央政府，即中央政府作为国有土地使用者分享城市绝对地租，但随着经济市场化程度的深入和城市化的快速推进，地方政府财力在总体上较弱，因此土地出让金基本全部留存在地方政府。基于以上的这些原因，地方政府往往会最大化城市国有土地资产，具体则表现为地方政府经营城市。

2000 年以来，随着我国土地市场的建立完善和房地产市场的高速发展，地方政府的土地出让金、房地产开发税费等迅速占到了地方财政预算收入的相当大的部分，地方政府财政支出对这部分收入有着不同程度的强烈依赖。由于其主要依靠增量征用出让农地创造而主要又属于政府的预算外收入，土地财政是对其的形象说法。广义的土地财政通常由土地出让金、房地产业相关税费、土地金融和房地产行政收费四部分构成，这里仅

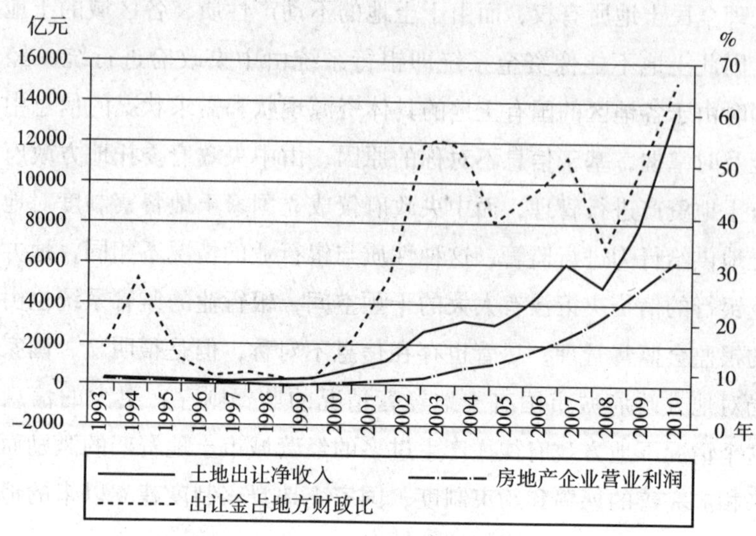

图 3－5　1993—2010 年全国地方政府土地出让净收入和房地产企业营业利润

资料来源：历年中国统计年鉴，中国国土资源统计年鉴、中国财政统计年鉴。

选取地方政府土地出让金规模进行分析，图 3－5 中显示了地方政府垄断了土地一级市场前后土地出让金净收入规模及土地出让金占地方财政的比例。从图 3－5 中可以看到，土地出让金占地方政府财政收入的高比例时期主要有两个阶段，第一阶段为 1993—1994 年，此时地方政府尚未垄断国有土地一级市场，我国土地使用制度的改革也处于完善阶段，是邓小平“南方谈话”后房地产市场出现的第一次投资热潮，部分地区甚至出现了房地产泡沫并产生了巨大的金融风险，比如海南省和广西北海的房地产市场。此时，土地出让金的规模占地方政府财政收入的比例最高也不超过 30%，此后在国家的宏观调控下土地出让金占地方财政收入比例迅速下降。第二个阶段从房改后的 2000 年开始，而 2002 年以后这个比例最低也不低于 30%，即使是在 2008 年金融危机期间，也占到了地方财政收入的三分之一强，最高时这个比例曾达到 65% 左右。而从土地出让净收入来看，即使是在 1993—1994 年房地产投资过热的时期，地方政府的土地出让净收入也相当低，而地方政府垄断了土地一级市场后，自 2000 年开始，也呈现出加速增长的态势。而从房地产企业营业利润来看，我国的房地产企业从最初的 50000 多家发展到最多时候的 80000 多家，其总营业利润也迅速增长，但可以明显地看到，房地产企业总营业利润增长速度较慢，且其规模与同期的土地净收入规模相比还有很大的差距，大部分时间里尚不到土地出让净收入的一半。从上节的理论和实证分析可以看到，对于区域房地产市场来说，土地市场是完全垄断的市场结构而房地产市场是垄断竞争的市场结构，对于全国房地产市场来说，土地市场是寡头垄断的市场结构而房地产市场为垄断竞争的市场结构，从图3-5所示的地方政府和房地产企业获得的净利润和营业利润来看，与本节上文对不同市场结构下地方政府和房地产企业的利润分析情况对比，这样的利润规模所对应的土地市场结构处于寡头垄断和完全垄断之间，而房地产市场的市场结构则处于完全竞争和垄断竞争之间。可以看到，上节中理论和实证分析与本节中的理论和实证分析完全一致。

3.3　垄断供地对房价影响的实证分析

3.3.1　变量选择与模型检验

根据价格理论，影响某种商品价格的因素主要有以下几种：生产成本、消费者收入水平、价格预期、消费偏好及行业市场结构等。一般来说，当其他因素保持不变时土地成本增加则商品房价格会提高；当其他因素保持不变居民收入增加时商品房价格也会提高。此外，地方政府对一级土地市场的政府管理和房地产市场的经济垄断也是影响房地产价格的重要因素。综上，土地成本、居民收入水平、行业集中度、政府对土地及房地产市场的管制是影响房地产价格的重要因素。所以这里选择房地产价格增长率、房地产行业进入壁垒、土地价格指数、GDP增长率、行业集中度等。这里设定的计量经济模型如下：

$$\text{Hprice}_t = \beta_1 + \beta_2 \text{Ebarrier}_t + \beta_2 \text{Lprice}_t + \beta_3 \text{GDP}_t + \beta_4 \text{CRn}_t + \varepsilon_t$$

其中，Hprice_t表示的是t年房地产价格的增长率，Ebarrier_t表示的是t年房地产行业的进入壁垒，Lprice_t表示的是t年土地价格的增长率，GDP_t表示的是t年GDP增长率，CRn_t表示的是t年房地产行业的市场集中度。

这里我们用房地产价格指数增长率来代替房地产价格，以土地价格指数增长率来代替房地产业成本，以人均 GDP 的增长率来代替人均收入水平，以净进入率代表政府对土地、房地产市场的行政管制，以定价总金额为标志的 CR_{10} 作为房地产行业的集中度数据。根据以上诸影响因素来估计房地产价格主要受哪种影响因素的影响。以上数据来源于《中国统计年鉴》《中国房地产统计年鉴》1998—2011 年相关的数据（年度数据、季度数据、月度数据）。

3.3.2 检验过程及结果

在模型估计过程中，对以上回归方程进行 OLS 回归，如果方程总体显著，则表示上述诸种因素联合起来对房地产价格有显著影响作用，回归结果见表 3－10，从表中可以看到几个变量 t 检验不显著，这表明上述五种因素之间可能存在严重的多重共线性，通过各种解释变量的相关系数，得出相关系数矩阵见表 3－10：

表 3－10 各变量相关系数

	in	cr_{10}	regu	cj
in	1	0.87	0.97	0.85
cr_{10}	0.87	1	0.81	0.93
regu	0.97	0.81	1	0.78
cj	0.85	0.93	0.78	1

在实证过程中，用土地价格、政府对土地市场的管制、房地产行业市场集中度及人均收入对上述计量模型进行回归，如果方程整体显著则说明“土地价格增长率”“地方政府对土地市场的垄断规制”“房地产行业集中度”“人均收入增长率”等变量对房价增长率的影响有显著作用。首先对方程 1 进行分析发现 regu、cr、in 三个变量的 t 检验不显著，方程整体的 R^2 很高，这说明原方程的变量中可能存在严重的多重共线性，对房地产价格增长率模型方程的各变量之间的相关系数进行分析见表 3－11，发现 regu 与 cr、cr 与 in 之间的相关系数分别为 0.81 和 0.87，其他各变量之间的相关系数都非常高，说明各变量之间确实存在着严重的多重共线性。因

此这里首先对四个变量采取逐步回归法，得到四个变量与房价增长率回归方程的R^2的大小，按照R^2的大小依次为土地价格、政府对土地市场的垄断规制、房地产行业市场集中度、人均收入增长率。因此这里首先引入土地价格，然后按照R^2的大小依次引入“地方政府对土地市场的垄断规制regu”和“房地产行业市场集中度cr”，由上表可知，在消除了变量间的多重共线性之后，当引入了变量regu和cr之后的方程3各个变量的t检验都是显著的，原方程和方程1、2、3（见表3－11中各方程）的各变量t检验、临界概率值和方程的R^2和DW检验值均在表3－11中所示。

方程3的结果表明，地方政府对土地市场的垄断规制、土地价格增长率及房地产行业的市场集中度对过快的房价上涨速度有91%的解释力，在其他因素不变的情况下，土地价格增长率和政府对土地市场的垄断程度提高1%时，房价上涨速度将增加0.41%和0.36%。从这里看出，土地价格增长率的提高和地方政府对土地市场规制和垄断程度的提高会显著地提升房地产上涨率的增加，人均收入增长率的提高对房价上涨率的增加并没有显著的作用，当然这里仅仅考虑了人均收入因素，没有考虑到房地产消费信贷的情况。土地作为房地产业的核心资源的成本上升及地方政府在土地一级市场的垄断是推升房价过快上涨的关键性因素。

特别需要注意的是变量市场集中度，这里的系数为－0.346，即产业集中度每上升1%，则全国房价增长率会下降0.346%，这似乎与经典的产业经济学理论不符，按照产业经济学理论，市场集中度越低，则市场竞争就越充分，市场效率就越高，消费者剩余就越多。而伴随着产业集中度的提高则是垄断势力的增强，市场上会出现垄断情况下的价格歧视现象，从而市场价格会提高。这与已有的文献研究结果是一致的，对这个问题现象做出较早分析的是杨艳琳（2008），他发现了中国房地产业明显存在市场集中度与产业利润率和房价的负相关关系，与市场绩效的正相关关系，表现为低市场集中度、高利润率、低市场绩效的现象。在这个基础上他指出，出现这种现象的根本原因是垄断，垄断来源于两个方面：第一，中国行政垄断载体泛化使得民营和国有企业通过政府权力获得市场竞争优势，即房地产业中的企业是具有隐蔽性的垄断者。第二，地方政府的土地“中间商”角色强化了房地产业行政垄断起了重要作用。对于第二个原因，上文的理论和实证分析均表明了这一点。而对于第一个原因，并没有理论和实证分析上的支持。

表 3-11 不同方程回归结果

变量	原方程	方程 1	方程 2	方程 3
lp	0.391 ($t=3.01$，$p=0.013^{**}$)	0.488 ($t=24.737$，$p=0.000^{***}$)	0.438 ($t=6.833$，$p=0.000^{***}$)	
regu	0.176 ($t=1.149$，$p=0.277$)		0.074 ($t=0.830$，$p=0.423$)	0.416 ($t=1.93$，$p=0.07^{*}$)
cr	0.125 ($t=1.072$，$p=0.309$)			0.359 ($t=1.82$，$p=0.09^{*}$)
in	0.322 ($t=-0.480$，$p=0.642$)			-0.346 ($t=-1.93$，$p=0.07^{*}$)
C	4.898 ($t=6.06$，$p=0.001^{***}$)	4.734 ($t=35.768$，$p=0.000^{***}$)	4.279 ($t=7.593$，$p=0.000^{***}$)	
	$R^2=0.982$ DW = 2.174	$R^2=0.979$ DW = 2.012	$R^2=0.980$ DW = 2.122	$R^2=0.913$ DW = 1.636

*、**、***分别为 10%、5%、1% 显著水平下的概率。

3.3.3 进一步的分析

世界发达市场经济国家主要产业组织市场结构的类型以垄断竞争为主，市场中同时存在大量的中小企业，大企业与中小企业既合作又竞争。现实生活中在成熟行业出现的市场结构大都是一种垄断竞争的市场结构，实际上是规模经济与完全垄断之间的折中，这种市场结构往往是市场选择的结果。但这种市场结构类型在房地产行业却因不动产产品的独有特征难以实现，房地产最重要的特征是其位置不可移动性或固定性，它是房地产商品区别于其他商品最显著的特点。这就决定了房地产商品不能像其他资源和商品一样可以跨地域转移，这一特点对房地产市场有以下影响：第一，房地产没有绝对完全相同的产品，即使其商品房屋可以完全相同，但由于区位原因必然产生产品之间的差异。第二，房地产产品供给带有区域性。由于房地产区位的固定性和不可移动性，置业投资者只能在本区域范围内的房地产产品中进行比较，不能实现产品区域间自由流通。土地空间位置的固定性决定了房地产市场产品供给的区域性，因此房地产市场上一个重要特点就是区域垄断性。

上文之所以出现行业集中度提高而伴随着房价增长率的下降，原因在于房地产业属于特殊区域垄断市场，上述方程中选取的行业集中度是以全国上市企业资产前十位为代表计算的行业集中度，因此这里行业集中度的提高既是资源整合的结果，也是房地产企业跨区域经营的一种体现，这对打破房地产业的局部垄断有重要意义，因此打破土地市场的垄断或者降低土地市场高进入壁垒对提高房地产行业的集中度有决定性的作用。分别从市场集中度和其他指标来对房地产的垄断势力进行分析：从市场集中度来讲，中国房地产业是一个竞争行业，但从房地产市场价格、产业利润率等指标来看，房地产业又是一个具有垄断势力的行业。从这个角度来看，房地产业既是一个竞争性行业同时又是一个垄断性行业。经典的产业经济学理论并不能直接运用到我国房地产市场的分析中。

在竞争的纵向市场结构下，序列垄断加价将不可能长期维持，高地价、房价增长率将不可能长期维持，如果市场存在长期的高价格和高利润，则有更多的企业进入房地产业从而拉平房地产业的利润率，竞争性的市场将使行业不可能获得长期超额利润而只获得社会平均利润。因此，中国房地产业纵向垄断价格加成必将产生高房价和高房价增长率，也就是说土地——房地产业链上的垄断是产生高房价和高房价增长率的一个根本原因，在产业链整体垄断或产业链局部垄断的情况下，产业链中某些环节或全部环节存在垄断，有较高的进入壁垒。从中国的房地产业来看，政府管制下的行政垄断和市场演变形成的垄断是房地产价格纵向序列加成的重要原因。

第4章　市场化供地制度对房价影响的分析

4.1　市场化程度不同的供地制度

4.1.1　市场化供地制度的演进过程

高度集中的计划经济体制下，我国城市土地长期实行的是高度集中的指令性计划分配，体现出无偿划拨使用、无限期使用、无流动性使用等特征。划拨使用土地制度在实施过程中的弊端众多，为了消除原有划拨使用土地制度的诸多弊端，适应改革开放和建立社会主义市场经济要求，国家逐渐改革原有划拨用地制度，探索建立城市土地有偿使用制度。这种探索主要分为1988—2001年的划拨出让向划拨供地和协议出让并存且以划拨供地为主的第一个阶段，2001—2004年的划拨用地和协议出让并存向市场化公开交易的第二个阶段，以及2004年以来全面实施土地“招拍挂”制度的第三个阶段。

1988年宪法修正案规定了“土地的使用权可以依照法律的规定转让”，为城市土地有偿使用制度的建立提供了法律保障。进入20世纪90年代也就是土地使用制度改革的初期，是改革“无偿、无限期、无流动”为“有偿、有限期、有流动”，即三无到三有的过程。如前文所述，这个时期是土地市场建立的最初时期，市场机制很不完善，土地资源配置效率相对前一时期有了很大提高，但总体来说市场配置土地资源的比例仍然很低。据统计，截至2001年末，已经供给的城镇国有土地中，95%通过行政划拨出让的，5%是通过有偿使用出让的，在土地有偿使用出让的5%国有土地使用权中，95%是通过协议方式出让的，只有5%是通过“招拍挂”方式出让的，可以看到，从1988年修宪开始到2001年底，土地资源市场化配置率还不到1%，如图4-1所示。为此，中央政府又在规范土地有偿使用制度方面进行了进一步的探索。

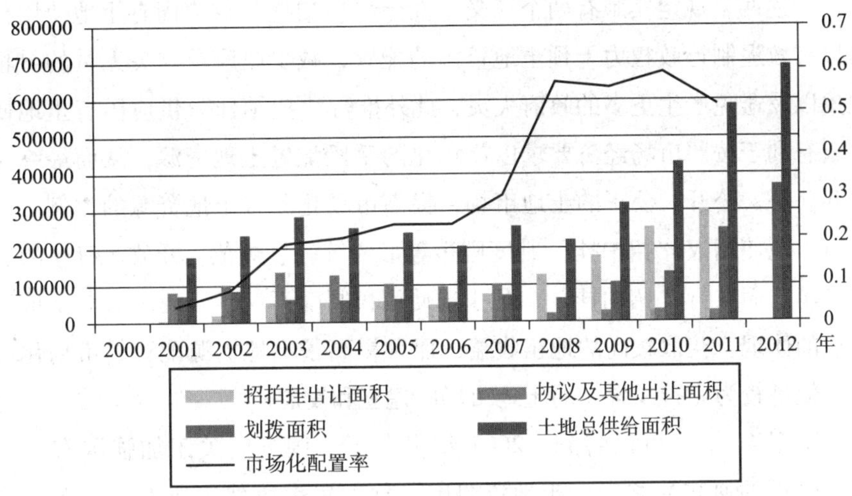

图4-1　2000—2012年各种方式供给土地面积及土地市场化配置率

资料来源：CEIC数据库。

2001年《国务院关于加强国有土地资产管理的通知》国发15号文件出台，该文件从严控建设用地供应总量、探索建立土地储备制度、严格实行土地有偿使用制度、大力推行招标拍卖方式、加强地价和土地使用权转让管理、规范土地审批行政行为等诸多方面推动土地利用制度改革，相对于前期已出台的政策文件，这个文件提出规划有计划的有偿使用国有土地，且要求大力推行招标和拍卖方式出让土地使用权，在国土资源部11号令出台之前，政府并未对招标、拍卖、挂牌等方式出让国有土地使用进行统一、明确详细的规定，实践中各地在出让国有土地使用权过程中的实施程序也各不相同，但有一个共同的特点：行政干预土地使用权出让现象比较突出，这必将影响到我国土地资源市场化高效率的配置。同时由于对于出让方式并没有强制要求，而实践中划拨和协议出让国有土地使用权的比例也仍然很大。因此2002年国土资源部出台了《招标拍卖挂牌出让国有土地使用权规定》即国土资源部11号令，该文件规定自2002年7月1日起，全国城市经营性用地必须采用“招拍挂”方式出让国有土地使用权，同时为了规范实践中大量的协议出让土地的现象，2003 年国土资源部又出台了《协议出让国有土地使用权规定》，对协议出让国有土地使用权做了具体的规定。

上述两个规定实施有两个意义：推行“招拍挂”供应国有土地使用权可以有效遏制行政权力干预土地资源的配置，减少政府及相关人员的寻租现象以及避免产生更多的政府失灵，此外推行“招拍挂”供应国有土地使用权有利于按照市场经济要求以市场化的手段配置土地资源，从而最终建立起公平、公开、公正的土地市场，提高市场化配置土地资源的比例。不推行土地使用权“招拍挂”制度则很难形成统一、规范、开放、有序的土地市场，而推行“招拍挂”出让土地使用权制度不仅能实现国家对土地所有权的体现，获取较高的地租收益，而且提高了土地资源配置的市场化程度，促进较为完善、统一的土地市场的建立和发展。

从图 4－1 中可以看到，2001 年出台了《国务院关于加强国有土地资产管理的通知》之后，土地资源市场化配置率虽然有所上升，但总体的比例低于 10%，随着 2002 年《招标拍卖挂牌出让国有土地使用权规定》和 2003 年《协议出让国有土地使用权规定》的出台，土地资源市场化配置率的提高明显加快，而协议出让土地面积也逐年下降，但土地划拨供给面积整体上却没有明显的长期下降，而且在一定时期内划拨土地数量保持了高度的稳定，这说明非市场化配置土地资源的比例仍然相当大，因此可以说，这个时期政府对土地的干预力度还很大，土地市场中必将存在较多的政府失灵。尽管这个时期土地资源市场化配置率还不高，但处于探索阶段的招标拍卖出让制度已经较好地实现了政府对土地所有权的收益。如图4－2 所示，从 2001 年开始，地方政府净土地出让金开始出现较为明显的增加。毫无疑问，这与土地“招拍挂”出让制度的实施有直接关系。

2003—2004 年，国家在政策上明确房地产业已经成为国民经济支柱行业，这一时段国民经济高速发展、部分行业和固定资产投资过热、全国开发区林立、地方政府违规出让土地情况严重等情况突出，于是在前期土地出让制度改革的基础上，2004 年政府出台了《关于继续开展经营性土地使

用权“招拍挂”情况执法监察工作的通知》即71号文，71号文要求在2004年8月31日前将采用协议和划拨方式供给的土地历史问题处理完毕，自8月31日后不得以历史问题为由采用划拨和协议方式出让经营性土地使用权，也即“8.31大限”，71号文在前期已出台政策文件基础上，极大地加快了土地市场化配置率，对房地产业的发展完善起了极大促进作用。71号文出台之后，从土地“招拍挂”出让面积上来看连续增长，土地资源市场化配置率迅速提高，政策起到了预期的作用，此外，土地“招拍挂”制度实施后，地价上涨的速度明显比实施之前要快，如图4-2所示，这个转折点就是71号文出台后的2004年。

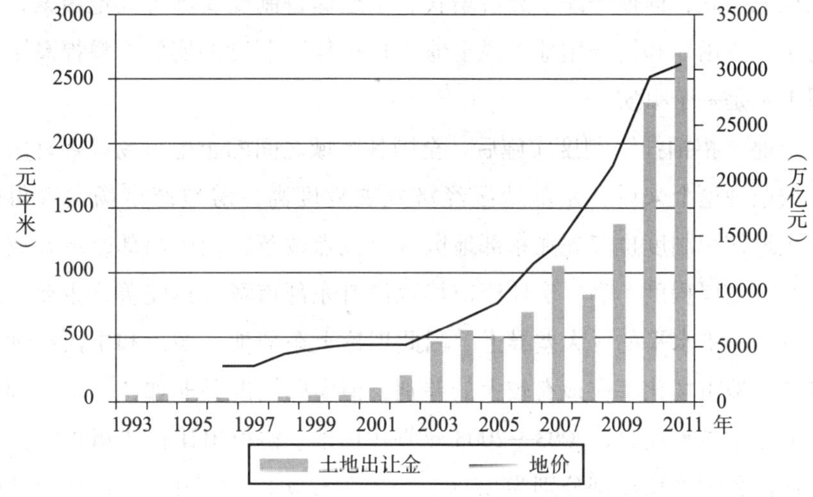

图4-2 土地出让方式改革以来的地价和土地出让金水平

资料来源：历年中国统计年鉴和国土资源统计年鉴。

相对于前期的以协议和划拨为主的土地供给方式，实施“招拍挂”制度以后，用地成本陡然上升，对房地产企业的资金实力提出了新的要求，房地产企业所要支付的土地出让金是“招拍挂”制度实施前的几倍甚至数十倍，这种情况在实施了“招拍挂”制度和土地储备制度即2007年后更加明显，即“招拍挂”制度和地方政府垄断土地一级市场制度同时实施之后。随着土地“招拍挂”制度的实施，地方政府和相关人员以行政权力干预土地资源配置的情况将大大减少，但因行政权力配置资源分配的情况的减少将大大降低房地产企业获得土地的间接成本，因此如果不考虑资金实力要求，土地市场化配置率的提高将有利于资本进入房地产行业，降低了资本进入房地产业的门槛，促进了土地市场的公开化、公正化和公平化，而这样的市场环境对于土地市场还是房地产市场来说都是至关重要的。此外，在土地“招拍挂”制度实施后，地方政府不仅作为土地出让的行政审批者，同时还成为土地一级市场的土地供应主体即土地市场经营者，同时地方政府还要负责相关规划计划的实施，这几个方面的职能集地方政府于一身，这也使得地方政府产生了经营土地资本获取地租的激励。如图 4-2 所示，自 2005 年开始，地价的上涨速度和地方政府土地出让金的规模比 2005 年之前要快得多，尽管不能将这个原因完全归结于土地“招拍挂”制度的全面实施，即使考虑了经济增长、土地储备制度实施等其他因素，但相对于划拨用地和协议用地来说土地“招拍挂”制度的实施大幅提高了用地成本确是一个事实。

土地“招拍挂”制度实施后，全国各区域之间的土地市场是否有所分化？按照理论上来讲，东部地区经济发展程度高，房地产市场发育得较好，土地使用制度也率先在东部地区城市试点改革，而中西部改革开放较晚，经济发展程度不高，房地产市场也没有东部市场发达完善，主要表现在地价和房价水平的巨大差异上。因此理论上东部地区城市和中西部地区城市的土地市场化率应该有较大的差别，但实际情况并非如此。就全国范围内的大中城市而言，2003—2008 年划拨供地、协议出让和“招拍挂”出让土地面积的平均比例分别为 25%、43%、32%，“招拍挂”比例突然跃升的一年为 2007—2008 年度，而对东部地区大中城市来讲，划拨用地、协议出让和“招拍挂”出让土地面积比例分别为 24%、46%、30%，这个比例与全国大中城市来讲差别无二，“招拍挂”比例突然跃升的一年也是在 2007—2008 年度。对于中部大中城市、西部大中城市，其划拨供地、协议出让和“招拍挂”出让的土地面积分别为 26%、40%、34%，24%、42%、34%，可以看到中部地区大中城市和西部地区大中城市间的土地市场化率出现惊人的一致，而且东部地区大中城市和全国总体来说土地市场化率总体来说持平，也就是说以“招拍挂”土地出让面积占土地总供给量的比例来代表土地市场化率的话，全国范围内土地市场达到了相对均衡状态，没有太大地区差异，但这与区域间房地产市场的发育程度却有明显不

同，尤其在中西部大中城市，土地“招拍挂”比例跃升的时间也是在2007—2008年度，而2007年是三部委推出《土地储备管理办法》的一年，因此这不能说是一个巧合，在同时实施了土地“招拍挂”制度和土地储备制度后，土地市场化配置率在前期实施了土地“招拍挂”制度基础上才得以大幅度提高，这是因为地方政府垄断了土地一级市场后，土地二级市场上的土地转让规模在很大程度上被压缩到很小，而土地二级市场上的转让土地大都以双方协议而不是“招拍挂”方式进行，所以这里才出现这样的规律。在土地“招拍挂”制度和土地储备制度同时实施后，协议出让土地面积比例大幅下降，“招拍挂”配置土地面积大幅上升，但划拨用地比例却保持了稳定，这主要是因为一些工业仓储用地、交通基础设施用地和公共用地的比例一直较高，而且其用地量也相对比较稳定，因此，尽管随着土地市场化的不断提高，但划拨用地总体比例趋势上还是呈现出平稳的现象。

表4-1　2003—2008年全国及不同区域间土地出让方式（%）

年度	全国总体			东部地区		
	划拨	协议	“招拍挂”	划拨	协议	“招拍挂”
2003年	23	53	24	16	61	23
2004年	26	53	21	32	51	17
2005年	25	46	29	24	51	25
2006年	22	50	28	22	57	21
2007年	25	38	37	25	40	35
2008年	27	13	60	26	11	63
平均	25	43	32	24	46	30
年度	中部地区			西部地区		
	划拨	协议	“招拍挂”	划拨	协议	“招拍挂”
2003年	24	46	30	29	48	23
2004年	25	52	23	17	58	25
2005年	30	41	29	22	45	33
2006年	25	47	28	19	42	39
2007年	26	33	41	24	39	37
2008年	24	11	65	31	17	52
平均	26	40	34	24	42	34

资料来源：况伟大等．土地出让方式、地价与房价［J］．金融研究，2012（8）．

4.1.2 市场化程度不同的土地供给特点及对地价的影响

4.1.2.1 不同程度市场化的土地供给特点

按照土地出让方式改革的历程来说，最早实行的是划拨用地制度，改革之初使用的是划拨用地和协议出让并存的制度，2002 年开始尝试推行公开出让即土地“招拍挂”出让制度，但这个时期划拨用地和协议出让用地仍然占有较大比例，2004 年之后全面推行土地“招拍挂”制度，“招拍挂”出让土地面积比例迅速提高，但总体绝对水平仍然不高，这是由于国内还有大部分城市尚未实施土地储备制度：即地方政府尚没有垄断土地一级市场，二级市场上的土地使用权可以直接交易。在 2007 年全面推行土地储备制度后，“招拍挂”出让土地面积大幅跃升，其比例占到了 50% 以上，与之相对应的是协议用地比例的大幅度下降。

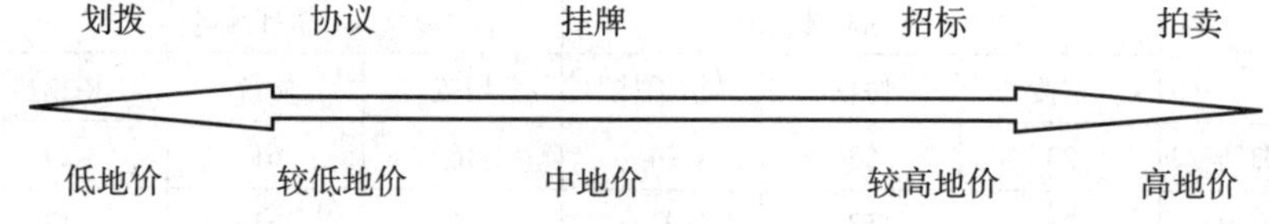

图 4－3 不同市场化程度的土地出让的地价高低示意图

按照市场参与度来讲，划拨、协议、挂牌、招标、拍卖等市场参与度逐渐提高，划拨是完全没有市场参与度，完全按照行政计划指标配置土地资源，没有价格因素。而拍卖则是市场参与度最高的一种土地出让形式。而协议具有一小部分的市场参与度，较为适合公共福利用地的出让，其土地价格经过了土地供给者和土地需求者的相互谈判和讨价还价，价格中反映了一定的市场因素，且这种方式应用灵活，因此从改革开放之初到 2007 年这种形式出让土地的比例大都较高。香港出让土地中也有利用这种方式的，其价格被称为名义地价，往往大大低于“招拍挂”出让市场价格。而挂牌和招标都是市场参与度较高的土地出让方式，介于协议出让和拍卖出让两者之间，其中招标出让的市场参与度更高一点。下面详细分析下每种土地供给方式以及和相关的地价之间的关系。

划拨制度是指县级以上人民政府依法在土地使用者缴纳土地补偿安置

费用后将土地使用权划拨至土地使用者无偿使用的一种方式。计划经济体制下，从生产资料到生活资料都是计划分配，因此土地资源也由国家计划控制供应并无偿划拨给各土地使用者使用。在我国探索土地使用制度改革后，仍有交通基础设施用地、国家机关和福利公益用地、军事用地等需要政府进行划拨土地使用权，但应将划拨土地范围严格限制在《划拨用地目录》中。由于我国土地所有制的性质，行政划拨手段将在长期范围内存在，由图4－1也可以看到近年来划拨用地面积甚至有不减反增的趋势。但划拨用地范围、划拨数量和操作方式应该结合实践进行进一步优化，防止行政权力过度干预而造成划拨土地过多而导致土地资源浪费。甚至可以逐渐探索划拨土地有偿使用，严格约束因权力干预造成的地方政府过多划拨土地的不良激励。

协议用地是指国家和土地使用者以协议的方式将国有土地使用权在一定时期内出让给土地使用者并由土地使用者向国家支付土地出让金的一种方式。依照法律法规不能采用“招拍挂”方式出让土地使用权的才使用协议出让用地的形式，协议方式出让土地使用权出让金不能低于国家规定的最低价，这个最低价即国家新增建设用地有偿使用费、征地拆迁补偿费用及国家规定有关税费之和。此外，在制定并实施基准地价的地区，协议出让价格不得低于基准地价的70%。对于住宅、商业用地等经营性用地类型，即使同一地块只有一个意向用地者时，也不能采用协议出让方式。只有当原有划拨用地和原有租赁用地申请转让等少数情况可以申请采用协议出让方式。由图4－1可以知道在实施了土地“招拍挂”制度和土地储备制度即2007年之后，协议用地的总量已经大大下降。

挂牌出让是指县级以上人民政府发布挂牌公告，在公告期限内将拟出让的宗地交易条件在土地交易场所挂牌公布，接受各土地使用者的竞买价格并及时更新挂牌价格，根据挂牌截止日期的竞买价格决定出让价格。与拍卖出让土地时使用权一样，挂牌出让有挂牌底价，且土地竞买人也可以多次出价。地方政府规定挂牌底价和挂牌宗地的位置、面积、规划条件、用途、起始价格、增价规则和幅度等内容。挂牌期内如果有一个竞买者且竞买价不低于挂牌底价则挂牌成交，有两个以上的情况价高者得，竞买价相同的按时间优先原则确定最终竞得人。无论是一个或多个竞买人参与竞买，只要竞买价格低于底价则挂牌不能成交。可见成交价格同样遵循了价高者得原则，但由于其不是现场报价，因此又考虑了时间优先原则，而土地拍卖出让唯一的标准就是价格。总的来讲，土地挂牌出让综合了协议出让和拍卖出让的一些特点，公开性、市场参与度等均较协议出让高，较土地拍卖出让低，引入了需求方因素和时间因素，但因竞买时间长短的确定和竞买人之间的信息不对称等原因，挂牌方式出让的地价也有可能高于拍卖地价，因此增加竞买期时间、制定规则使中小房地产企业获得更多的公平信息将有利于发挥挂牌出让的优势所在。此外，针对市场低迷期和市场过热期究竟该选择哪种土地出让方式则需要进一步探索。

招标出让国有土地使用权是指县级以上人民政府土地管理部门发布招标公告，邀请特定的或不特定的法人、个人或其他组织参与国有土地使用权投标，并根据投标竞价结果确定土地使用者和土地使用权出让价格的一种形式。由投标者或竞买人在招标期限内将标书密封并投入指定地方，然后由评标委员会按照价格、资质、实力、从业经验等诸多因素对企业的投标文件进行评审，并在规定的时点开标，再由中标人和地方政府土地行政部门签订相关土地使用合约。招标出让国有土地使用权的投标人或竞买人不得低于3个，如果竞买人低于三个则不得开标，这是引入市场竞争性的表现。招标出让国有土地使用权中标的出价是最重要的评标因素，但由于土地开发资金需求大，因此比如资金实力等其他方面的因素也是确定最终中标人的条件。相对于挂牌出让的时间优先、价格优先原则，以及相对于拍卖出让的价格优先原则，招标出让则综合了价格之外的其他诸多因素，有一定的优越性。但和土地挂牌出让一样，土地招标出让一样存在信息不对称，因此仍然有行政干预的可能性，这主要依靠相关法律法规制度的完善。

土地拍卖也叫土地拍让，是指县级以上人民政府土地管理部门发布土地使用权拍卖出让公告，由土地竞买人在规定的时点进行公开竞价，根据各竞买人的最高出价确定最终土地交易价格。土地管理部门根据拍卖宗地特征制定拍卖文件，各土地竞买人在竞买申请截止日期提出竞买申请，并交纳拍卖文件所规定的拍卖保证金，得到土地使用权竞买权。然后以规定的时点在土地使用权拍卖场所进行现场拍卖，由此可以看出土地拍卖出让中并没有时间因素的考虑，而只考虑了单一的价格因素。对于土地拍卖出让，竞买人同样不能少于3个，而且土地拍卖出让由地方政府制定的拍卖底价，当竞买人少于3个或者竞买人出价低于拍卖底价时，拍卖须中止。土地拍卖中没有时间因素，一般只考虑竞买价格的高低，这种情况信息不对称的弊端最小，各土地竞买人以价格优先、价高者得原则竞买土地，基本不存在行政干预配置土地资源所导致的政府失灵，但由于在土地一级市场垄断的情况下，土地拍卖出让需求方之间竞争最激烈，且没有引入时间因素，因此房地产企业对市场的预期往往引发企业在土地拍卖过程中容易抬升土地价格，形成的土地价格在各种土地出让形式中也往往是最高的。将以上诸种土地供给方式的特点总结见表4－2。

表4－2 不同土地出让方式特点

交易方式	划拨为主	协议为主	挂牌	招标	拍卖
主要实施时间	1998—2000年	2000—2004年	2004年至今	2004年至今	2004年至今
有无底价及公开与否	无偿	有底价不公开	有底价且公开	有底价不公开	有底价不公开
底价确定人	无	土地行政机构	委托人	招标委员会	拍卖委员会
有无独立于委托人的决策机构	无	无	不需要	招标委员会	拍卖委员会
报价方式	无	土地行政机构与使用者协商	终端电脑报价	投标书报价	竞买人举牌报价
竞买人个数	1	1	≥1人	≥3人	≥3人
报价次数	无	充分协商	多次报价	一次报价	多次报价
价格形成时间	无	较长	长	长	短
成交价格	无	协商价格且不低于底价	高于底价的最高报价	综合评标价或最高投标价	高于底价的最高举牌价
市场参与度高低	最低	较低	适中	较高	最高
地价高低	0	最低	适中或较高	较高	最高

4.1.2.2 不同程度市场化供地制度下的地价水平

由于划拨制度下完全按照计划手段配置土地资源，因此土地没有价格，对于使用征地拆迁土地则土地使用者仅需缴纳征地拆迁安置补偿费用，因此在诸多土地供给方式中，土地划拨制度下的地价将最低。而协议用地主要用于一些具有公益性质的土地使用当中，且需求方是单一的需求者从而没有需求方竞争，协议用地价格通常是土地国家新增建设用地有偿使用费、征地拆迁补偿费用及国家规定有关税费之和，即所谓的成本价格，这个价格通常大大低于“招拍挂”供地制度下的土地价格。而对于土地挂牌出让，理论分析上其挂牌成交价格应该低于拍卖出让价格，但由于信息不对称及对中小房地产企业的歧视或者挂牌准备时间长短等因素的影响，在一些情况下，挂牌价格完全有可能高于拍让价格，但如果以上规则设计良好并实施的话挂牌成交价格则低于拍让价格。而拍卖出让地价由于需求方竞争最为激烈，在其他情况相同的条件下，毫无疑问拍卖出让价格将是最高的。对于招标出让的土地价格，在良好实施的情况下理论上应该介于挂牌出让价格和拍卖出让价格之间。

这里选取郑州市土地储备中心和厦门市国土资源与房产管理局 2010 年 1 月 1 日到 2013 年 3 月 1 日出让的住宅用地价格情况为例进行分析，相关数据的具体情况均来源于中国土地市场网全国土地市场交易结果查询系统。其中郑州市市区这个时段内一共出让住宅用地 353 宗，这里的住宅用地包括高档住宅用地、中低价位中小户型普通商品住宅用地、其他普通商品住房用地、经济适用住房用地、廉租住房用地和其他住房用地等类型。按出让类型计算，其中划拨住宅用地一共 98 宗，包括经济适用住房用地 97 宗和住房类型不详用地 1 宗；协议出让住宅用地共 75 宗，全为其他住房用地类型，其住房类型具体不详；招标出让住宅用地 0 宗；拍卖出让住宅用地 2 宗；挂牌出让住宅用地 178 宗，住房类型为其他住房用地类型。

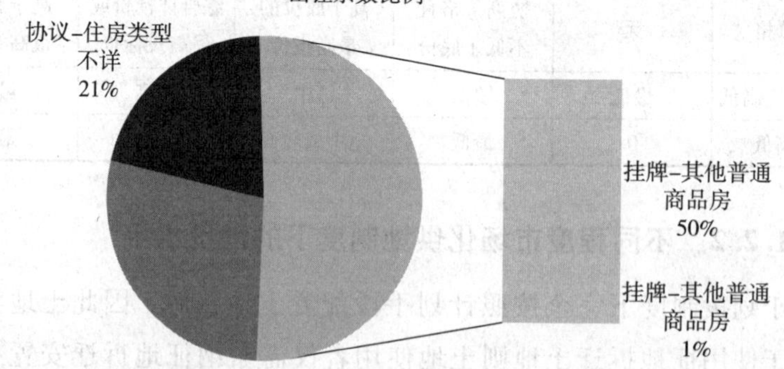

图 4–4　2010 年 1 月 1 日至 2013 年 3 月 1 日郑州市住宅用地供给方式比例

资料来源：中国土地市场网。

在拍卖出让下只有一宗其土地出让价格为14425元/平方米，在挂牌出让土地下共有85宗土地，平均土地出让价格为5192元/平方米，划拨用地价格为0，协议出让土地下共16宗土地，平均土地出让价格为2094元/平方米。

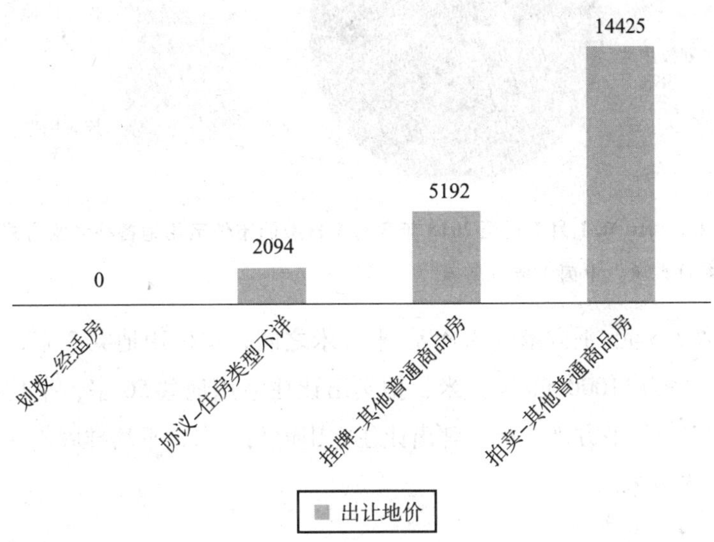

图4-5　2010年1月1日至2013年3月1日郑州市住宅用地供给价格（元/平方米）

资料来源：中国土地市场网。

厦门市2010年1月1日到2013年3月1日共出让住宅用地67宗，其中划拨用地6宗，包括经济适用房用地2宗，中低价位、中小套型普通商品住房用地1宗，其他普通商品住房用地3宗；招标出让用地共3宗，全为其他普通商品住房用地；拍卖出让用地共50宗，包括其他普通商品房住房用地49宗和经济适用房用地1宗；挂牌出让用地共5宗，全是其他普通商品住房用地；协议出让用地3宗，2宗为其他普通商品住房用地，1宗为中低价位、中小户型商品住房用地。

厦门市2010年1月1日到2013年3月1日协议出让住宅用地共3宗，平均协议出让价格为4758元/平方米；划拨用地中有三种住宅用地类型，其中经济适用房划拨的平均划拨价格为290元/平方米，其他普通类型商品住房用地划拨价格为3.34元/平方米，这里的其他普通类型商品住房共有两种：包括高校原教职工组团拆迁安置房用地和其他安置房用地，平均出

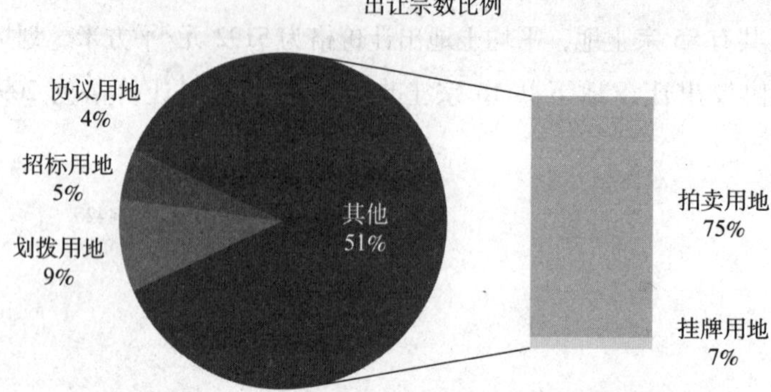

图 4-6　2010 年 1 月 1 日至 2013 年 3 月 1 日厦门市住宅用地各种供给方式比例

资料来源：中国土地市场网。

让价格为 2.5 元/平方米到 3.8 元/平方米之间；招标用地共 3 宗，平均招标出让价格为 11000 元/平方米，拍卖出让住宅用地共 50 宗，平均拍卖地价为 13425 元/平方米，而挂牌出让住宅用地共 5 宗，平均挂牌出让价格为 7093 元/平方米。

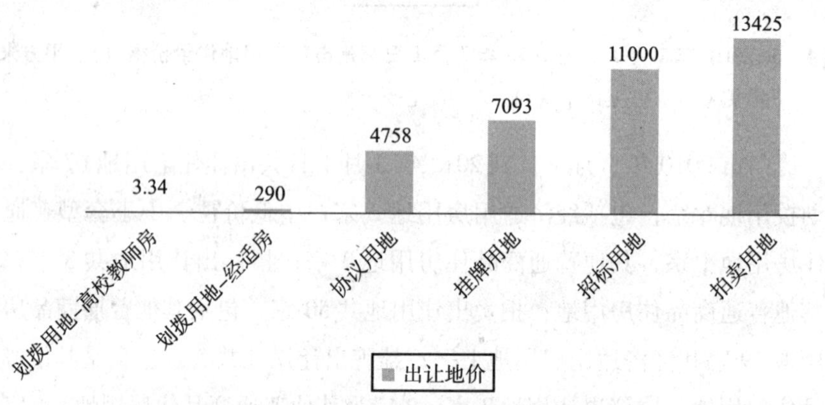

图 4-7　2010 年 1 月 1 日至 2013 年 3 月 1 日厦门市住宅用地供给价格（元/平方米）

资料来源：中国土地市场网。

这里的厦门市和郑州市是随机选取的两个城市，分别是东部二线城市和中部二线城市，这里所选的城市不代表各自地区的总体情况，而只是为了说明问题随机选取，从上述的数据可以看到，虽然都是二线城市，但两者所用的主要的土地出让方式完全不同：郑州市主要以挂牌出让为主，其比例达到了50%，而招标出让在样本期间0宗，拍卖出让所占比例只有1%，也就是“招拍挂”出让住宅土地总比例为51%，其中拍卖出让土地价格为挂牌出让土地价格、协议出让土地价格的2.8倍、6.9倍。而厦门市拍卖出让住宅用地所占比例为75%，挂牌出让和招标出让住宅用地的比例为7%和5%，故“招拍挂”出让住宅用地总比例为87%，市场化配置土地资源的比例已经相当高，相对于郑州市的51%的低水平，厦门市拍卖出让土地价格是招标出让价格、挂牌出让价格、协议出让价格、经济适用房用地划拨价格、高校教师安置房用地划拨价格的1.22、1.9、2.8、46.3、4019倍。上述两个城市的例子验证了上文推理的正确性。

4.2　有关市场化供地制度对房价影响的理论分析

上文已经谈到，由于我国土地使用制度改革的过程中土地供给方式由最初的划拨供地，逐渐演变为划拨供地为主兼有协议出让、协议出让为主兼有“招拍挂”出让、“招拍挂”出让为主兼有协议出让等几个阶段，而且从理论分析中得到划拨土地地价一般为0或仅相当于征地拆迁安置费用，征地拆迁安置成本一般低于基准地价，因此可以说划拨土地地价最低。而协议出让土地地价介于划拨土地和“招拍挂”出让土地之间，至于招标、拍卖、挂牌三种市场化程度不同的出让方式，按照需求方竞争程度的不同，地价高低依次是拍卖出让地价、招标出让地价和挂牌出让地价，当然这是在这些制度规则设计良好且较好执行的情况下。河南省郑州市和福建省厦门市的例子均表明了这一点，其他城市虽然没有进行具体计算，但只要符合上述分析的前提，则结论应都是一致的。

已有的大部分文献在讨论土地供给方式对房地产价格影响的时候，大都不是直接分析土地供给方式对房价的影响，而分析的是土地价格对商品房价格的影响，并且这些文献大都基于一个理念，即房价直接决定了地价，地价不影响房价，进而指出土地供给方式的改革并不是房价上涨的原因，房价上涨的原因主要是基于房地产市场的供求关系，大部分实证研究的结果都是：房价拉动了地价，地价在很大程度上不影响房价，一些研究认为在不同城市之间房价对地价影响程度的大小不同，这些观点总结来说就是“招拍挂”供地方式与房价上涨没有任何关系。还有一些学者严金海（2006）认为短期内房价决定地价，即“招拍挂”方式不影响房价高低，而长期内相互影响。潘爱民（2012）却认为长期或短期内地价都影响房价，也即意味随着“招拍挂”制度的实施，在长期和短期内都将影响房价。类似相近的观点还有一些，这里不再列举。总结来讲有以下几种：第一种，房价决定地价，“招拍挂”供地方式的实施对房价无任何影响，第二种，地价上涨推高了房价，尤其是土地“招拍挂”制度直接加速了房价的过快上涨，房地产业界大都持有这种观点。第三种，短期内房价决定地价，即土地“招拍挂”制度的实施不影响房价，而长期内相互影响。第四种，长期和短期房价和地价都相互影响，即长期和短期内土地“招拍挂”制度都是房价过快上涨的原因。这些观点的理论基础要么是来源于同一个理论基础的实证结果，或者是没有理论纯粹的实证研究，同时又由于各研究者采用的样本来源不同、年份不同、地区不同、市场发展阶段不同，因此出现种种不同的实证结果，甚至完全相反的实证结果。由于缺乏坚实的理论基础，所以这些实证分析需要进一步的理论分析才能更有说服力。本章主要针对土地供给方式如何影响房价波动提出一些理论上的分析，然后再结合面板数据进行分析，实证上文的理论。

4.2.1 有关市场化供地制度对房价影响的传统理论分析及不适用之处

4.2.1.1 传统的理论分析

房地产市场由土地市场和商品住房市场构成，土地价格和商品住房价格从本质上是土地使用权价格和商品住房使用价格，它们分别由土地市场上的供求关系和商品住房市场上的供求关系决定，而土地市场的需求是商品房住房市场的引致需求，由于土地供给在短期和长期之内供给弹性都相对较小，且在我国城市土地一级市场由地方政府完全垄断，因此土地价格更大程度上受到商品住房市场引致需求的影响，当商品住房市场供不应求时，土地价格就高，而当商品住房市场供过于求时，土地价格就低。而商

品住房市场上也存在区位垄断和产业内的垄断竞争，但总体上商品住房市场的垄断程度要比土地市场的垄断程度低，因此商品住房的供给弹性总体上要比土地供给弹性要大，所以商品住房价格的决定不仅取决于需求，而且供给面的作用也很重要。此外，土地经过房地产企业的土地二级开发之后才进入商品住房市场，这是一个房地产产品的生产过程，企业要通过商品住房产品的市场供给才能进行资本的再生产过程，因此从这一点来讲，商品住房市场同土地市场也很不相同。所以总体上来讲商品住房市场价格总体上由供求关系共同决定。①

由于土地市场上的需求是由商品住房市场的引致需求，而上文分析到土地价格是由土地市场决定的，因此土地价格将主要由商品住房价格决定，马克思也批判了地租是农产品价格昂贵的原因，他指出“相反地租倒是产品价格贵的原因”，即对农产品的需求引起的农产品价格上涨导致了对农地的需求，农地价格因农产品价格上涨而上涨，这方面有名的一个解释是“谷物法悖论”，② 1815 年英国颁布《谷物法》规定：小麦价格低于每夸脱 80 先令时不得进口，其背景是拿破仑战争和工业革命兴起后，英国政府在农业和粮食问题上高度关注，尽管英国农业生产技术和劳动生产率相对很高，且不断扩大耕地面积，但仍然不能满足国内巨大需求，1810 年进口 156.7 万夸脱粮食，占当年的 1/6，由于拿破仑的农产品贸易封锁政策，英国进口粮食渠道被切断，加之国内农业灾害导致的粮食减产，农产品价格暴涨，英国各地爆发了骚乱和饥馑。由于粮食产品在短期内的需求弹性和供给弹性都较小，农业灾害年份的饥馑和农业丰收年份的谷贱伤农都时常发生。这个时期由于英国粮价暴涨导致农地市场投机严重，地价暴涨。战后的 1813—1815 年农业大丰收导致了粮价暴跌又导致地价大跌，大量地主因此破产。③ 所谓的“谷物法悖论”用经济学解释就是谷物法律的颁布导致了对国内谷物的需求增加，从而对农产品市场和农地市场的均衡

---

① 刘洪玉．房地产业与社会经济［M］．北京：清华大学出版社，2006（1）．

② 刘洪玉．房地产业与社会经济［M］．北京：清华大学出版社，2006（1）．

③ 黄少安．对英国谷物法变革（1815—1846）的重新解释及对现实的启示［J］．中国社会科学，2006（3）．

产生了影响。

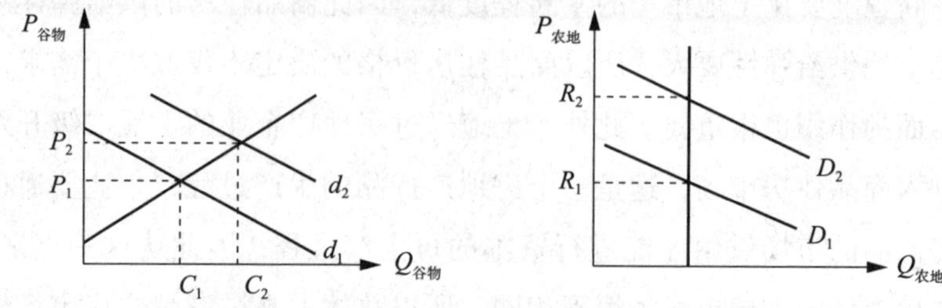

图 4-8　谷物法悖论示意图

资料来源：刘洪玉．房地产业与社会经济［M］．北京：清华大学出版社，2006（1）．

谷物法的颁布导致了谷物产品的需求增加，均衡点由（C_1P_1）向（C_2P_2）移动，由于谷物需求量的增加，在农业技术短期内不能大幅提高的情况下只能通过扩大种植面积加大谷物供应，因此谷物价格的上升导致了农地市场中的地租水平由 R_1 到 R_2。① 将谷物悖论应用于房地产市场当中就是房价过高的引致需求带动了对城市土地的需求的增加，由于城市土地的低供给弹性导致了地价的上涨。因此，当土地供给方式由协议出让向“招拍挂”出让转变的过程中，只是显化了土地资产的真实价值，即过高的地价和房价并不是土地供给方式改革引起的，而只是过高的房价使得土地在“招拍挂”供给方式的价值得以实现。总的来说，即土地供给方式的改革对房价波动没有影响，在房价上涨的情况下，市场化的土地供给方式的改革使得土地价值被发现。这是诸多文献对土地供给方式对房价影响的主要论断。对于上述论断中商品住房市场的需求增加导致了土地需求的增加进而推高土地价格毫无疑问是正确的，而把农地价格和农产品之间的关系照搬到商品住房价格和土地价格上，并指出土地供给方式的改革对房价没有影响的论断则存在一些不足甚至错误，因为相对于农地产品价格和农地价格之间的关系，城市土地价格和城市商品住房的价格有更多独特的地方，以上述理论直接论断土地供给方式的改革对房价没有影响可能存在

① 由于土地的自然供给有限，这里做了极端假定即农地市场中总供给弹性为 0。

谬误。下面主要从两个方面分析用传统理论来直接分析城市房地产市场的不适用性。

4.2.1.2 传统理论的不适用性之一

上述从最一般的经典西方微观经济学中的要素价格理论出发，并以农地价格和农地产品价格之间的关系为代表论证了西方微观经济学要素价格理论，这些分析论证并没有错误的地方，这个规律同样适用于城市土地价格和城市商品房价格的分析，但仅依靠这个理论分析得到房价决定了地价从而土地供给方式的改革引发的高地价对高房价没有任何影响的结论有待商榷。上述分析的是一般商品市场价格和其要素市场价格之间的关系，当然农地产品和农地是其中个例而已，当将这种分析方法用于城镇土地价格和城镇住房价格时又不能忽视了市地和农地的关键区别：在农地产品和农地价格的分析中，级差地租Ⅰ&Ⅱ不同的土地之间的土地产品都是同质的农产品，由于级差地租存在于不同的农地之间，因此各农地所有者与各租地资本家会按照级差地租规律自动调整租地契约中的地租（地价）水平，使得地租水平与相应的级差地租Ⅰ&Ⅱ的水平保持一致，因此，这种情况下级差地租Ⅰ&Ⅱ的差额及绝对量并不会影响到对农地产品需求者——消费者，这种地租水平的调整仅发生在土地所有者和租地资本家之间。但当同种分析用于城镇土地价格水平和城镇住房价格的分析时，级差地租Ⅰ&Ⅱ不同的土地之间土地产品是不同质的土地产品，可能土地上的建筑物完全相同，但土地区位则完全不同，而城镇级差地租Ⅰ&Ⅱ就是因为土地区位造成的，这是城市级差地租Ⅰ&Ⅱ的与农村级差地租Ⅰ&Ⅱ的最大差别，因此，此时针对不同地块间级差地租Ⅰ&Ⅱ的调节，将不仅在土地所有者和土地二级开发者之间调节，而且也要在土地所有者、土地二级开发者和土地最终使用者及房屋消费者之间调节，即这种由级差地租Ⅰ&Ⅱ不同引起的地租额或地价的不同必将最终传导到最终土地消费者的需求那里。因此，从这里便可以看到传统理论不能完全应用到城镇房地产市场分析的原因了。由于城镇土地的最低成本即相当于城镇绝对地租额，这个额度与土地“招拍挂”供给无关，土地“招拍挂”供给制度显化的是城镇级差地租Ⅰ&Ⅱ，所以，土地“招拍挂”制度不仅影响地租额，而且必将影响到房价水平。

表4-3　土地市场中各主体、土地产品与地租之间的关系

	各利益主体及其与地租的关系			土地产品价格与地租的关系		
农业土地市场	土地所有者	租地资本家	消费者	农地产品	农地产品价格	受地租调节的主体
	农地地租	平均利润+工人工资	购买农地产品的工资支出	粮食	粮价，与地租无关	租地资本家和地主之间
市地市场	土地所有者、委托土地所有者	租地资本家-房地产企业	置业投资者（消费、投资、投机）	市地产品	市地产品价格	受地租调节的主体
	市地地租	平均利润+地租升值	购买住宅房地产的工资支出	住宅房地产	本质是市地地租	资本家、土地所有者和置业投资者之间

4.2.1.3　传统理论的不适用性之二

以新古典经济学为核心的现代主流经济学的分析没有引入空间因素，也即市场双方都集中在一个点，而对房地产市场而言，很重要的一个特征就是它是一个空间类型市场，即每一个不动产产品都与其他不动产产品不同。现代主流经济理论认为对于大部分商品而言，在价格机制的作用下商品的边际增量对存量有替代效应，这对于没有固定空间属性的商品来说是成立的，但对于具有固定空间属性的不动产产品来说，仅能部分成立，不能成立的部分主要是因为不动产的位置绝对差异性带来的不可替代性，至于替代效应和不可替代效应之间孰大孰小，则要看价格影响和空间位置影响的大小，对于一些特殊位置的不动产产品，不动产产品边际增量的替代效应几乎为0，而在一些一般位置的不动产产品，价格的替代效应会有一些，但位置固定性带来的不可替代效应仍然存在。

主流经济理论在忽略了商品的异质性因素之后，同质性的商品根据市场供求关系决定市场价格，价格也自然地就反映了商品的市场供求关系。将经典假设下主流经济学引入房地产市场进行问题分析时需要做一些修正：商品住房有着明显的异质性、位置固定性、耐用消费品性等特点，因此，区域房地产市场也可能会被分为许多更小的环形房地产市场，上文已经提到，在价格机制作用下房地产产品的这种性质使得不同位置的房地产产品不能进行充分的替代，并且这种替代性的高低受到政府微观规制和宏

观调控等因素的影响，因此，引入空间因素后，房地产市场是一个不完全市场，即使是在一个区域房地产市场中，也存在天然分割的诸多环形微市场，在这种情况下，价格机制仍然可以引导商品住房的供求关系进而影响房价，但此时价格机制的作用会因为房地产产品空间分布下的异质性而不可能完全发挥。①

而在一个产品同质性、不具空间属性的市场中，由宏观政策因素、供给或需求的变化引发的供求关系改变将会较快地反映在市场价格中，由于价格机制的作用市场将会以较快的时间达到新的均衡状态，如上所述，由于存在天然分割的环形微观市场，价格机制很难以较快的速度引导房地产市场达到新的均衡，因此，相对于其他商品而言，房地产产品的这种属性使得其价格往往会较长时间内偏离供求关系决定的均衡价格水平。一个明显的例子，当房地产市场进入衰退期，房地产企业最先决策是降低市场供给量而不是降低价格，一定程度上价格维持刚性。

如果假设城市的公共服务是完全均衡的供给，此时尽管仍然存在房地产产品空间异质性，但产品很大程度上已经呈现出同质性，此时在受到外部冲击后价格机制便可以引导供求关系最终达到空间因素和价格上的帕累托最优。在实施土地“招拍挂”制度后，其实是引进了需求面的竞争因素，需求面的竞争因素和不动产产品的异质性结合在一起，由于现实当中公共服务实现完全均衡的供给只可能是理想状态，因此需求面竞争因素的加大加上房地产产品空间异质性，价格偏离供求决定的水平便是常态。按照传统理论认为房价上涨带动了地价上涨，固然有其一定的合理性，而在引入了空间异质性之后，由于土地“招拍挂”制度的实施使得需求面竞争度增加之后，一定程度上这种需求度增加引起的地租上涨将传导至商品住房价格中。

综合4.2.1.1、4.2.1.2、4.2.1.3三部分内容可以看到，谷物法悖论在一定程度上可以用于城镇房地产市场的分析，但不能全部引入这个理论

① 彭敏学等．论城市住房市场的空间问题及政策整合［J］．城市规划学刊，2009（3）．赵民．关于“城市空间绩效”及城市规划的作为［J］．城市规划，2010（8）．李峰清．关于多中心城市住房发展的空间绩效［J］．城市规划学刊，2011（3）．

分析城镇房地产市场，缘于两个原因：其一，农地上的农产品与市地上的商品住房产品有着本质的不同，地租分配机制不同；其二，房地产产品具有空间异质性，传统价格机制将不能完全发挥作用。在土地出让实行“招拍挂”制度以后，增加了需求面的竞争因素，推动了地租的增值，显化的这部分地租是城市级差地租Ⅰ&Ⅱ，地租增值的部分将会在土地所有者、房地产企业和消费者之间重新调节，同时“招拍挂”引入导致的地价上升会因为房地产市场价格机制的不完全发挥从而很大一部分将转移到商品住房价格当中。因此，综合起来可以说：房地产市场供求关系带来的价格上涨引发了地价（或地租）的上涨，再引进土地“招拍挂”制度后，由于房地产产品的特殊性和价格及制度不完全发挥，地租的上涨又传导至房价当中，形成一个上涨循环，上述理论分析阐明了这一点，至于这个循环中彼此的影响哪个大，则视具体的市场宏观环境和市场微观环境的不同而不同。

4.2.2 短期及长期内市场化供地制度对房价波动影响的理论分析

4.2.2.1 短期内的理论分析

从短期连续时间内看，地价的形成先于房价，房价形成时的地价并不是取得土地时的地价，将房价形成时的地价称为地价重置成本，取得土地时的地价为原始成本，这两个成本在大部分时候是不同的。从技术角度来看，从土地市场上获取土地使用权是整个房地产开发的起点，经过土地二级开发后，商品住房才进入房地产市场。土地价格作为商品房开发的成本进入房价当中，地价通过商品政府市场的供求关系形成最终的房价，此时，房价可能高于、等于、小于地价，但在通常情况下，最终形成的房价一般高于地价。① 因此可以说尽管实施了土地“招拍挂”制度，但对房价的影响几乎没有，而恰好是商品房的价格导致土地“招拍挂”价格的形成，这就是传统理论的观点。上文已经论证过，这个观点有其一定的合理性但并不完全正确，这里再从房价和地价形成的过程来分析“招拍挂”供

① 刘洪玉．房地产业与社会经济［M］．北京：清华大学出版社，2006（1）．

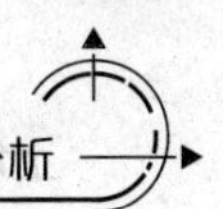

地对房价波动的影响。

从房地产开发角度来理解，房地产企业在土地市场上获取土地一般以成本加成定价法则确定土地取得成本即土地原始成本，对于大部分房地产企业来说在进行项目可行性研究时和项目投资时都是用这个定价法则，而土地的二级开发需要一个时间周期，一般在1~2年，因此在土地二级开发后进入房地产市场的定价法则地价已经发生了变化，因为此时土地价格即重置土地成本与获取土地时的原始土地成本已有很大不同，所以此时将采用市场比较法或需求定价法定价，这与获取土地时的成本加成定价法完全不同。在总体地价短期内上涨的阶段，① 房价随即上涨，如1998—2013年的房地产市场正是如此，而随着土地"招拍挂"制度的实施，土地需求方竞争度的加强，总体地价上涨的阶段房价上涨更快，因此房价上涨也将更快，2005年以后的房地产市场正是如此。在宏观经济受到外部负向冲击阶段，② 首先是商品房市场进入市场低迷期，但由于上述理论分析中不动产市场的特殊性质，整体房价保持平稳或者微跌的可能性较大，但不能断定整体房价的准确走向。长期之内的经济衰退必将造成房地产市场的萎缩和不动产价格的适度下降，此时土地供给制度对不动产价格影响非常有限，但同时经济衰退导致的失业人口增加和收入减少，房价收入比可能并不比经济增长时期的房价收入比低，因为这里是做短期分析，故对这种情况不做进一步的分析。

表4-4　不同地价对应的土地成本

当期地价	重置土地价格
上期地价	原始土地价格

总的来说，短期内，根据成本地价法则，地价形成在前且是按照成本加成定价法选定的土地价格，实际房价形成在后且是按照市场比较法定价，原地价可称为原始土地价格，经过1~2年的土地二级开发，土地市场

① 经济保持快速增长阶段的情况，国内外的理论和实证均表明，不动产市场对宏观经济的影响要远小于宏观经济对不动产市场的影响，并且宏观经济相对于房地产投资是先行变量。

② 经济增长速度降低时的情况。

中将形成新的地价，此时新地价称为重置土地价格。经过上述分析，重置土地价格是决定短期房价的重要因素，而原始土地价格只是影响短期房价的因素。在经济快速增长阶段，地价一般呈现上涨趋势，加之“招拍挂”供地制度的实施，导致土地的重置成本一般是上升的，从而导致了房价上涨的刚性。即使短期内由于经济增长放缓或外部需求冲击，由于“招拍挂”制度的实施，加上房地产产品的特殊异质性，房价保持平稳或微跌的可能更大，但出现大跌的可能性并不大。因此，短期来说，土地“招拍挂”制度的实施在更大程度上将推高房价，而房价和地价之间的影响也是非常复杂的，简单地说房价决定地价是武断的。需要说明的是，这个结论针对全国宏观房地产市场和区域城市的房地产市场都是成立的。

表 4－5　房价与地价短期之间的可能关系

当期房价　　当期地价	上升	下跌
上升	经常存在	一般不存在
下降	可能存在	可能存在

4.2.2.2　长期内的理论分析

上文实际上分析了某个时点和短期内土地“招拍挂”制度对房价波动的影响，已有文献大多将某一时点或短期规律以长期化看待，或将长期规律短化为运动的规律。这些都不利于全面认识土地供给方式的改变对房价波动的影响。上文已分析短期情况非常复杂，并非简单地存在地价决定房价或者房价决定地价的情况，而且针对经济增长不同阶段，土地供给方式的改革对房价波动的影响也是不同的。鉴于这种某时点和短期内这种影响的复杂性，本小节从长期的角度来分析土地供给方式对房价波动的影响。刘民权（2009）其实对这个问题在理论上已经进行了分析，但他认为是地方政府的土地财政和土地出让的“招拍挂”机制一起构成了诱发价格泡沫的微观基础，并进一步指出是地价推动了房价的上涨而不是房价推动了地价的上涨，同时他指出分析背景是在短期的背景下，而事实的情况如上文所述，短期内的情形很可能与他描述的长期情况很不相同，而且他在文中描述分析问题的关键是地方政府的土地财政推高地价和房价的问题，对长期之内土地供给方式对房价波动的影响并没有指出，同时上文也指出他这

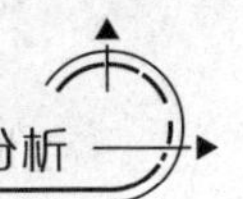

里的分析结果实际上只是上文短期分析结论中的一种可能，而且刘民权（2009）的分析方法更适用于分析长期中土地供给方式对房价的影响，而不是作为短期分析方法。此外，刘民权（2009）对模型的背景假设条件并没有做出明确的假定，而不同的背景条件下对土地和住房市场的影响非常大，这种背景条件对结论可能有重要影响。因此，本小节将借鉴他的分析方法，并设定了一些背景条件，对土地出让方式的变革在长期内如何影响房价波动进行分析。

如上一章的分析，我国一级土地市场是由地方政府完全垄断的，供给方完全垄断，需求方竞争充分，在土地使用制度初期采用协议出让方式，由于行政干预过度，需求面竞争度过低，因此随着土地使用制度改革的推进，逐渐采用了“招拍挂”方式出让国有土地使用权，相对协议出让国有土地使用权，需求面竞争度的增加大大显化或者说提高了土地价值，也促进了土地资源的集约利用。而房地产市场则是一个垄断竞争市场，在宏观层面垄断程度大大低于土地一级市场，但在局部市场垄断度可能也比较高。从土地市场的土地价格上涨速度和商品住房市场的房价上涨速度来讲，地价的上涨速度更高。上文中针对土地市场和商品住房市场的分析表明这两个市场之间的关系在短期内关系比较复杂，既相互独立又联系紧密，而且价格水平相互影响和渗透。在分析土地供给方式对房价波动影响时，我们这里选择从商品住房市场开始分析。

这里的研究背景是宏观经济增长下的房地产市场和土地市场的长期情况，这里之所以选取这样的研究背景是因为在经济衰退期中土地供给方式对房价影响不大，房地产市场和土地市场处于低迷状态，虽然房价收入比可能仍然很高，但这是由于宏观经济衰退造成的失业引起的，因此这里不做考虑；其次，我国自改革开放之后，局部的房地产泡沫出现并破裂只有一次，即1992—1993年南方局部城市的房地产泡沫，泡沫的宏观经济背景是经济快速增长，固定资产投资过热，因为1992—1993年是改革开放不久，房地产市场仅仅处于萌芽阶段，远不成熟，而且国家尚未实行房改，市场配置住房资源的比例还很低，这次泡沫并不具备代表性。自1998年房改以来，我国经济总体处于较快发展阶段，房地产市场的发展也仅15年左右。基于以上两个原因，本书选择了宏观经济持续增长作为这一节的研究背景。

由于“招拍挂”出让地价大于协议出让地价，而协议出让地价大于划拨地价，因此考虑土地供给方式对房价的影响实际上就是考察这几种土地供给方式对房价的影响。在分析时我们首先从商品住房市场开始，由于商品住房价格是连续变量，价格向量将会有多个可能的选择，为了简单分析又不影响分析结论，这里假定商品房的价格只有两个选择：高价和低价。从统计数据来看，划拨供地的时段与协议供地时段、“招拍挂”供地时段的房价有明显的不同，且实施土地“招拍挂”供给以后，房价明显与协议和划拨供地阶段不同，因此假定商品房价格有高价、低价，这两个选择并不影响分析结论。因此，房地产企业采用的定价策略中价格只有高价、低价两个选择，供给方在商品住房市场首先出一个价格（高价或低价），消费者观察到房地产企业的出价之后给予还价，由于双方博弈有先后次序，且信息是完全信息，因此这是一个完全信息的动态博弈模型。博弈主体间的支付函数将决定博弈的最终均衡结局，由于这里将支付函数简单地假定为高价和低价，而不是具体的函数，但博弈各主体在进行策略互动时仍然将有以下理性的博弈规则：第一，供给方低价供给，需求方不会高价需求；第二，均衡价格必须是供需双方都接受的价格，因为这里只有高价和低价两种，因此均衡结果就是高价或低价。因为这里假设土地市场和住房市场的背景是宏观经济的长期持续增长，因此这里的高价或低价实际上是遵循时间序列上的价格序列。

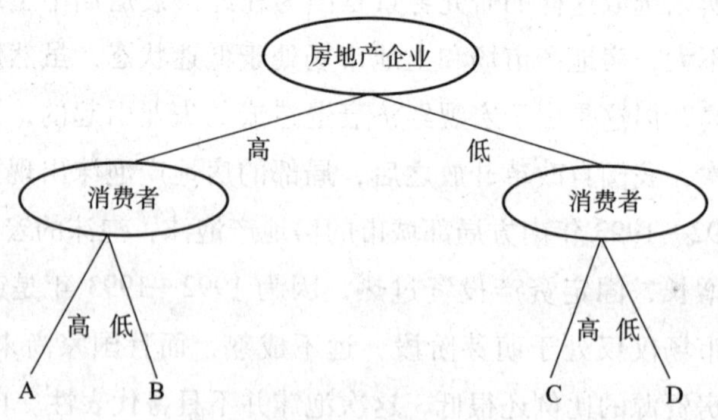

图 4－9　商品住房市场上的博弈路径

在商品住房市场上，由供给方房地产企业首先给出供给价格高价或低价，根据理性博弈原则，在这两种价格情况下，均衡的博弈路径是A（高，高）或者D（低，低），B（高，低）和C（低，高）。前者B供求价格不一无法进行市场交易，而后者C不符合理性博弈原则，所以均为非均衡的博弈路径。此时，A或D都有可能成为局中人的最终策略选择。

上文分析了商品住房市场上房地产企业和消费者之间的博弈均衡路径，及他们最终选择的博弈策略，这里要加入土地市场的博弈均衡分析，在土地市场上，地方政府作为唯一的土地供给者，房地产企业是土地市场的需求者，同时是商品住房市场的供给者，三主体间对价格的博弈路径如图4－10所示。

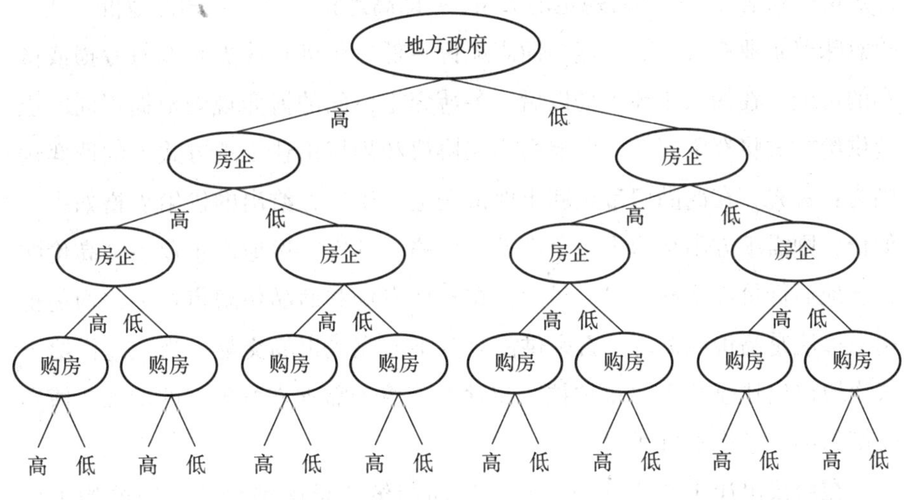

图4－10　三主体间的价格博弈

资料来源：刘民权．商业地价形成机制、房地产泡沫及其治理［J］．金融研究，2009（10）．

其中图4－10上半部分为土地市场，下半部分为商品住房市场，这里描述的是经济持续增长下的长期房地产市场的情形，在土地市场上地方政府虽然不能直接管制土地价格的高低，但地方政府可以通过土地一级市场出让总量调节土地价格的高低（这里的土地供给量取决于地方政府的经济和政治行为，同时也取决于土地利用总体规划和土地供应年度计划，而土地供给量的高低直接将影响到土地价格的高低，因此，政府行为和土地供应规划计划直接影响土地价格），所以这里仍然可以将地价高低作为房地产企业和地方政府之间的博弈变量。地方政府在土地一级市场首先以土地供给量为中间博弈变量提供高或低土地价格，土地市场上的房地产企业作为需求者观察到高地价或低地价之后做出博弈高地价或低地价的反应。在图 4－10 下半部分的商品住房市场上则同上文分析的商品住房市场情况是完全相同的，即房地产企业在商品住房市场上给出高供给价格或低供给价格，最终由消费者观察到商品住房供给价格并提供需求价格，整个博弈结束。

这里同样不设定博弈主体间的支付函数的具体值，在地价中有高地价和低地价两种价格形式，而房价中同样有高房价和低房价两种价格形式。同时假定房价和地价间有相对稳定的关系，① 即高地价－高房价和低地价－低房价意味着企业有盈利的可能，而高地价－低房价则意味着企业有亏损或微利的可能。在加入土地市场以后，各博弈主体间的博弈规则根据不同的土地供给方式将有不同的博弈规则，在协议和划拨出让土地方式下的博弈规则为：首先，在商品房市场和土地市场上，供给方给出的供给价格如果为低价，则需求方不会给出一个高反应价格。其次，房地产企业不会高价购置土地而低价出售商品房。最后，在土地市场和商品住房市场上，均衡价格只可能是高价或低价，否则供需双方不能完成市场交易。当土地供给方式由协议出让改革为“招拍挂”出让时，由于需求方竞争度的增加，博弈规则的第一条将不再适用。

在协议出让土地方式下，利用逆向归纳法求解整个博弈中的均衡路径，上文分析已经表明了商品住房市场中的非均衡博弈路径。接下来考虑剩下的所有的博弈路径，首先看“高，高，低，低”、“低，高，低，低”这两种博弈路径对于理性企业人假设是不合理的策略选择，因此是非均衡博弈路径，同理，“低，高，高，高”也不是均衡的博弈路径。而对于博弈路径“高，低，高，高”和“高，低，低，低”，对于前者，在达成交易的情况下的可能博弈路径为“高，高，高，高”，前者在达成交易时还

① 这里是按照房地产市场实际运行情况为基础作为假设条件，与刘民权（2009）的假设条件类似。

可能有另一个博弈路径“低，低，高，高”。后者在达成交易的情况下有两种可能均衡博弈路径分别为“高，高，低，低”和“低，低，低，低”，其中“高，高，低，低”不符合理性策略选择，所以不是最优均衡路径。总结上文协议出让土地制度下的三种可能最优博弈路径为“高，高，高，高”、“低，低，低，低”和“低，低，高，高”。

在土地“招拍挂”出让制度下，由于博弈规则第一条不再适用，因此除了划拨和协议出让制度下的三个可能的最优博弈路径之外，对博弈路径“低，高，高，高”需要重新分析，所以这种情况下只需对以上四个博弈路径进行分析即可。根据上文的博弈假设和博弈策略规则来看，“低，低，高，高”的策略路径并非是最优均衡路径。至于“低，低，低，低”在经济大衰退时可能出现，不符合这里分析的背景假设。因此剩下两个即“低，高，高，高”和“高，高，高，高”，在经济持续增长、土地垄断供给和土地“招拍挂”出让的条件下，博弈路径“低，高，高，高”则由于土地“招拍挂”出让的实施最终演化为唯一的博弈路径“高，高，高，高”。

这里有必要说明的是，土地“招拍挂”制度作为土地利用制度中一项技术性措施，仅仅因为实施这个政策将不会导致唯一的均衡路径“高，高，高，高”，因为地方政府对土地一级市场的垄断和国家对土地在城乡间及城市内部的管制在很大程度造成了土地成本的上升，而土地“招拍挂”制度的实施则显化了稀缺的土地资源价值，从而最终形成唯一的均衡博弈路径“高，高，高，高”。

综合4.2.2.1和4.2.2.2对土地供给方式在短期和长期内对房价波动的影响分析可以得到：短期内，房价和地价之间的关系是复杂的，更多的时候房价和地价是相互影响的，而由于房地产市场的特殊性，“招拍挂”供地制度的实施将推高房价，当然宏观经济或房地产市场受到外来或内部的负向冲击时，也可能会有房价的0增长或微幅下跌。对长期的分析表明，在经济持续增长和地方政府对土地一级市场垄断和管制的情况下，长期内土地“招拍挂”制度的实施必将推高房价。总的来说，短期内房地产价格受到供需影响较大，“招拍挂”制度实施导致的地价上升可能不会导致房价过快上涨，但房地产产品的特殊属性将会对上述机制起到负向作用，长期内由于“招拍挂”制度的实施带来的成本上升必将带来较高的房价。

4.3 实证分析

4.3.1 数据来源及样本分段

本书选用国家统计局编制的35个大中城市房地产价格指数（HP）和土地价格指数（LP），数据来源于wind数据库，因为部分城市数据缺失，因此删掉这部分缺失城市样本，用剩下的30个大中城市及全国的房价指数和地价指数的季度面板数据，样本期为1998年第一季度到2010年第四季度。原始数据中的土地价格指数和房地产价格指数为同比指数，这里假定1998年各季度间的价格指数反映各季度间的实际价格变动，把所有数据调整成1998年第一季度为基期的定基数据。由于土地价格指数和房地产价格指数存在较强的季节性，因此需要用X11或X12的方法将土地价格指数和房地产价格指数做出季节调整。为了得到平稳的数据，这里将土地价格指数和房地产价格指数均取对数，分别表示为lnHP和lnLP。本章第一节已经对我国土地供给方式的演变历程做了详细的分析，这里不再赘述。按照土地政策文件出台的先后及土地市场的发展程度将1998年房改以来的土地市场分为三个阶段：第一阶段为1998年第一季度到2002年第二季度；第二阶段为2002年第三季度到2004年第三季度；第三个阶段为2004年第四季度到2010年第四季度。在以土地政策划分的三个阶段的土地市场中，第一个阶段中以划拨用地和协议出让用地并重，协议用地占到了相当大的一部分。第二个阶段中以协议用地为主，“招拍挂”出让土地为辅。第三个阶段中“招拍挂”出让土地的比例大大提高，但在实际操作中，由于市场环境或其他情况，协议出让土地仍占有相当大的比例。

因此，本书以2002年第二季度、2004年第三季度为临界点来检验土地使用权的非市场化配置、半市场化配置及市场化配置等不同阶段中“招拍挂”制度对房价的影响，将1998年第一季度到2010年第四季度的季度

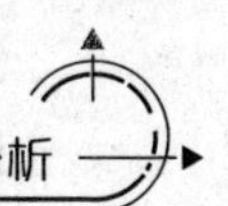

数据分为三部分：第一部分为1998年第一季度到2002年第二季度的30个大中城市及全国的地价和房价指数，第二部分为2002年第三季度到2004年第三季度的30个大中城市及全国的地价和房价指数，第三部分为2004年第四季度到2010年第四季度的30个大中城市及全国的地价和房价指数。由于这里的全国地价和指数并不是由大中城市数据计算而来，而是全国所有城镇范围内的统计指数，因此这里采用全国地价和房价指数并不会引起多重共线性问题。

4.3.2　不同程度市场化供地制度下的房价与地价之间的回归模型

这里采用王岳龙（2010）的分析结果，因为其并没有直接分析土地供给方式对房价的影响，其分析采用的是另一个角度，但其计量分析结论对于佐证上文的理论分析有一定的实践意义。在弄清不同供地方式下地价和房价的关系之前，为了更清楚地分析房价变化对地价变化的引致作用和地价变化对房价的影响程度，首先使用地价并设定相关虚拟变量对房价指数进行面板线性回归。由于地价可分为重置地价和原始地价，它们对房价的影响是不同的，因此这里将地价指数滞后一定的期数，考虑到正常的房地产开发周期一般为1~1.5年左右，因此与线性回归模型一样，这里采用的是逐步引入不同滞后期的解释变量即地价，在对房价和指数进行回归的时候，都采用了自然对数。

在模型1中，用地价指数的滞后期第1期到第8期，结果显示，第1期和第2期都不显著，而第3~7期非常显著，特别是滞后4~6期的地价指数对房价指数的弹性系数为10%。这说明极短期内地价对房价的影响不明显，但在较长时期中，地价对房价产生较为明显的影响。为了分析国土资源部71号令的出台对房价的影响程度，模型2中将加入一个时间虚拟变量，71号令出台之后的各季度选取虚拟变量1，其他季度为0，这样以政策文件出台先后顺序为准进行分析，同时将模型1中的相应的地价滞后期数加入，以分析引入市场化配置土地资源的“招拍挂”方式后对房价的影响，结果显示，地价指数同样在滞后两期时对房价指数有明显的作用，其弹性系数在5%左右，但滞后4期的地价指数对房价指数却影响并不显著，这也说明了在较短时期内，地价对房价的影响呈现复杂性，与上文理论分析的结果是一致的。而引入虚拟变量后，71 号令的出台使得整体房价指数上涨了13%左右，这与统计数据的情况基本是吻合的。上文中的统计数据已经表明，土地市场的发育程度尽管不同地区有所不同，但总体上市场化配置土地资源的比例都在大大提高，但不同地区的经济增长水平的不同可能会导致不同地区的商品住房市场化程度有所不同，因此在模型 3 中，除了上文对时间因素上引入两个虚拟变量后，对空间因素上土地价格对商品住房价格的影响也进行了分析，这里将全国总体上分为三个大的区域，①即东部地区、中部地区和西部地区。这里选取东部地区和中部地区作为两个虚拟变量，同时仍然将模型 2 中的土地价格指数相关的滞后期数以及时间序列上的虚拟变量引入，既考虑时间因素上供地方式对房价的影响，同时也分析了不同空间因素上地价对房价的影响程度，结果表明，在控制了地价的情况下，东部地区房价比西部地区房价高了35%左右，但中部地区估计出来的虚拟变量并不显著，这可能与中西部大部分省份之间的经济发展的基本面有关，但引入了区域因素之后，土地供给方式的改革同样对房价有较为明显的影响。

4.3.3 市场化供地制度对房价的影响的面板协整检验

为了进一步分析土地供给方式对房价的影响，下文将利用上文中的面板数据进行面板单位根检验、面板误差修正模型检验。

从上文采用对房价指数和地价指数的面板单位根检验中可以得到 11 号令出台前、11 号令出台后 71 号令出台前、71 号令出台后等土地出让方式改革的三个不同阶段内，地价指数和房价指数都是一阶单整，在存在一阶单整的情况下地价指数和房价指数间可能存在面板协整关系，下文采用 Pedroni 检验的 7 个统计量对 11 号令和 71 号令出台前后的三个不同时段的房价指数和地价指数进行面板协整检验，检验的结果见表 4－6。

① 东部地区为北京、河北、天津、山东、江苏、上海、浙江、福建、广东、海南；中部地区包括河南、湖北、山西、湖南、安徽、江西和黑龙江、辽宁、吉林东北三省；其他地区为西部地区。

表4-6　11号令和71号令出台前后的地价与房价的面板协整检验

		71号令之前		71号令之后	
		HP与LP	LP与HP	HP与LP	LP与HP
Pedroni检验	Panel-v	-0.72 (0.30)	5.18*** (0.0)	1.73* (0.08)	6.65*** (0.0)
	Panel-rho	-12.3*** (0.0)	-16.4*** (0.0)	-9.7*** (0.0)	18.6*** (0.0)
	Panel-PP	-10.4*** (0.0)	-22.87*** (0.0)	-10.6*** (0.0)	-20.6*** (0.0)
	Panel-ADF	-1.69* (0.09)	-10.9*** (0.0)	-4.7*** (0.0)	-5.5*** (0.0)
	Group-rho	-10.3*** (0.0)	-13.7*** (0.0)	-7.8*** (0.0)	-11.3*** (0.0)
	Group-PP	-15.7*** (0.0)	-29.0*** (0.0)	-12.4*** (0.0)	-22.3*** (0.0)
	Group ADF	1.12 (0.21)	-2.46** (0.019)	-2.8*** (0.080)	-6.85*** (0.0)

从表4-6中可以看到71号令出台前后的两个阶段，这几种检验在5%的显著水平下大都拒绝了原假设，即认为土地出让方式改革的两个阶段中，长期内房价指数和地价指数存在稳定的长期的关系，因此总体上来讲，随着土地出让方式市场化改革的深入，房价指数和地价指数之间的长期关系也逐渐明晰，存在较为稳定的关系，与上文长期内的土地供给方式对房价影响的理论分析基本是一致的。而11号文件出台前，由于房地产市场处于起步阶段，而土地出让中大部分也采用了协议方式，这个时期的地价指数和房价指数均衡稳定关系的不显著可能正是由于这种特殊情况的存在，现实房地产市场这个时期房价上涨相对较为平缓，因此这里并没有加以分析。

总结来说，三个简单的回归模型分析表明，房价指数和地价指数在短期内呈现出不同的影响，结果较为复杂，市场化供地制度的深入改革使得地价指数对房价指数影响的弹性系数增大，即使引入了区域因素，市场化供地制度的改革对房价指数也明显地起到了推动作用。

第5章　土地批租制度对房价影响的分析

5.1　地租形态及地租理论回顾

5.1.1　地租的不同形态

地租即土地所有者凭土地所有权而获得劳动者剩余产品，这无论是在现代市场经济条件下还是封建商品经济条件下都是如此，但地租更是一个历史范畴，在不同社会形态和社会制度下的地租形式有着不同的形式、内容与性质，体现着不同的生产关系，本节主要分析现代市场经济下的地租的不同形态。市场经济条件下，在土地所有权垄断而只有土地使用权进入市场交易时，无论是城镇土地地租还是农村土地地租，根据土地使用者向土地所有者交纳地租的形式基本可以划分为两种形式：批租制度和年租制度。由于是土地使用权和土地所有权两权分离，所以无论是批租制度下还是年租制度下的地租其本质都非地价。批租制度即土地使用者在土地使用期限内一次向土地所有者收取缴纳的所有租金，其本质是土地使用期限内各年土地租金的贴现值的总和即使用期内土地使用权的报偿，在中国内地和香港地区，一次性收取的批租租金通常称作土地出让金，但需要注意的是土地出让金并不是地价，地价通常是土地所有权价格，虽然在一定的贴现率和使用年限下，地价和土地出让金之间的差额可能很小，但从理论分析上讲，土地出让金和地价是两个范畴不同的概念，不能混淆在一起。

土地批租制度的主要特征如下：第一，土地所有者出让的仅仅是国有土地使用权而不是土地所有权，土地使用者对土地的使用年限是有一定限制的，因为无限期的使用权与所有权趋于一致，同时土地使用者取得国有土地所有权必须通过有偿的途径即必须缴纳批租租金。第二，土地使用者取得土地使用权后可以依法对抗第三人，拥有较大程度的排他性，但土地所有者因公共利益、土地优先购买权或者其他原因可以收回相应的土地使用权并给予土地使用者经济补偿。第三，代表土地所有权的政府享受永久的国有土地所有权，土地使用者仅在土地出让期内拥有土地使用权，也就是说，土地使用者拥有的国有土地使用权仅是一个用益物权，并且是受到了较大限制的用益物权，土地所有者的财产权利期限长于土地的出让期限。第四，土地使用者一次性将土地出让期限内所有的土地租金交纳给土地所有者，这就是土地批租。①

在我国的批租制即国家以土地所有者身份将土地使用权在一定期限内出让于土地使用者，由土地使用者向国家支付土地出让金的过程。取得国有土地使用权的土地使用者可以依法将土地抵押、转让、出租或入股等其他经济活动，土地使用者这些用益物权和担保物权受到法律的保护。此外，我国法律规定住宅用地的土地出让年限为70年，商业用地一般为40年，工业用地和科教文卫体用地一般为50年，在我国住宅用地的使用年限更多的是从人的自然生命周期角度来决定的，较少地考虑了批租年限对房地产投资和房地产价格的影响，而且我国住宅用地批租年限的确定也有一个探索的过程。

我国《规范国有土地租赁若干意见》指出，国有土地租赁指的是由中央政府委托的地方政府将一定年限的土地使用权租赁给土地使用者的行为，同时由土地使用者向地方政府缴纳使用年限内的租金。意见又指出，国有土地租赁制度是国有土地出让制度的一种有机补充，但对于经营性房地产开发则必须实行土地出让制度。从上文对批租出让制度和这里对土地租赁制度的分析可以看到，出让批租制度的本质仍然是租赁制度，其他特殊之处在于批租出让制度是一次性将地租资本化后的长期地租支付给土地所有者的制度，从这里也可以看出土地批租出让只是将长期的租金以契约

---

① 李明月．市场经济中的地租形式研究［J］．南方经济，2002（11）．李国敏．土地年租制：住宅用地制度改革的方向［J］．城市问题，2006（9）．

一次性的固定下来的一种长期租赁制度，① 如图 5 - 1 所示。

- 国有土地有偿租赁
  - 长期租赁制度
    - 批租出让（地租资本化后一次性支付）
    - 年租出让（长期契约内按年份分年支付地租）
  - 短期租赁制度（短期契约内按年份支付地租）

图 5 - 1　不同地租形式示意图

资料来源：李国敏．土地年租制：住宅用地制度改革的方向［J］．城市问题，2006（9）．

土地的年租制度指的是土地使用者按照年份向土地所有者支付地租的一种土地使用制度，由于按照年份制度土地租金的形式可能会有短期契约（按年份支付土地租金）和长期契约（按年份支付土地租金）两种形式，由于短期契约按年份支付土地租金的土地使用年限有高度不确定性，因此它与长期契约按年份支付土地租金的年租制度有很大区别。《规范国有土地租赁若干意见》里的租赁制度一般情况下应该是指短期契约按年份支付土地租金的制度，很显然，这种租赁制度不适用经营性房地产用地尤其是住宅用地，我们将短期契约按年份支付土地租金的制度叫作短期租赁制度，而把长期契约按年份制度支付土地租金的制度叫年租出让制度，虽然从表面上看这两者之间都是土地年租制度，但由于契约年限长短的不同，将直接决定着土地年租租金如何决定、土地担保物权的如何有效实施、土地利用的长期性和可持续性等问题，同时也在很大程度上影响土地使用者投资预期，以及合理划分土地所有者和土地使用者之间权益和利益等。鉴于这些原因在我国土地使用制度改革的初期，曾尝试使用年租制度、批租制度和短租制度等土地使用制度的混合形式，但随着土地市场的进一步发展，由于年租制的相关技术手段和制度原因，各地逐步取消了土地年租出让制度，并且国家规定凡是经营性房地产开发用地必须采用批租出让制度，实践中保留了土地短期租赁制度，一般用于工业用地和一些临时的用地。而中国香港地区在 1985 年《中英联合声明》生效后，则采取了之前的土地批租制度、土地年租制度的结合，并在实践中探索出了一些土地年租制度有效实施的制度。可以预测的是，由于不同企业、不同地区、不同

① 李明月．市场经济中的地租形式研究［J］．南方经济，2002（11）．

经济发展程度、不同制度下实施的土地年租制度必然还有多种具体的方式，比如年租租金水平的确定、租金的缴纳、有无初始地价、保障年租制下土地使用者权益的方式等将会有各种不同的年租出让制度，这方面的分析将在第7章中分别介绍中国香港地区、瑞典和德国的时候予以分析。

5.1.2　马克思地租理论和西方经济学的地租理论

地租是反映土地所有权在经济上的实现形式，反映了劳动阶级、土地所有者和土地使用者之间的关系。一般来说，地租是劳动者在生产中产品剩余价值被土地所有者无偿占有的部分，是土地所有者对劳动者的一种剥削形式，地租同时也反映了分配关系。无论是在封建社会、资本主义社会还是社会主义社会，只要存在土地所有权的垄断，土地使用者在使用土地所有者土地过程中的剩余产品就会被土地所有者占有一部分，这就是产生地租的经济基础。在社会主义市场经济中，由于国家垄断了城市国有土地所有权，因此土地使用者在使用城市国有土地时同样需要向国家缴纳地租，此时地租不仅体现着国家土地所有权的实现，而且体现着政府对房地产市场的管理和调控，同时地租也成为政府收入的一个重要组成部分。

马克思主义经济学按照地租形成原因和条件的不同将资本主义农业地租分为绝对地租、级差地租和垄断地租，并指出绝对地租和级差地租是资本主义农业地租的最基本形式，垄断地租是在个别特殊生产条件下的资本主义农业地租特有形式。西方经济学则将地租定义为“土地在生产中的经济报酬”，否定了地租的产生反映了社会经济生产关系，认为地租是“总生产收益减去总要素成本之后剩余的那一部分”，在此基础上讲地租分为理论地租和契约地租，契约地租即土地所有者向土地使用者租赁土地时土地使用合约规定的租金，而理论地租为土地总收益扣除总成本剩余的部分，又叫经济地租，表示的是在使用土地过程中产生的收益超过其成本的部分，类似于商品市场上的生产者剩余。

5.1.2.1　西方经济学对地租的分析

在资本主义发展的初期，资产阶级经济学家对地租理论作了最早的分析，例如，威廉·配第指出资本主义农业生产中存在特殊的自然生产力使得产品数量在扣除再生产劳动力之后还有剩余的部分，这就是自然恩赐土地所有者的“纯产品”，是土地所有者不劳而获的剩余产品。而古典经济学创始人斯密的地租理论有着明显的矛盾性：一方面他认为地租是工人阶级无偿的劳动剩余，是土地所有者凭土地所有权垄断形成的一种“垄断价格”，而另一方面他又认为工资是劳动力的价格，利润是对资本家生产资料的偿付，而地租则是“自然的恩赐”，这种观点掩盖了资本主义生产关系。斯密价值理论的混乱性表现在他对价值决定和价值分配关系认识的混乱上。

李嘉图对资本主义级差地租的分析具有重要意义，但在李嘉图的政治经济学理论中没有分清产品价值和产品生产价格这两个范畴的区别，另外，他也忽视了土地所有权垄断对地租产生的重要作用，因此李嘉图否定绝对地租的存在，而无论在实践还是理论中，绝对地租的存在是一个很明显的问题。此外，英国经济学家安德森分析了资本主义级差地租理论，但同李嘉图一样，安德森否认资本主义土地所有权垄断的存在进而也否认绝对地租的存在，其理论的实质就是绝对地租没有必要存在，如果存在其也是级差地租的一部分。

19 世纪后，法国庸俗经济学家萨伊发展了斯密关于地租理论的第二个观点，提出了三位一体理论，即产品价值由劳动力、资本和土地共同创造，因此三要素分别得到相应的工资、利润和地租。英国庸俗经济学家马尔萨斯则否认绝对地租的存在，即否认地租是土地所有权垄断的结果。到了 19 世纪中后期和 20 世纪前期，地租和收入分配的边际理论得到充分的发展，主要的代表有杰文斯、庞巴维克、克拉克、马歇尔和帕累托等，其中，马歇尔是最为重要的代表人物，他将地租看作是产品的更一般剩余物的特例，引入时间因素分析了准地租和地租的区别，同时他从地租的边际生产力理论出发认为所有地租都包含了级差地租和稀缺地租，这与李嘉图的地租理论是一致的。

资本主义地租理论发展到现代之后，地租概念发展成为一种更泛化意义上的租金，即一切生产要素所产生的经济租金成分都包括在租金内，如资本设备、企业家才能、知识产权等产生的租金。现代资本主义经济学家认为地租产生的原因只有一个且是相同的原因即产品的供不应求（这里的

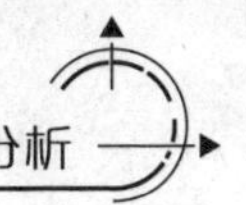

产品可以指农业地租中的农产品，或者建筑用地中的房地产），与收益率递减和土地肥力差异完全无关，即地租纯粹是供求规律作用的结构。例如新古典综合派的萨缪尔森认为土地供给的数量是有限的，因此地租取决于土地需求者之间的竞争；美国现代土地经济学家巴洛维也认为地租仅仅是一种经济剩余，即土地总收益扣掉总成本之后的部分。虽然现代地租理论回避了地租所反映的社会生产关系，但其研究方法包括一些理论对研究社会主义地租尤其是社会主义城市地租，有较大的借鉴价值。

5.1.2.2　马克思主义经济学对地租理论的分析

马克思主义经济学地租理论主要分析了资本主义私有制下的农业地租，并对矿山地租和建筑地租等其他形式的地租做了初步的分析。它是在吸收批评古典经济学地租理论基础上建立起来的，这其中对古典经济学有关地租理论中的正确成分给予了发展，并对古典经济学地租理论中错误和相互矛盾的地方进行了批判。

马克思主义经济学的地租理论主要研究了资本主义农业生产中的地租形式，与古典经济学家一样，马克思首先分析了农业级差地租。他认为，资本主义级差地租是农业生产中个别生产价格与社会生产价格之间的差额，这个差额由于土地所有权的垄断而归土地所有者所有，这个差额本身是农业超额利润中的一部分，因为这部分农业地租中的两种形式都与土地本身的位置和优劣等级或资本投入多寡有关，所以称为级差地租。

马克思在分析资本农业级差地租时做出了农产品价格是由农业劣等地的个别生产价格作为社会生产价格的假设，他认为农产品价值决定与工业产品不同，工业产品的价值是由中等生产条件决定的社会生产价格，而农业产品不是这样，因为如果农产品价值也由中等生产条件的社会生产价格决定的话，劣等地经营者得不到社会平均利润便退出农地经营，由于农产品不能满足社会需求，所以当产品价格上涨到当劣等地经营者也得到社会平均利润时，劣等地就投入生产了。这样，由于劣等地、中等地和优等地之间个别生产价格的不同，经营中等地和优等地的农业资本家便获得了这个价格差额即超额利润。但需要注意的是，这里的劣等地并不是静态不变的，随着农产品市场供求形势的变化和农业技术的进步，原有的劣等地可能会成为中等地，或者原有的劣等地退出农业生产导致原有的中低等地成为劣等地。所以我们看待这个问题时需要以长期的动态的辩证的思维去理解。这里需要理解相对于经营管理和技术经济因素产生的超额利润而言，由土地所有权垄断和土地自然条件差异产生的超额利润维持时间更为长久。

按照级差地租产生的原因和条件的不同，马克思将级差地租分为级差地租Ⅰ和级差地租Ⅱ两种形式。级差地租Ⅰ是由于土地肥力的不同和土地距离市场远近的不同情况产生的超额利润，从其特征来看，这两者都是自然的因素：不同肥力的土地产生的土地生产率不同，肥力高的土地将产生超额利润，而相同肥力但距离市场远近不同的地块也会因为农产品的流通费用的不同而使距离市场近的土地产生超额利润进而形成级差地租Ⅰ。而级差地租Ⅱ形成的原因和条件与级差地租Ⅰ不同，由于农地资源的有限，而且随着城市化工业化的推进，农地资源的总量在逐渐下降，而农产品需求却较为稳定甚至有所上升，所以客观条件推动对农地进行集约化经营，即在同一地块上进行连续多次投资，而每次投资的劳动生产率不同，只要这个劳动生产率水平超过了劣等地的劳动生产率，就会产生独立于自然条件之外的超额利润，即人为对土地物质的资本投入的增加也产生了超额利润，这个超额利润就转换为级差地租Ⅱ。总的来说，级差地租Ⅰ是因为客观自然条件产生，而级差地租Ⅱ则是土地资本投入的增加而产生，从两者的关系来看，级差地租Ⅰ是级差地租Ⅱ的基础。

对于资本主义农业绝对地租，马克思则主要运用生产价格理论和平均利润率理论分析了绝对地租的来源，在资本主义初期，由于农业的资本有机构成低于社会平均资本有机构成，所以农产品的价值和社会生产价格之间的差额就形成了农业绝对地租的来源，但农业资本有机构成低于社会平均资本有机构成并不是农业绝对地租的根本原因，只是农业生产中形成绝对地租的一个物质条件，资本主义的土地所有权垄断使得这部分超额利润留在农业内部，所以农业土地所有权的垄断是产生农业绝对地租的根本原因，只要存在着土地所有权和土地使用权的分离，就必然存在绝对地租。绝对地租的数量一般取决于三个因素：农业资本有机构成与社会平均资本有机构成的差额、农产品供求形势和农业投资量。资本主义发展到现代，农业资本有机构成已经和社会平均资本有机构成相同甚至高于社会平均有机资本构成，此时的绝对地租则可能来源于以下几个方面：从其他行业部门转移；农地经营者成为土地所有者本身；农业平均利润和农业工人工资的部分扣除，等等。此外，马克思认为资本主义农业垄断地租来源于特殊的土地产生的超额利润，并且这部分超额利润主要是由超额需求下的垄断价格形成的。

由于本文分析的是我国土地供给制度对住房价格的影响，因此下文介绍下马克思地租理论中的城市地租理论部分，这部分内容在马克思地租理论中论述得较少，一个原因是马克思认为资本主义城市地租理论在很大程度上与资本主义农业地租理论是相通的，即“凡是存在地租的地方，都必然遵循农业地租的规律，一切非农用地的地租都由真正的农业地租所调节的”，但他并没有进一步地深入分析城市地租的具体规律。因此对这部分理论的挖掘和创新对于深入理解我国房地产市场的诸多现象有着重要意义。马克思的非农地租理论主要是分析了建筑地租和矿山地租两种形式，在资本主义土地所有权与使用权相分离的情况下，土地是建筑业和采矿业的空间基础和物质基础，因此必须向土地所有者交纳地租。建筑地租基本等同于城市地租，它们和农业地租一样，都存在级差地租Ⅰ、级差地租Ⅱ、绝对地租和垄断地租。在农业地租中，土地肥力和距离市场的远近是形成农业级差地租Ⅰ的自然基础，而土地资本的连续投入是形成农业级差地租Ⅱ的原因，因此将此应用到城市地租中，由于区位是房地产用地的关键因素，所以可将城市区位地租称为城市级差地租Ⅰ，而将土地资本的投入比如基础设施的配套完善等视为城市级差地租Ⅱ，但需要注意的是，城市级差地租Ⅱ的形成与农业级差地租Ⅱ的形成还是有一定区别：即城市土地利用有很大的外部性，因此城市级差地租Ⅱ不仅与自身资本投入多寡有关，更与整个经济环境和相邻的土地级差地租Ⅱ有关。城市垄断地租的概念则类比于农业垄断地租来定义。至于城市绝对地租的来源，则在下文进行详细分析。通过上文的分析，我国现阶段仍然存在土地所有权的政府垄断，且形成级差地租和垄断地租的土地自然物质条件都存在，因此现阶段我国的城市和农村土地均还存在绝对地租、级差地租和垄断地租。

5.1.3 有关地价的理论

土地资源能否得到优化配置的核心是地价能否较好地反映市场供求信息，即发挥土地市场在土地资源配置中的核心地位。因为土地能提供产品和服务的自然特性从而在一定条件下土地所有者能获得地租收益，因此土地市场上交易土地的实质是交易一定时期的土地收益。故土地价格有以下几个特点：地价实际上为土地收益权利价格；土地价格并非土地价值的市场表现，因为土地物质本身不具有价值；地价呈现总体上升趋势，主要因为供给弹性低而需求日益增加；呈现较强的区域市场性，因为土地空间不可移动，不能形成全国统一的市场均衡价格。

马克思在批评了古典经济学地租理论的基础上提出了劳动价值论为基础的地租及地价理论。他认为：首先，土地物质本身无价值，但土地物质本身有使用价值而又因为土地所有权的垄断故而产生地租，地租的存在使得地价得以存在即“土地提供的地租的购买价格”，从而地价的本质是地租价格的资本化表现，用公式表示就是：地价 = 地租/土地还原利率，$P = R/r$。其次，土地收益价值表现为土地物质收益和土地资本收益的二元性。即经过开发投资的土地由土地物质和土地资本构成，上文中已对土地物质的特征做了说明，而土地资本凝结了无差别的人类劳动故有价值也有价格，土地资本价格与土地物质价格共同构成了土地资产价格。从马克思地租理论的角度理解即土地物质价格是由于土地所有权垄断带来的真正的地租资本化价格，即绝对地租和级差地租Ⅰ之和。土地资本价格是由土地投资带来的利息、折旧、外部辐射资本价格之和。所以外部辐射资本价格、土地资本利息、折旧、土地所有权带来真正的地租资本化价格等一起构成土地所有者的收入，从而都决定土地价格。①

资产阶级政治经济学的地价理论形成于19世纪末，核心观点是：不仅土地收益决定地价，而且土地资产市场也参与了土地价格的决定。英国经济学家马歇尔运用边际效应价格理论分析了地价形成，他认为土地需求和

---

① 张红．房地产经济学讲义［M］．北京：清华大学出版社，2004（9）．

土地供给同时决定了均衡的土地市场价格，新古典综合派经济学家萨缪尔森也认为土地的价格由土地供给和土地需求决定，而由于土地供给低弹性故土地价格主要由土地需求决定。维塞尔认为，当土地和资本进行相互替代的时候，地租资本化的标准及地价决定的标准将会被发现，即用资本的标准来表示土地价格。而土地经济学家伊利（1982）则认为土地价格是预期年收益资本化而成的价值基金。因此可以说资产阶级政治经济学的地价理论有两种：土地收益价格理论和土地供求价格理论。

对于影响土地价格因素，根据古典经济学地租地价理论、马克思经济学地租地价理论和资产阶级政治经济学地租地价理论，主要有土地供给因素、土地需求因素、地租收益高低、其他一般资产收益率四个方面。这些因素从大的方面又可以分为宏观因素、区域因素和个别因素。[①] 根据城市土地供给方式和土地管理实践的实际情况，城市地价表现为多种形式，各种地价形式构成一个完整的城市土地价格体系，且这个体系中的每一种地价都是不可替代的有机组成部分。这里根据中国土地市场实践的具体情况分别从三个角度进行划分。按照土地使用权交易管理的层次可以分为基准地价、标定地价、交易地价。按照土地开发程度可以将土地价格划分为生地地价和熟地地价。按照地价的计价方式可以分为楼面地价和地面地价。此外，还有其他的一些土地价格形式，如图 5 - 2 所示。

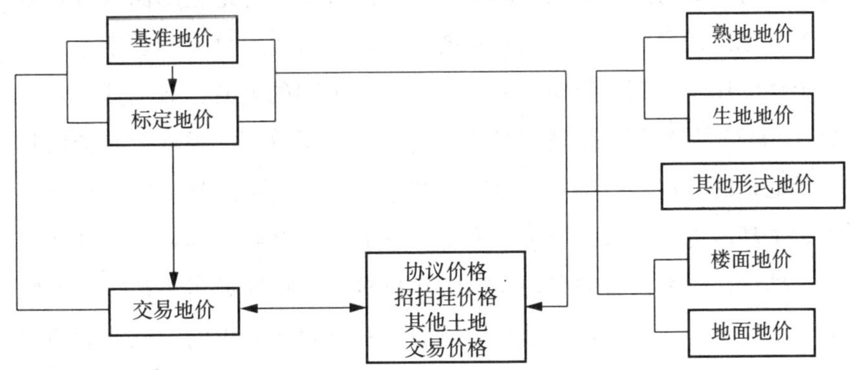

图 5 - 2　城镇地价结构示意图

资料来源：张红．房地产经济学讲义［M］．北京：清华大学出版社，2004（9）．

① 毕宝德．土地经济学［M］．北京：中国人民大学出版社，2011（1）．

5.2 批租供地制度影响土地市场投机和房价分析

5.2.1 从地租理论角度理解房价的本质

从成本和供给的角度来看，房地产成本由四部分构成，土地一级开发投入资本成本（土地平整及基础设施配套等）、土地二级开发投入资本成本（建筑物及其配套）、土地物质成本（以地租形式表现的成本）、政府税费等几个方面；而从需求的角度来看，房地产价格则由成本、利润等构成。对于投入生产消费的房地产产品来讲，其土地二级投入开发投入的建筑物是逐步折旧的，但由于土地一级开发投资的巨大的外部性，这部分附着在土地物质上的土地投入的资本会因为经济增长带来正外部性的作用，其价值将不断增加，这是一般情况下的规律，即使是短期经济衰退这种规律在长期内仍然是成立的，这即意味着在忽略掉短期市场供求关系后，长期的经济增长会使得土地投入资本的价值增加从而地租增加，外在表现为房价的长期增长。因此从长期来看，房价的上升或下降本质即为地租的上升或下降。由于地租本质上讲是对劳动生产者剩余产品的一种再分配，因此地租本身并非对经济增长有影响，相反经济增长对地租的高低有着重大的影响，也就是说，经济增长和发展的趋势对房地产价格的长期上涨起到了决定性的作用，其本质为经济增长带来的地租的上升，有关这一点，盛松成（2007）从经济发展的长期趋势与房价做了分析，但他没有指出其本质在于地租的升值。一些较为流行的观点，是市场中的投资需求和投机需求决定了高房价和过快的房价上涨率，从静态角度和短期来看，这种观点有其合理性，因为大量的房地产投资和投机势必将导致房价在短期内的大幅波动，这里的波动在经济增长的情况下一般表现为正的大幅波动即房价大幅上涨。但从长期和动态的角度来看，高房价和过快的房价增长率并不是房地产投机和投资需求能解释的。

上文从地租理论出发，认为房价真正的决定因素是地租，长期内房价上涨或下降的真正决定因素是地租的上升或下降，当然短期内无论是地租或是房价都较为明显地受到了供求关系的影响，从动态辩证的观点来看，地租的上升或下降毫无疑问是房地产价格波动中核心、根本的因素。而城市土地地租的租金方式有批租方式和年租金方式两种，不同租金方式下的土地制度对房价波动也有着很大的影响。例如，批租制度下更容易产生土地市场的投机现象等。因此，本小节将从长期的动态的角度出发利用马克思地租地价理论分析土地批租制度对我国房价波动的影响。

5.2.2　土地批租制度下地价与房价的定价扭曲的分析

上文中对市场经济中不同的地租形式和马克思地租理论以及资产阶级政治经济学地租理论进行了全面的回顾，这一小节将着重用马克思地租地价理论来分析土地批租制度下土地市场的投机情况以及土地批租制度下对房价影响的分析。根据上文对马克思地租理论和地价理论的阐述，城市土地地租主要包括级差地租（级差地租Ⅰ即区域位差地租和级差地租Ⅱ即土地资本利息）和绝对地租（城市绝对地租一般是指城镇土地中位置较为偏远、基础设施配套不完善的劣等城市土地上产生的地租，与土地肥沃程度等土地自然因素无关，本质上是由于城市土地的土地所有权垄断产生的。在实践中，通常将城乡接合部的最偏远紧靠近农村的土地地租视为城市绝对地租）。由于垄断地租是城市土地中位置特别良好、基础设施配套完善或周边环境优美等特殊地段需求量大而供给没有弹性的土地上产生的地租形式，由于这种地租形式较为特殊，在一般的分析中，可以忽略掉垄断地租的存在，这并不影响我们本节分析的结论，当然由于垄断地租是城镇地租的一部分，因此加入垄断地租的分析也与忽略掉垄断地租的分析结论是一致的。为了简单分析问题起见，这里不考虑垄断地租的存在。

级差地租Ⅰ与级差地租Ⅱ的最大不同点在于，级差地租Ⅰ则更大程度上受到土地区位的决定，当然级差地租Ⅱ由于受到土地资本的外部性影响也会有区位因素的影响，但对级差地租Ⅱ起决定作用的仍然是土地资本投入，而城市土地级差地租Ⅰ产生的条件和基础本身就是区位因素，同时级差地租Ⅰ在不同供求形势下即不同时间点不同年份时是不同的，只能按照某一时间点的市场供求情况进行价格评估或由当时市价决定。因此，政府国有土地出让前的出让地租应该由城乡接合部农地地租租金、农地向市地转换的管制租金、城市级差地租Ⅰ、城市级差地租Ⅱ组成，这几个部分中受到市场供求关系影响最大的毫无疑问是土地级差地租Ⅰ，它会因为房地产市场供求关系的波动而发生大幅度波动，近年来房地产市场波动引起的土地价格的大幅度变化即是明显的例证，所以说级差地租Ⅰ在整个批租地租中将会起到主导和决定性的作用。

在这种情况下，只有确定了土地出让期内各年度的年度租金，才能将各年度的土地年租经过贴现确定为当期的土地出让金量。由于未来数十年的房地产市场供求形势无法确定，未来5～10年的房地产市场供求形势也无法准确预测，因此从理论上讲土地批租制度下的土地出让金仅具有理论概念上的意义。而在我国土地批租制度下，通过土地“招拍挂”制度一次性将70年住宅用地使用权出让给土地使用者房地产企业，而房地产企业经过二级开发将土地使用权最终出让给消费者或投资投机者。一级土地市场上形成了地价（严格意义上并不能称之为地价，而只能称之为批租地租），这里对比土地批租地租和土地出让金的概念可以看到，土地批租地租是土地出让金在实践中的产物，可以通俗地称之为地价，但并不是真正意义上的地价。地方政府和房地产企业在土地一级市场进行土地使用权交易时，房地产企业通过对土地出让期内各年份的土地级差地租Ⅰ进行市场预测后贴现为当期地价，所以这里采用的是“预期级差地租Ⅰ”代替了“实际级差地租Ⅰ”来进行土地定价。在我国地方政府垄断了土地一级市场、城市化的快速推进以及经济快速增长的背景下，土地市场中投机现象严重，土地批租制度下的土地价格必将大大偏离理论上的土地出让金数额。同时在这种情况下，即土地批租制度和土地市场投机结合之后，房地产企业对房地产产品的投资在某种程度上已经成为地产投资，即使不对土地进行二级开发，房地产企业在二级市场进行的土地投机也可以获得社会平均利润甚至超额利润。此时，住宅商品价格与土地价格和房租价格已经发生了较大的偏离，尤其是地价与房租之间的偏离水平更大。总的来说土地批租制度下有两个弊端：首先，一次性收取70年土地租金之后政府无法获得未来的土地地租增值收益，同时产生了地方政府追求“土地财政”的不良激励机制，有可能造成土地资源的浪费和不可持续利用，寅吃卯粮地追求“土地财政”也容易产生畸形的产业结构。其次，土地批租制度严重扭曲了土地市场价格形成机制，加之地方政府垄断供应土地和其他因素，地价无法反映土地真实市场价格，刺激了房地产企业的囤地行为，这些投机因素可能使得市场中存在一定的市场泡沫，下文针对以上的分析以马克思地租理论结合郑州市惠济区的具体案例进行进一步的理论和实证分析。

5.2.3　土地批租制度下房价上涨的理论与实证分析

5.2.3.1　土地批租制度下的房地产价格上涨的理论分析

农产品生产中的土地是一种生产要素但并不构成产品的一部分，商品住宅生产中的土地不仅是生产要素而且是房地产产品的基础，这是一个重要的区别，因此农地产品价格和市地产品价格的决定就有非常大的区别。上文中已经对土地物质和土地资本进行了详细的分析，这里不再赘述。

相同面积的土地由于市地的资本投入相对农地的资本投入高得多，农业的资本有机构成远远高于房地产业的资本有机构成，扣除获得土地的成本后房地产业本身的资本有机构成可以忽略不计，这与分析农地地租时的情况是不同的。农地经营中土地价值并不进入土地的产品——农产品，住宅用地的产品为商品房，土地进入产品。由此可以看到，农业地租和住宅市地地租的最根本区别在于：农地经营的时候投入的土地资本为狭义土地资本，而住宅房地产开发的土地资本为广义土地资本。同时，相对于同等面积的农地经营和房地产开发经营，土地集约利用程度差别非常大，即农地的相对资本投入量要远远低于房地产开发用地的资本投入量。考虑到这种特殊情况的不同行业的土地资本投入情形之后，有关城市地租的分析见表5-1。

表 5-1 土地投资者、土地产品及地租来源表

投资主体	产品	C 不变资本	V 可变资本	L 土地资本	P 利润	地租来源
农地投资者	农产品	农地投资 C_1	农业劳动 V_1	农地 L_1	平均利润	价值生产价格差
地方政府	熟地	一级开发投资 C_2	建筑劳动 V_2	生地 L_2	地租升值 + 平均利润	企业利润或社会其他部门工资扣除
房地产企业	商品房	二级开发投资 C_3	建筑劳动其他劳动 V_3	熟地 L_3	地租升值 + 平均利润	社会其他部门工资扣除

在考虑了资本有机构成及广义、狭义土地资本概念的基础上，重新对农地经营和住宅房地产开发的利润来源、绝对地租来源以及地租率进行分析。考虑到资本投入中包含土地不变资本或可变资本，房地产业的资本的有机构成会降低，住宅用地同样有绝对地租，本质是因为有土地资本投入，使得其资本的有机构成降低，从而表现为与农业地租一样有绝对地租的存在。上文对这部分已有一些理论分析，这里采用图表格式以更直观方式进行分析，见表 5-2（表中数字仅为了分析问题而设，不代表具体量）。

表 5-2 资本投入量相同但土地投入面积不同的农地经营和住宅房地产开发情形

	资本	C	V	不变或者可变土地资本 L	C/V	资本平均利润率 PR	地租增值率	LR 地租率	投入土地面积
农地经营	100	50	45	不变 5	$(C+L)/V=1.2$	10%	0%	0.1	50
住宅房地产开发	100	55	5	可变 40	$C/(V+L)=1.2$	10%	≥0%	1	1

房地产业土地是一种可变资本，而农业用地中仅仅是一种不变资本。我们可以看到，城市房地产业会因为引入土地可变资本从而使资本有机构成大大降低，这不仅解释了城市土地绝对地租的来源，同时也看到了房地产业用地与农业用地的根本性质不同，这也是 2003 年以后地方政府大量征地获利的重要原因。城镇土地在一级市场出让之前，一般要经过地方政府委托企业的一级开发（三通一平、五通一平或七通一平等）经过资本投入后生地变为熟地，地方政府再对熟地进行有偿出让或转让的过程，获得的收入为土地出让金，归地方政府支配。土地出让金的本质是市地地租的大

幅升值，其中的虚拟土地价格由土地投机需求引致产生，而超额利润则表现为经济增长的情况下地租增值。土地一级市场上出让的熟地价格和价值构成情况见表5－3。

表5－3　土地一级开发后的熟地出让价值及使用权价格构成

<table>
<tr><td rowspan="4">熟地价格</td><td>市政配套及生地投资</td><td rowspan="3">熟地价值</td></tr>
<tr><td>社会平均利润——一级开发商所有</td></tr>
<tr><td>地租资本化——地方政府所有</td></tr>
<tr><td>虚拟土地价格（土地投机需求）＋超额利润（经济增长引起地租增值）——地方政府所有</td><td>泡沫</td></tr>
</table>

熟地经过出让以后进入土地二级开发市场，土地二级开发的产品是商品住宅。房地产包括两个部分：房屋和土地，按照马克思剩余价值理论，房产是劳动形成的结果，未经投资的城市土地即生地是没有价值但有价格。从商品价值公式 $C+V+M$ 出发，对商品住宅来说，C 不变资本价值主要指的是建筑材料价值和设备折旧构成。V 可变资本价值主要指的是前期劳动投入可行性调查、勘察设计、建造、管理、营销等二、三产业的劳动力价值构成。M 为价值增值。其货币表现形式为：生产资料价格、劳动工资、社会平均利润之和，故这里商品住宅价值应为 $C+V+M$ 与熟地价格之和。综上所述，在土地一、二级开发中，土地作为一种可变资本投入从而获得了某种类金融产品的性质，由于土地资源的稀缺性和土地供给的垄断性，土地的这种类金融产品性质容易引起土地投机从而导致高地价。但同时，在经济增长的情况下，地租会随着经济增长而稳步增值，故这里的商品住宅价格由几部分组成，见表5－4。

表5－4　土地二级开发后的商品住宅价值及价格构成

<table>
<tr><td rowspan="6">商品住宅价格</td><td colspan="2">建筑材料成本及设备折旧费 C</td><td rowspan="4">房地产价值</td></tr>
<tr><td colspan="2">生产及流通劳动工资（设计、建筑、管理、销售）V</td></tr>
<tr><td colspan="2">社会平均利润 M</td></tr>
<tr><td rowspan="2">土地价格</td><td>熟地价格</td></tr>
<tr><td>虚拟土地价格（土地投机需求）</td><td rowspan="2">泡沫</td></tr>
<tr><td colspan="2">超额利润（经济增长引起地租升值）</td></tr>
</table>

5.2.3.2 基于郑州市惠济区的实证分析

惠济区位于郑州市区北郊，为郑州市规划的市区北部组团主体，是河南省“城乡一体化建设试点”和“土地综合利用实验区”。以郑州市惠济区为例，选取2008—2011年郑州市基准地价、土地一级开发后出让价格、土地二级开发后房地产销售价格，来测算城市地租相关增值情况，实证土地批租制度下房地产企业可能在土地市场中的投机情况，以及房价上涨的真实原因。

基准地价的内涵为正常市场条件下，农地经过土地一级开发后，各用途、各级别、各区域内的土地达到“七通一平”土地开发程度时，同一用途的完整土地使用权平均价格，基准地价仅作为土地市场交易价格的参考。其容积率按平均容积率计算，基准地价一般随着城市经济发展不断调整，2009年调整后的郑州市基准地价表见表5－5。

表5－5 郑州市基准地价（熟地平均地价）

类型	商服用地	住宅用地	工矿仓储用地	公共管理与公共服务用地	特殊用地	交通运输用地	水域及水利设施用地
单位	元/平方米	元/平方米	元/平方米	元/平方米	元/平方米	元/平方米	元/平方米
一级	5250	4050	1070	1400	1100	2250	920
二级	3920	3070	830	1000	690	1650	600
三级	2950	2330	650	700	410	1190	390
四级	2220	1710	510	440		790	
五级	1700	1200	384			450	
六级	1250	780					
七级	900	460					
八级	600						

资料来源：郑州市人民政府关于公布我市市区土地基准地价的通知。郑政文〔2009〕28号。

郑州住宅基准地价中的最低级别的地价在理论上是城市绝对地租量，这里为460元/平方米，从生地地价到市地基准地价的地租增值率如下：按照七级住宅用地估算：（460－105）/105＝338%；而同期2008—2011年郑州市惠济区的商品住宅用地出让情况见表5－6。

表5－6　郑州市惠济区2008—2011年商品住宅用地出让情况

出让时间与宗地号	宗地面积	出让总价	平均出让价格	宗地位置
郑政出〔2008〕8号十地	42455.7平方米	13360万元	3147元/平方米	香山路以东、银通路以西
郑政出〔2008〕8号土地	38889.6平方米	11960万元	3075元/平方米	开元路南、香山路东
郑政出〔2008〕17号土地	20941.5平方米	3940万元	1881元/平方米	电厂西路东、鸿运路南
郑政出〔2009〕38号土地	21342.2平方米	2070万元	970元/平方米	花园路西、金达路南
郑政出〔2010〕0267	2420平方米	351.9302万元	1454元/平方米	宏达路南、长兴路东
郑政出〔2011〕99号土地	53361.70平方米	14099万元	2642元/平方米	迎宾路南、银通路东
郑政出〔2012〕9号土地	50559.39平方米	22596万元	4469元/平方米	中州大道西、黑庄路南

资料来源：郑州市国土资源局。

上表计算得土地出让平均价格为2735元/平方米。以基准地价估算熟地到一级市场出让相对于绝对地租量增值情况：（2735－460）/460＝494%；土地市场的供求使得地租增值达到了4倍。根据郑州市房管局公布的惠济区商品住宅价格信息和河南省建筑安装成本及其他开发费用（商品住宅价格取销售均价；建筑安装成本及其他开发费用包括：建安、前期费用、基础设施、配套、管理费、开发税费、销售费用及其他等，全国差别不大，取中位数），计算土地经过二级开发后的地租增值率见表5－7。

表5－7　土地二级开发地租增值

销售时间	销售均价（元/平方米）	建安＋前期费用＋基础设施＋配套＋管理费＋土地费用＋财务费用＋销售费用（元/平方米）	销售利润（元/平方米）	投资平均利润（平均利润率取金融机构人民币贷款基准利率，五年期7.05%）	土地增值（元/平方米）	总利润率＝平均利润率＋超额利润率
2012年4月	7000	土地2735元/平方米＋其他2455元/平方米	1810	366	1444	26%＝7.05%＋18.95%

5.2.4　结论

上文用马克思地租理论分析了土地批租制度下土地一级开发和土地二级开发的情形，可以看到，房价上涨本质上是地租的上涨，批租制度下房地产企业更有动机倾向于囤地，尤其是在预期地价上涨的情况下。另外，在结合了我国垄断供地等制度背景，由于房地产企业对未来市场供求关系预期不能完全把握，土地市场存在较为明显的土地投机，地方政府和房地产企业在土地的一级、二级开发商既获得了平均利润，又分享了地租增值的全部。地价和房价快速上涨的本质是地租的升值，这个升值可能来源于正常的经济增长带来的需求增加，更大程度则来源于投机需求带来的价格泡沫。同时在土地批租制度下地方政府一次性批租也失去了地租上涨过程中的土地地租收益。在土地年租制度下，则既可避免土地地租上升过程中的政府收益流失，同时也可以有效地抑制房地产企业在土地市场中的投机，避免土地投机推高房价。总的来说，土地批租制度引发了土地和房价定价扭曲，房地产企业也能更容易在土地市场进行投机进而推升房价，这种情况下的房价上升本质上是由于在土地投机需求和正常需求下引起地租上升。

5.3 土地批租制对住房市场投机和房价的影响分析

5.3.1 基于马克思地租理论分析

接着上文从另外一个角度来讲，由于房地产只是附着在土地物质和土地资本上土地二级开发产品，其价格从本质上来讲由土地地租决定。如果从需求方面来分析，由于房地不可分离，因此在对建筑产品需求的同时也间接地对土地物质和土地一级开发投入资本的需求，这与其他产品是截然不同的，尤其是与农业土地产品的粮食来说，这个对比就更加明显了。当将土地物质和土地资本与其附着物建筑物分离考虑时，建筑物更表现出生产、生活资料和消费品性质，而土地物质和土地资本则作为建筑物的物质基础和引致需求表现出较强的资本品性质。对于建筑物租赁需求者而言，房租即意味着对建筑物空间使用付出的成本，对于购买建筑物的需求者来说，房价意味着对建筑物空间所有权付出的成本，刘洪玉（2007）称其为虚拟租金，即购买建筑物的需求者所拥有住房的潜在租金。因此，作为土地物质和土地资本部分的地产因其拥有的资本性质从而表现出有较强的投资品和投机品特征，这部分的价格即地产价格在更大程度上受到短期需求的影响，而作为生产和生活资料的建筑物的供给量的增加首先必须依靠相应的土地物质和土地资本等土地资产的增加。

综合上文的分析，房地产价值或价格的决定可以从两个方面来分析：一是以建筑物空间使用租金决定房地产虚拟租金，及房地产使用价值的价格；二是以土地物质和土地资本的投机或投资需求地租水平决定的资产价格。在足够理想的市场环境和制度中，房地产使用价值决定的价格和土地投资需求决定的资产价格将趋于一致。而在我国土地批租制度下，既有的制度环境将使这两种价格水平趋于分离水平。具体来讲就是说，土地批租制度下，房地产企业向地方政府一次性缴纳70年的土地租金，以建筑物空间租金计算的房价主要是依据建筑物空间的使用价值大小而定，而以土地物质和土地资本需求决定的房价是以70年土地总地租为基础的。按年计算的建筑物空间使用价值表现为土地年地租水平，与土地物质和土地资本需求决定房价的70年地租水平存在差异，存在的差异主要来源于两个方面，按照马克思地价理论：地价 = 地租/利息率，从这里可以看出，对土地物质和土地资本的投资投机需求带来的地租水平与按建筑物使用空间决定的地租水平的差异来源于未来70年的年地租水平预期和贴现率的预期，由于这种预期的变化使得这两种房价水平表现为不一致。

因此从本质上讲房地产投资可以分为两种：一种是对建筑物空间的投资，另一种是对土地资产的投机或投资，① 这两种投资决定的房地产价格水平在大多数情况下不一致，在我国土地批租制度下，表现出来的就是更多的不一致。

5.3.2　对上文理论的数理表达

在地方政府垄断供地制度并实施土地批租的情况下，虽然政府并不能直接对土地进行定价，但政府可以选择土地供给量和供给时间从而间接地

① 程大涛．我国房地产价格上涨驱动机理分析［J］．财贸经济，2010（8）．

影响土地定价，这种选择性供地对土地价格的影响极大，房地产企业则作为需求方在一级市场通过“招拍挂”方式取得土地，由于我国地方政府对土地批租收入的依赖性较大，加之其他的一些原因，房地产企业和住房需求者在理性预期作用下认为地方政府短期内调控定价的目标是 $P_L^e \geqslant 0$，同时从长期动态的情况来看，房价和地价呈现正向的线性或非线性关系，商品住房价格也存在着预期上涨的下鞅性即 $P_H^e \geqslant 0$，此外，由于房价过快上涨带来的泡沫破裂风险、金融风险甚至经济危机风险，而同时中央政府也因为房价关系民生问题而对高地价、高房价进行市场调控，因此鉴于中央政府会出台对房地产市场的调控措施，这种情况下地价和房价的变动率将有以下：$U_L = \dot{P}_L^e / P_L^e \leqslant 0$，$U_H = \dot{P}_H^e / P_H^e \leqslant 0$，即地价和房价的预期变动率将是时间的凹函数。①

由上文分析描述来看，土地市场中存在两种形式的投资，一种是针对建筑物空间的投资，另外一种是针对土地资产的投资，所以土地市场中总的土地供给量将是 $L = I(P_L,\ R(lh)) + S(P_L^e)$，这个式子的前一项是针对建筑物空间投资的土地需求量，而后一项则是针对土地资产或房地产的价格预期上涨的投机需求，这两种情况在上文中已经有较为详细的描述，其中前者主要受到土地价格和房租水平的影响，而后者则主要受到土地资产的预期投资价格的影响。在土地价格服从上鞅的过程中，土地市场中存在投机，而在土地价格服从下鞅的过程中，土地市场中没有投机现象，此时房价的定价将按照租金资本化形式定价。这里定义土地市场的需求结构系数为 $lh = I(P_L,\ R(lh))/L$，这是衡量房地产市场中消费需求投资占总需求的比重，$0 \leqslant lh \leqslant 1$，$I(P_L,\ R(lh))$ 中，它是房租的增函数，土地价格的减函数。住房租金 $R_H = R(lh)$，住房租金是土地投资中针对消费需求的增函数，而房租又满足 $R_H = rP_H - \dot{P}_H^e$。

分析土地需求结构系数 $lh = I(P_L, R(lh))/L = I(P_L, R(lh))/[I(P_L,$

---

① 这里采用“赵建．政府调控、住房需求结构与住房价格［J］．南方经济，2009（2）．”中的分析方法，但分析的对象是土地市场投机对住房价格的影响，而不是住房市场中的投机现象。

$R(lh))+S(P_L^e)]$

将上式两边对时间 t 求导数得：

$$\overset{>}{lh}=[I'_1(P_L,R(lh))\overset{>}{P}_H+I'_2(P_L,R(lh))R'(lh)\overset{>}{lh}]/L-lh/L$$

$$[I'_1(P_L,R(lh))\overset{>}{P}_L+I'_2(P_L,R(lh))R'(lh)\overset{>}{lh}+S'(\overset{>}{P}_L)\dot{P}_L]$$

稳态下 $[I'_1(P_L,R(lh))\overset{>}{P}_L]/L=lh/L[I'_1(P_L,R(lh))\overset{>}{P}_H+S'(\overset{>}{P}_L)\dot{P}_L]$

整理得到 $lh=[I'_1(P_L,R(lh))\overset{>}{P}_L]/[I'_1(P_L,R(lh))\overset{>}{P}_L+S'(\overset{>}{P}_L)\dot{P}_L]$

对上式进行讨论：

1. 当 $\overset{>}{P}_L\neq 0$ 时，$lh=I'_1(P_L,R(lh))/[I'_1(P_L,R(lh))+S'(\overset{>}{P}_L)U_L]$

已知 $I'_1(P_L,R(lh))\leqslant 0$，$S'(\overset{>}{P}_L)\geqslant 0$，$U_L$，$U_H\leqslant 0$，$0<lh\leqslant 1$

同时认为 $I'_1(P_H,R(la))$ 和 $S'(\overset{>}{P}_L)$ 不随 P_H 和 P_L 的变动而变动，即假设土地投资和土地投机与土地价格和商品住房价格的预期变化是线性关系。这样便可以得到 lh 的相位图，如图 5－3 中左图所示。

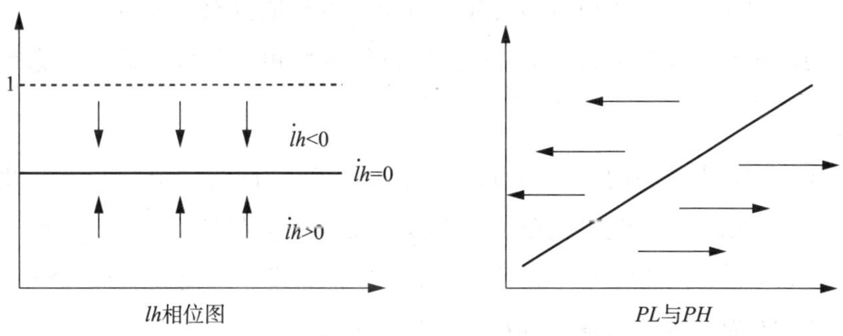

图 5－3　商品住房市场投机度以及房价相位图

2. 当 $\overset{>}{P}_L\leqslant 0$ 时，从前面对商品住宅市场投机的假设，此时对土地资产的投机为 0，此时将达到 $lh=0$ 的状态，这个时候动态系统中各初始点的运动将是跳跃式的而不是连续的鞍点路径，例如，当初始点在 $lh<1$ 时，$\overset{>}{P}_L\geqslant 0$ 跳跃到 $\overset{>}{P}_L\leqslant 0$ 和 $lh=1$ 的稳态均衡点上。

同时来分析 $R_H=rP_H-\dot{P}_H^e$，稳态下 $\dot{P}_H^e=0$，$R_H=R(lh)=rP_H$，即 $R(lh)/r=P_H$，对这个式子的两边对 lh 求导得到：$dP_L/dlh=R'(lh)/r$，

$R'(lh)>0$，$dP_L/dlh>0$，为了分析简单而又不影响分析结果的情况下，这里假设房租资本化公式满足线性假定，可以得到相位图如图 5－3 中右图所示。同时将图 5－3 左图和图 5－3 右图组成一个土地资产投机率和房价的一个动态模型系统，如图 5－4 所示。

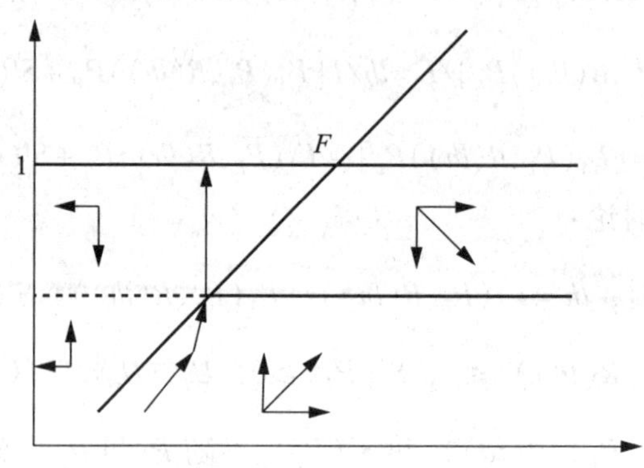

图 5－4　基于相位图的分析

从图 5－4 的相位图中可以看到，如果初始点在区域（$lh<1$，$\overset{>}{P}_L\leqslant 0$）中，此时商品住房市场中将不会存在对土地资产的投机或投资，此时初始点将会跳跃到 $lh=1$ 线上，商品住房价格将按照租金定价，最后的稳态点将是 F 点。

如果初始点所在的区域为（$\overset{>}{lh}>0$，$\overset{>}{P}_L\geqslant 0$），此时情况相对上一种情况将会更复杂一点，此时在相位图中将存在一条鞍点路径，使初始点首先收敛在 $lh=0$ 上，然后将会出现上文中所述的情况，最终将会收敛到稳态点 F 点。但如果这个区域中的初始点收敛不到鞍点路径上，则地价和房价最终将不断膨胀。

如果初始点在区域（$\overset{>}{P}_L\geqslant 0$，$\overset{>}{lh}<0$）中，此时也不存在收敛到稳态均衡 F 点的条件，因为此时不存在相应的鞍点路径。此时，消费者对土地资产的投机比例将增加，而地价和房价也随着投机比例的增加不断膨胀。

由上可知，随着消费者对土地资产投机的增加，房租的决定将脱离地租和房价，而随着消费者对土地资产投机的增加，如果在没有均衡路径的初始点，则完全有可能存在投机比例不断增加、地价和房价不断上涨的局面。

所以由上文马克思地租理论和地价、房价和房租相位图的分析可以知道，当商品住宅市场不存在投机的情况下，对建筑物空间使用需求和商品住宅供给将决定商品住宅价格，此时房地产市场将不存在投机和泡沫现象，而由于土地批租制度下的土地投机，使得市场中可能存在泡沫现象。也就是说，如果市场中不存在对土地资产的投机，则土地资产定价将遵循房租进行，此时土地市场和房租租赁市场以及房地产市场之间不存在套利行为，三个市场将达到总体均衡状态。

土地资产的过度投机将促使房价上升，房价过快上涨将使一部分消费者进入住房租赁市场，此时如果房价以较快速度上涨，土地资产投机者可能选择房屋空置而不是出租，此时将在一定程度上推高住房租赁价格，在这种土地资产投机的情况下，用租金衡量的房价将偏离真实商品房价值。而当房价以一般的速度上涨时，土地资产投机者将会选择将住房出租，此时房地产市场泡沫现象也不严重，地价、房租和房价也将处于轻度的不均衡状态。下文将采用1999年第一季度到2010年第四季度的全国房屋租赁价格指数、全国住房价格指数和全国土地交易价格指数来实证分析批租制度下这三者之间的均衡关系，验证我国房地产市场中是否存在租金和地价的非均衡关系，地价和房价的非均衡关系，即是否存在对土地资产的投机进而引发高房价的情况。

5.3.3 基于1999年第一季度—2010年第四季度数据的实证检验

数据收集上采用1999年第一季度到2010年第四季度的房租租赁价格指数（RP）、土地出让价格指数（LP）和房屋销售价格指数（HP）等季度数据，因为有部分数据自2011年之后停止统计，因此这里只选取到了2010年第四季度，数据（上年同期=100）来源于《中国经济景气月报》，因原始数据为同比数据，为了描述三个指数的具体走势，将上述同比数据转换为以2004年第一季度为100的季度数据，由于这三个指数均有较强的季节性，因此这里采用X12的方法对三个指数进行了季节调整，为了平稳季节调整后的数据并同时将三个指数取自然对数，分别命名为LNRP、LNLP、LNHP。实证方法采用向量误差修正模型将三个指数纳入一个经济系统分析，之后则采用Granger因果分析检验方法检验地价、房价和房租之间的均衡关系。下图5－5是季节调整后的房价、房租和地价走势图（其中，RP1_ SA为房租走势，LP1_ SA为地价走势，HP1_ SA为房价走势）。

由于地价指数、房价指数和房租指数都是时间序列，而对于时间序列直接的回归分析可能产生伪回归现象。因此首先要对地价指数、房价指数和房租指数做平稳性检验。这里采用ADF检验法检验，以判断其平稳性，检验结果表明，房价指数、房租指数、地价指数的原始序列都是非平稳时间序列，但经过一阶差分后的房租指数、房价指数、地价指数均为平稳序列。

由于一阶差分后的地价指数、房价指数和房租指数均为平稳序列，所以三者之间可能存在协整关系，协整关系分析表明这三者之间存在唯一的协整向量。因为这三个时间序列存在唯一的协整向量，因此在协整分析的基础上，采用向量误差修正模型分析房租指数、房价指数和地价指数的短期关系和长期均衡关系。

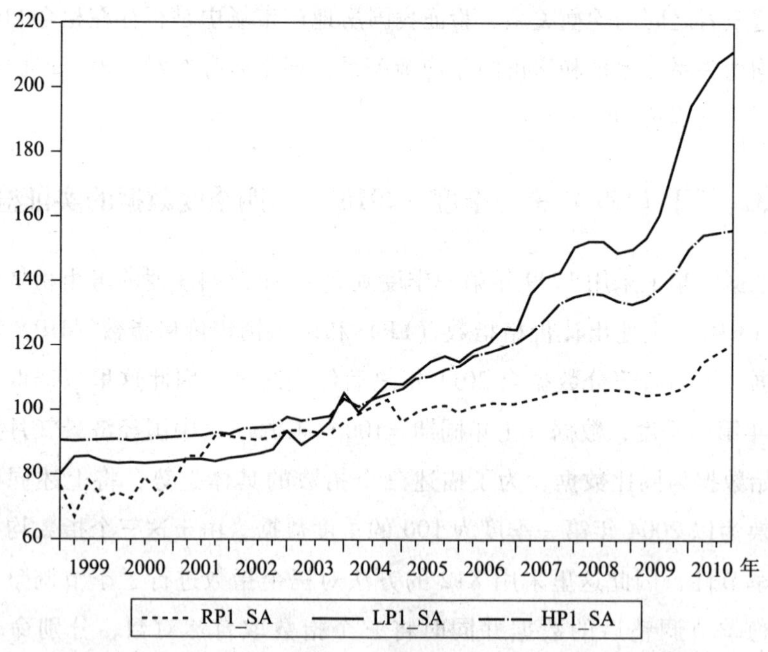

图5－5　季节调整后的房租、房价和地价1999—2010年走势

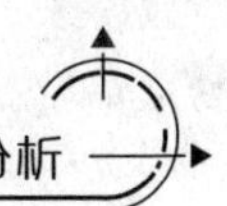

向量误差修正模型和 Granger 因果检验显示，房价、地价和房租之间存在长期均衡关系。地价的上涨直接推动了房价的上涨；同时，房价和房屋租金之间存在正向的相互影响，房价上升带动房屋租金上升，房屋租金的上升反过来推动房价的上升。房屋租金同地价之间相互脱节，也印证了在土地批租制度下，土地定价已经偏离了房屋租金所确定的真实地租水平，而房租水平和房价水平之间也有脱节，这也说明，在土地批租制度下，消费者对土地资产的投机需求有相当大的一部分，以房租决定的房价水平和由地价决定的房价水平不一致，验证了上文的理论分析。

第6章 房价调控中土地供给政策效果分析

6.1 房地产调控政策及土地供给政策概述

6.1.1 房改以来房地产调控政策的阶段划分

我国的商品房市场形成于1998年住房制度改革，住房制度改革后我国住宅房地产业发展迅猛，房地产业对拉动经济增长作用明显。而同时，城镇人均住房面积从改革前的3.7平方米到今天的30平方米；公房与私房比例从改革前的83%：17%到房改以后的17%：83%；住宅的规划、设计、材料都比改革前有较大幅度提升，可以看到，住房制度市场化改革的成绩明显。在国家一系列房地产业政策出台下，房地产由市场化的初步完善走向快速发展阶段，整体上来说1998年以来的市场发展分为四个阶段：第一个阶段为1998—2003年的平稳发展阶段；第二个阶段为2003—2008年前三季度快速发展阶段；第三个阶段从美国金融危机开始到2009年；第四个阶段为2009年后返回上升通道的快速上涨阶段，鉴于前一时期的经济刺激政策和刚性需求、投机需求，房地产市场迅速过热，直到2010年史上最严厉的条款政策出台，进入严厉的宏观调控阶段，2010—2013年以来，全国整体房价并没有出现大幅度回归，交易量在一定时期受到调整，部分城市房价也出现轻微松动，但整体市场并没有出现大幅下跌的局面。

伴随着上述房地产市场的快速发展，房价也较改革前快速持续上涨（如图1-1所示），可以看到房改以来房价上涨有几个不同的阶段：第一阶段是1998—2003年的缓慢上涨阶段；第二阶段是2004—2007年快速上涨阶段，其中又可以分为两个小的阶段 2003—2004 年和 2005—2007 年，以国有土地“招拍挂”出让为分界点；第三阶段是 2008 年受国际金融危机影响，房价进入短期向下调整阶段；第四阶段是 2009 年以来重新进入快速上涨通道的井喷阶段。与上述房地产业发展阶段和以房价上涨速度划分的四个阶段相似，政府出台的对房地产市场的宏观调控政策也大致分为四个阶段：1998—2003 年政策支持房地产业发展阶段，2004—2008 年前三季度的抑制过快上涨的房价阶段，2008 年第四季度—2009 年重申房地产支柱产业，促进内需阶段，2009 年以来，严厉调控，促进房价合理回归阶段。这里在做进一步的分析之前，经历 2003 年以来的历次房地产调控，总体来说并没有抑制住房地产价格的过快上涨，2010 年以来的最严厉的调控政策也没有使房地产价格回归到合理价格水平，下文将做出进一步的分析。

以政府出台的房地产市场政策文件为主体，将 1998 年以来的房地产宏观调控政策做进一步的分析。1998—2003 年我国出台了一系列促进房地产业发展的政策，受到政策支持和金融信贷支持，房地产市场在这个阶段有了初步的完善和发展，并且对促进内需推动宏观经济增长有重要意义，有效地缓解了亚洲金融危机对我国经济冲击带来的经济下行的压力。这一时期主要的政策有 1998 年《关于进一步深化城镇住房制度改革加快住房建设的通知》，即著名的 23 号房改政策文件。2003 年《关于促进房地产市场持续健康发展的通知》即国发 18 号文提出房地产业关联度高、拉动其他产业发展的动力强，支持房地产业发展为我国国民经济支柱产业，在促进房地产业健康发展的同时提高居民居住水平，拉动投资进而促进经济增长。在前期出台的政策刺激的基础上，2004—2008 年房地产市场出现投资过热和房价上涨过快的现象，国家出台了一系列的宏观调控政策抑制固定资产投资和房地产价格的过快上涨。如 2004 年《关于继续开展经营性土地使用权“招拍挂”出让情况执法监察工作的通知》即国发 71 号，旨在提高拿地门槛以抑制房地产企业囤地，2005 年 3 月、2006 年 5 月、2007 年 8 月分别出台《关于切实稳住住房价格的通知》《关于调整住房供应结构稳定住房价格意见的通知》《关于解决城市低收入家庭住房困难的若干意见》等文件。从 2008 年第四季度开始，由于美国金融危机的影响，我国房地产市场投资暂时回调，为保持国内经济增长，国务院出台了宽松的货币政策以及放松对房地产业的紧缩政策，重新强调了房地产业“内需驱动”发动机作用。例如，2008 年 12 月中央经济工作会议指出：把发挥房地产业支柱作用和改善居民条件结合起来，加大保障房建设供应，减轻居民购房负担，发挥房地产业在扩大内需促进经济增长中的积极作用。伴随着短暂的政策刺激，房价于 2010 年又步入快速上涨通道，国务院出台了房改以来持续最久、措施最严厉的条款政策，并加大保障房建设力度，遏制房价过快上涨并促进房价合理回归，主要政策文件有 2010 年 1 月、2010 年 4 月、2011 年 1 月出台的《关于促进房地产市场平稳健康发展的通知》《国务院关于遏制部分城市房价过快上涨的通知》《关于进一步做好房地产市场调控工作有关问题的通知》等文件和 2010 年、2011 年的中央经济工作会议精神。尤其是 2011 年限购政策实施以来，全国大中城市的房价上涨得到了一定程度的抑制，在部分城市还出现了小幅下跌，但总体上房价依然坚挺，只是上涨速度慢了一些。总结以上的政策文件见表 6－1。

表 6－1　1998—2011 年房地产调控政策

	土地政策	金融政策	财税政策	行政与法律手段
1998—2003 年：政策支持房地产业发展阶段	2002 年：“招拍挂”出让土地使用权规定 2003 年：清理开发园区，加强土地调控和建设用地管理。同时暂停审批各类开发园区	2003 年：二套房提高首付比例，不再执行房贷优惠利率。对房地产业由支持到防范过热	2003 年：提及物业税	2003 年：18 号文房地产作为支柱产业
2004—2008 年前三季度：调控供需，遏制房价过快上涨	2004 年：“招拍挂”出让情况执法检查；暂停农用地转为建设用地审批 2006 年：建立土地督察制度；“招拍挂”出让土地规范 2007 年：土地储备管理办法；“招拍挂”出让土地规定 2008 年：集约利用土地；耕地保护目标履行情况检查；耕地占补平衡管理；工业用地指标控制	2004 年：提高准存率、存贷款利率、房地产项目资本金率 2005 年：上调住房存贷款利率 2006 年：上调存贷款利率 2007 年：6 次提高存贷机制利率，10 次提高存准率 2008 年：前三季度多次提高存贷利率	2005 年：加强房地产税收（契税）管理； 2006 年：房地产营业税征收管理；个人无偿赠交易房地产纳税管理；个人住房转让所得税管理 2007 年：转让房地产增值税管理 2008 年：耕地占用税实施细则；开发企业所得税缴纳管理	2005 年 3 月：旧国八条：抑制房价过快上涨 2005 年 5 月：新国八条：稳定住房价格 2006 年：新国六条；整顿房地产市场交易秩序 2007 年：359 号、452 号文加强商业地产银行信贷管理；64 号文加强新开工项目管理 2008 年：46 号文住房规划计划制定

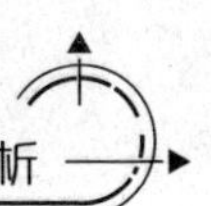

续表

	土地政策	金融政策	财税政策	行政与法律手段
2008年第四季度—2009年：重申房地产支柱产业，扩大内需	2009年：限制用地目录；促进批而未用土地的利用；土地出让收支管理	2008年第四季度—2009年：贷款利率优惠 2010年：新增贷款7.5万亿	2008年：契税调整 2009年：土地增值税清算管理规程 2009年：转让房地产房产税调整	2008年12月：国十三条放松房地产调控促进经济回暖；国务院金融三十条放宽货币供应稳定经济增长 2009年6月：廉租住房保障规划 2009年12月：国四条遏制房价过快上涨
2010—2012年：严厉调控，促进房价合理回归和房地产市场健康发展	2010年：保障房和小户型商品房供地不得低于70%；19条新政加强房地产用地管理；打击囤地炒地闲置土地。 2012年1月：保障房建设用地应保尽保	2010年4月：提高二套房首付比例；暂停第三套房贷款；不能提供纳税证明的不提供贷款 2010年10月：上调存贷款基准利率 2011年1月—7月：多次上调存贷款利率和存款准备金；加强信贷支持保障房建设	2010年：契税优惠不再适用的规定；土地增值税清算； 2011年：重庆、上海房产税；房地产转让营业税征收	2010年1月：国十一条稳定预期促进房地产市场健康发展 2010年4月：史上最严厉的调控政策“国十条” 2010年4月：限购 2010年9月：加快公租房建设；全面限购 2011年1月：新国八条 2011年5月：1000万套保障房分配任务 2011年7月：新国五条：二三线城市限购

6.1.2　房地产调控政策的总体特征分析

为了促进房地产业平稳健康发展和治理房地产市场失灵问题，政府采取经济、行政、法律、制度等手段干预和规范房地产业和房地产市场。但由于政策目标间的冲突以及行政垄断等原因，部分房地产公共政策直接或间接地推动了房价上涨，这些公共政策失灵及其导致的社会福利损失即公共选择理论里的政府失灵。因此现阶段房地产市场中同时存在市场失灵和政府失灵，来源于公共政策的政府失灵主要表现在：房地产产业政策被动外生于宏观经济环境；房地产公共政策本身导致的政府失灵；房地产宏观调控政策受制于其他宏观经济政策；房地产公共政策缺乏长期的系统性的构建体系，也缺少内在的公共政策目标逻辑，整体上体现出缺乏系统性、长期性，被动应对的措施多，政策手段矛盾导致政策目标不能实现。

第一，制度设计被动外生于宏观经济环境，促使制度变异失灵。中国房地产市场快速发展起始于1998年停止实物分配的市场化房改，相对于为了建立社会主义市场经济体制而进行的国有土地有偿使用制度改革，这次房改更大程度上是因为外在宏观经济环境的变化而推动的制度改革："这次住房制度改革政策的制定不是房改本身的问题，是关系中国经济增长和抵御亚洲金融风暴的大事情。在东南亚金融风波的影响下，中国的经济会遇到困难，出口会受到大的影响，就业压力也会增大。在这样的形势下，要开辟新的经济增长点去带动经济发展……通过开展大规模住宅建设，带动国民经济的发展，就是要确保建成的住房卖得出去，通过停掉分房，控制房价，并通过财政将原来建房的钱转化为向个人发放住房补贴、银行开放个人买房抵押贷款以及开放二级市场等措施调动买房的积极性"。随即1998年7月国务院出台《国务院关于进一步深化城镇住房制度改革加快住房建设的通知》即"23号文"宣告福利分房制度结束与住宅市场的启动，是中国房地产市场发展的历史转折点。它强调了尽量满足大多数民众的住房需求，逐步实行住房分配货币化，"建立和完善以经济适用住房为主的多层次城镇住房供应体系。对不同收入家庭适用不同的住房供应政策。最低收入家庭租赁由政府或单位提供的廉租住房；中低收入家庭购买经济适用住房；其他收入高的家庭购买租赁市场价的商品住房"。这次房改抵御了亚洲金融危机风暴的巨大冲击，对拉动刺激经济增长起了重要作用。而根据世界各国经验，解决中低收入家庭住房不是靠买房而是应该以租房为主，发展经济租赁房来解决中低收入家庭住房问题从而减轻市场压力是较为现实和可行的选择，房改确定经济适用住房"只售不租"对拉动经济增长有巨大作用，但在经济适用房制度执行过程中问题不断、变相执行问题层出不穷、经济适用房建设规模日趋萎缩，而同时制度设计中的廉租房制度并未及时建立执行，在一定程度上促使了商品房市场价格快速上涨。

第二，房地产公共政策本身目的及政策手段间的冲突，促使政策失灵。房改后1998—2003年房地产市场竣工量、销售量迅速上升，以住宅为主的房地产市场不断发展，对拉动经济增长和提高人民生活水平发挥了重要作用。同时，房地产市场发展不平衡，房价和投资增长过快，对房地产市场的监管和调控有待改善。“非典”疫情暴发后，2003 年上半年国民经济增速整体下滑，城镇登记失业率创新高。为在短期内减少因企业投资减少造成的失业面扩大，长期内为促进增加投资带动内需扩大，国务院出台《关于促进房地产市场持续健康发展的通知》即“18 号文”，“18 号文”首次确定房地产业为国民经济支柱产业。与 1998 年“23 号文”不同，“18 号文”还强调了“调整住房供应结构，逐步实现多数家庭购买或承租普通商品住房”。2003—2004 年我国经济增长在遭遇“非典”等灾害袭击的情况下保持高速增长势头，在国民经济快速增长同时，房价从缓慢增长转化为快速增长、固定资产投资过快、新开工项目骤增、钢铁及电解铝等部分行业盲目投资增势未减、贷款规模过大、通货膨胀压力增大等问题凸显，房改以来首次房地产宏观调控政策出台，政策着眼于抑制房地产开发投资的过快增长，控制房地产市场发展节奏。2004 年 3 月出台《关于继续开展经营性土地使用权招标拍卖挂牌出让情况执法监察工作的通知》即规定“8・31 大限：规定 2004 年 8 月 31 日后，不得再以历史遗留问题为由采用协议方式出让经营性土地使用权，国有土地使用权必须以公开的招标拍卖挂牌出让方式进行”。这是土地资源市场化配置的转折点，4 月全国暂停农用地转非农建设用地半年并提高存款准备金率，清理固定资产投资项目。经过 2004 年土地市场治理及改革后的 2005 年开始，房价进入了相对 2003—2005 年的快速上涨阶段。固定资产投资过快增长伴随着房价快速上涨，房地产宏观调控政策在抑制固定资产投资增长的同时，紧缩土地供应量并推动土地“招拍挂”制度，房价由协议出让制下的平稳上涨步入“招拍挂”出让制下的快速上涨通道。政策目的不明确、冲突及政策手段矛盾直接导致了这一阶段的房价快速上涨。

第三，房地产调控政策受制于宏观经济政策，政策效果部分失效。2005 年是中国房地产市场发展的一个关键转折点，缘于“招拍挂”制度在全国的强制普遍实施。市场主要特点其一是供求形势逆转，以竣工面积代表供给量、以销售面积代表需求量，房地产市场需求量大于供给量，其二是相对于前一个阶段房价上涨速度更快。这也直接导致了 2005—2008 年第三季度前的房地产宏观调控：2005 年“旧国八条”、2005 年“新国八条”、

2006年“新国六条”、2007年“24号文”廉租房制度、2008年“46号文”住房规划计划等一系列调控政策出台，政策目标直指“房价过快上涨”。房价在这些调控政策的密集出台后短期回调又迅速进入加快上涨通道，直到2008年国际金融危机冲击的到来。在内需外需双双萎缩的情况下，从2008年第四季度开始到2009年“国十三条”放松房地产市场调控促进经济回暖、国务院“金融三十条”放松货币供应稳定经济增长，同时在购房信贷利率、开发贷款利率、开发交易税收等方面进行政策优惠，房价从2009年开始立刻进入了井喷式上涨阶段，最终使得2010—2012年“史上最严厉的调控”出台。从2010年“国十一条”、2010年“史上最严厉的国十条”、2010年全面限购、2011年“新国八条”、2011年“新国五条”、2011年二三线城市限购，使得市场从量价井喷式上涨到价平量跌、价微跌量跌、价平量升，2012年第二季度，随着国民经济增速放缓，宏观经济政策下调了利率来促进经济平稳增长，虽然并非直接针对房地产市场，但房地产市场量价已经止跌，有回暖价升的势头。可以看到，房地产市场调控政策受制于宏观经济政策，是政策失灵的一个重要原因。

第四，房地产公共政策缺乏科学性和长远考虑，执行情况不理想。首先，政策具有明显的短期行为，自2004年房地产市场调控以来，调控政策多以“通知”“意见”下发，包括“限购令”都没有上升到法律法规层面，不确定性较大。同时政策频繁出台、重复使用，加大了市场的波动性，增加了各市场主体对市场发展不确定性的预期，观望气氛浓厚，影响到了正常的投资和消费。其次，调控政策大都采取了全国“一刀切”的形式，不利于欠发达地区的房地产市场培育成长和健康发展。最后，有的政策出台后没有得到及时恰到的实施，结构不合理的问题困扰着房地产市场的健康发展。例如，2005—2007年调控文件要求增加对普通商品房和经适房的土地供应量，并“加大对闲置土地处置力度”，政策落实情况不好，土地供应量持续下降，使得已供的土地没有形成有效的住房供应。

第五，地方政府作为土地一级市场的经营主体需要市场化经营国有土地资产使之保值增值，而其又是中央政府房地产调控政策的执行者。公共选择理论认为政治家基本行为动机在追求个人利益最大化，公共利益并不是其追求的最迫切目标。近年来的房地产市场发展情况表明地方政府缺乏

抑制房地产快速发展的动机，自利性导致了中央政府的房地产调控政策在地方政府执行中出现政策非合作博弈，这在一定程度上削弱并异化了调控政策效力。在土地政策领域，受囤地的地租巨额增值利益，房地产企业囤地行为非常普遍，从现有法规和执法力度来看，打击力度不大，政策威慑力不强。据2012年国土资源部公布的未竣工的房地产用地规模近40万公顷，可满足未来3～4年的市场需求。受“限购令”影响，房地产企业延迟开发土地的情况越来越多。由于缺乏公开透明的土地出让信息，缺乏监督，更有收回闲置土地可能会对地方政府发展经济产生负面影响，故地方政府在打击闲置土地上往往和房地产企业之间出现合作博弈从而抵消调控政策效力。在信贷和财税政策领域，出现了对房地产企业延长土地出让金给付时限、以财政为房地产商贷款提供担保、对消费者实行购房免契税、对消费予以相应的购房补贴等种种“救市”现象。对于2010年以来“史上最严厉调控”的“限购令”，2011年下半年以来，105个监测城市中，北京等33个城市分别从不同角度出台了楼市微调政策，政策微调内容涉及公积金贷款额度、土地出让等。除上海、芜湖、佛山、成都4个放松限购政策“红线”的城市被叫停，其余城市不涉及限购的政策微调均还在实施，这其实是地方政府变相“救市”的一种方式。

6.1.3　房地产调控中的供地政策概述

自2003年以来，土地政策作为一项宏观调控政策在我国首次提出并进行相关实践。成熟市场经济国家一般利用财政政策、货币政策、产业区域政策等调节宏观经济和房地产市场，我国采用土地政策调节房地产市场有重要的背景：首先，土地资源是房地产业的核心资源，土地供给数量的多寡将直接影响到房地产市场的供求形势，而我国土地一级市场由地方政府完全垄断，因此从理论上讲，政府可以通过调节土地供应而间接地调控房地产市场，而国外大都是土地私有制，政府对土地市场没有垄断力量，因此直接通过土地供给手段来调控宏观经济和房地产市场不具备条件。其次，这与我国所处的经济发展阶段有很大关系，我国的社会主义市场经济仍在建设完善中，尽管资源市场化配置的程度已经相当高，但要素市场的市场化还没有完善，如资金市场、劳动力市场和土地市场，与市场经济相配套的法制环境、政府管理体制、企业制度等还没有完全建立起来，经济增长在一定程度上呈现出政府主导模式，企业的自我约束机制尚未真正形成，这种情况下，完全采用成熟经济体中的货币政策和财政政策难以实现既有的政策目标。最后，近年来房地产市场非健康发展和房价上涨过快的现实因素。从前期针对房地产市场的货币政策和财税政策上来看，没有达到既定的缓解房价过快上涨的目标，尤其是伴随着土地使用制度的改革，土地和商品住宅价格以更快的速度上涨。因此在后续出台的房地产调控政策中在强调住房供应结构、金融信贷、财税政策等政策的同时，都加入了加大土地供给、调整土地供给结构等一系列土地政策，土地供给政策自2005年以后基本每次都进入了房地产调控政策文件当中，尽管作为市场调控工具本身的土地政策理论基础有待进一步研究，但实践中土地政策确实对房地产市场有重大的影响。鉴于以上几点，对处于转型时期的中国房地产市场将土地政策作为市场调控工具有其必要性。可以预见的是随着我国社会主义市场经济的完善和房地产市场的健康发展，土地调控政策最终将退出市场调控而恢复到政府对土地市场管理的本身上来。

从广义上来看，土地政策是指与土地管理有关的所有的宏观管理和微观管理的政策，而狭义的土地政策则仅仅是政府为实现一定的宏观经济目标，运用各种政策手段调节土地供应总量、土地供应价格等中间目标，进而最终实现如保障建设用地供应、遏制高房价等最终政策目的。在政府对房地产市场的调控中主要是指狭义上的土地政策。狭义土地政策从政策工具上一般有土地规划管制政策、土地供应政策、土地价格政策及土地金融税收政策等。其中，土地规划管制政策是政府对一定时期内土地利用的战略性的总体规划计划，一般由中央政府监督实施，具有较强的行政性和法律性，可见用土地规划管制政策进行短期市场调控不符合土地规划制定的本意，而且长期土地规划在短期一般也不能随意调整，因此实践中用土地利用总体规划调控房地产市场的情形较少。而土地利用总体规划下的土地利用年度计划和年度土地供给计划则成为调节房地产市场的最主要工具，因此，就调节市场的政策工具来讲，土地规划政策工具并不在内，即土地利用总体规划将以土地供给政策工具参与房地产市场调控。对于土地价格

来说，我国地方政府一级土地市场出让土地仅制定了基准地价、标定地价和出让底价，政府对土地的市场价格影响并不大，主要由需求方决定土地市场价格，虽然政府可以通过调节土地供应量调整土地价格，但土地供应量而不是土地价格更适合作为房地产市场的调控工具，此外政府直接干预土地价格也会造成土地资源配置效率的下降，对于建立一个完善的土地市场来说，政府应较少地干预土地价格，而应该全面监测、公开市场价格信息，以完善的市场价格信息引导供需双方的选择。土地税收金融政策从本质上讲是税收和金融政策，而不是土地政策，因此，在进行定性和定量分析中，我们将其归为财政和货币政策当中的一部分。

就以上四种土地政策工具的政策生效快慢来划分的话，很明显，土地供给量和土地供应价格在短期内能较快地影响房地产市场，而土地税收和土地金融制度是一种长期的制度工具，其对房地产市场和宏观经济的影响也是长期的，但在短期之内亦可以根据实际情况灵活调整使用，土地规划在某种程度实际上是一种长期的制度型的工具，并不能在短期内随意使用。因此对于短期调控工具来讲，要以土地规划工具政策为辅，主要用土地供给政策工具和土地价格、土地税收金融政策等来调控市场，见表6－2。

表6－2　按照土地政策调控工具时效划分

	政策工具时效	
	中长期影响	中短期影响
土地规划	√	
土地供给		√
土地价格		√
土地税收金融	√	√

就政策供给的性质来讲，土地规划在上文已有阐述，土地供给政策主要是在土地利用总体规划、城市规划、土地利用年度计划的基础上制定的短期计划，但作为短期调控市场的政策工具时，土地供给很明显是一种经济手段和政府的行政手段，行政手段可以干预土地供应量和土地供应结构，由于政府直接干预市场往往会造成一定程度效率损失，因此实践中应将土地供给作为一种经济手段来使用，避免行政化、强制化手段干预政策工具的实施效果。而对于土地价格工具来说，政府在保障性住房用地中使

用，对于商品住房用地中土地价格政策一般并不直接使用。对于土地税收金融政策来讲，其调控手段主要是通过间接途径发挥的，从而体现出经济手段和法律手段的性质。总的来说，四种政策工具中，应该首先采用经济手段和法律手段，其次采用行政手段，所以从这个角度来看，实践中应采用土地规划、土地供给和土地税收金融等政策工具调控房地产市场，见表6－3。

表6－3　按照土地政策调控工具性质划分

	政策工具性质		
	经济手段	法律手段	行政手段
土地规划		√	
土地供给	√		√
土地价格			√
土地税收金融	√	√	

从政策工具标准上来看，土地利用总体规划、土地利用年度计划、城市规划等由于有法律法规约束，不能随意突破，因此具有固定性，不能作为相机抉择的调控工具来使用，而土地供给和土地税收金融等由于本质上是一种财政和金融政策，而且政策所造成的效率损失小，可以作为相机抉择的政策工具来使用，见表6－4。

表6－4　按照土地政策调控工具标准划分

	政策工具标准	
	固定	相机抉择
土地规划	√	
土地供给		√
土地价格		
土地税收金融		√

综上所述，在利用上述几项土地政策调整房地产市场时，土地供给将是最重要一项政策工具，具体来讲，土地供给即包括土地供应总量、土地供给结构、土地区位供给，当然最重要的是土地供应总量和土地供给结构。而土地税收政策和土地金融政策作为财税政策和金融政策的一部分参与市场调控，也具有重要的意义。而土地价格不宜直接作为商品住宅市场

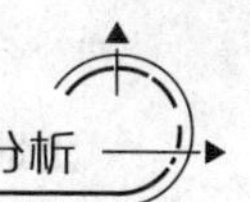

的调控工具，适宜在保障房供地上使用，土地规划政策工具最终将以土地供给工具的形式参与市场调控，其本身并不能作为一种调控工具使用。

以上对土地政策作为调控工具的背景原因、供给分类进行了分析，下文将简单地对比下土地政策调控工具和货币政策工具、财政政策工具的区别和异同，以期在实践中能够更好地运用。首先，相对于货币政策和财政政策具有成熟的经济理论作为支撑，土地政策作为一种政策工具调控宏观经济和房地产市场并没有成熟的理论工具，因此，这项政策也是一种探索型的政策。其次，相对于货币政策和财政政策有明确的经济调控杠杆和政策传导机制，比如各种税收、信贷、价格等，而土地政策由垄断了土地一级市场的地方执行，由于干预地价的效率损失，所以土地政策的调控杠杆就是土地供给，调控杠杆单一，也没有间接的政策传导机制，往往直接作用于房地产市场和宏观经济，其作用相对强烈和直接。最后，财政政策和货币政策都能实现紧缩和扩张双向调节，但土地政策没有这个功能。这主要是我国土地供需矛盾很大情况下土地供给不可能放量供应，土地供给政策不可能过度使用。此外，土地政策的政策时滞太长，即时出台的土地政策往往 2 年之后才能发挥效果，甚至没有效果，前期供应的土地在两年后很可能宏观经济已经趋冷，此时土地政策的反向调节功能不佳。从上文的分析可以看出，对土地政策参与房地产市场调控，应该以供给方调控为主，而货币政策和财政政策则以需求方调控为主，整体政策效果才有可能最佳。

6.2　近年来房价调控中的供地政策效果分析

2003 年以来，是中国房地产业作为支柱产业发展的十年，同时这十年中伴随着中国经济的高速发展和房价的快速上涨，土地政策也作为一项宏观调控政策出台并用于调控房地产市场的实践当中，将土地政策和传统的信贷政策同时使用，即严控地根和银根。供地政策实施的十年当中，其特点主要有哪些？是否起到了应有的作用？土地政策和货币政策的匹配度如何？以及如何运用土地政策以改善其政策绩效？本节将就以上几个问题进行分析。

6.2.1 近年来房地产价格调控中的供地政策

表6－1显示，2003—2004年的土地政策主要是针对开发区用地混乱情况，这个时期主要有《关于清理整顿各类开发区加强建设用地管理的通知》《关于进一步完善和严格执行建设用地备案制度的通知》及《关于深入开展土地市场治理整顿严格土地管理的紧急通知》《国务院关于深化改革严格土地管理的决定》等政策文件。涉及的政策内容主要为：严控随意圈占耕地行为，打击违法出让、转让土地、突击批地等。这个阶段由于经济高速增长，土地出让不规范，土地资源浪费严重，土地政策的目标直指土地资源配置效率低下和固定资产投资过热，同时也对土地出让制度进行了完善即统一实行土地“招拍挂”制度。这个阶段土地政策总体表现为紧缩土地供给量，抑制过热的房地产市场投资，总体房价在这个时期并没有受到调控的过多影响。

2005—2007年中房地产市场最明显的现象就是房价过快上涨，这也是房地产市场调控政策出台的密集时期，主要的调控政策如“国八条”“新国八条”“国六条”等中均有相关的土地政策内容，如“要及时调整房地产开发用地的供应结构，增加普通商品住房和经济适用住房土地供应，并督促抓紧建设。同时，抓紧清理闲置土地，促进存量土地的合理利用，提高土地实际供应总量和利用效率。对已经批准但长期闲置的住宅建设用地，要严格按有关规定收回土地使用权或采取其他措施进行处置。”“严格住房用地供应管理。各地要增加土地有效供应，落实保障性住房、棚户区改造住房和中小套型普通商品住房用地不低于住房建设用地供应总量的70%的要求。在新增建设用地年度计划中，单列保障性住房用地，做到应保尽保。今年的商品住房用地供应计划总量原则上不得低于前2年年均实际供应量。”“科学确定房地产开发土地供应规模，加强土地使用监管，制止囤积土地行为”。同时进一步完善了土地出让制度如细化“招拍挂”出让土地规则、颁布限制和禁止用地目录等，此外，在这个时期也引入了土地税收和土地金融政策。而住房二级市场的各种税收的开征、利用信贷政策打击土地投机等。总体来说，这个时期出台的土地政策较多，以单项政策和综合政策的形式出台，主要有：增加土地供应、调整土地供给结构、规范土地供给方式、打击土地投机、启动土地税收和土地金融政策，政策目标不同于上一时期，主要是遏制快速上涨的房价。在上述诸多政策出台的初期，房价有短暂的回调，但回调期很快过去房价又步入上涨通道，即政策的有效性在短期内有一定作用，但整体上看这个时期的调控政策并没有起到遏制房价过快上涨的作用。

2008—2009年，由于处于金融危机影响之下，政府出台的政策较少涉及土地政策，从这里也看到，土地政策在房地产市场过热时能够使用，但在市场衰退时则起不到市场回暖的功能，这也正是上文所分析到的土地政策不具备双向的调控功能。这个时期出台的土地政策很少，《国务院关于促进节约集约用地的通知》指出要提高用地效率，加强闲置土地清理，由于这个时期政府强调利用房地产业促进整体经济复苏，但是由于土地供给政策的单向调节作用，因此土地政策并未成为这个时期的主要政策，政府另出台了一系列的其他金融、财政政策，比如四万亿元投资政策等。

2010年以来则是最严格房地产调控政策出台时期，房价在金融危机后呈现快速上涨势头，政策指向为：严厉调控，促进房价合理回归。其中的土地政策在很大程度上与2005—2007年并没有太大的区别，比如“保障房和小户型商品房供地不得低于70%”“加强房地产用地管理”“打击囤地，清理闲置土地”“保障房建设用地应保尽保”等，主要体现在加大土地供给、打击土地投机等方面。再加上严厉的限购令、限贷政策、税收政策等，总体来说，全国房价涨势得到一定程度控制，从交易量上来看，总体出现了量跌价平的市场现象，个别城市甚至出现了微弱的房价下调现象，但总体上房价仍然呈现刚性，当然这不是单一的土地政策的政策结果。

总结2003—2013年的土地调控政策，2003—2004年主要为打击地方政府在土地一级市场的投机现象，以及规范政府征地行为和土地出让方式，2005—2007则主要加大住房用地供应为政策轴线，同时出台了打击土地市场中的房地产企业投机现象的文件，2008—2009年由于处于金融危机影响期，政策主要针对清理闲置用地的情况，2010—2013年则重新重复了2005—2007年的政策。可以看到，由于土地政策的政策工具较少，而且缺乏一定传导机制和中间目标，因此2003年以来的土地政策总体上重复率很高，比如加快供地速度、清理闲置用地等政策在2005—2007年、2008—2009年、2010—2013年的大部分综合政策文件和土地政策文件中均有提及，只是措辞上有一些简单的变化；保障普通商品房用地、经济适用房和廉租住房用地等政策在2005—2007年和2010—2013年也基本相同，没有更多的新的政策，对这些政策的落实程度也没有进行良好的监督；而土地出让方式则一直在完善当中，从协议出让到“招拍挂”出让到全面实施“招拍挂”出让到综合竞价、限房价竞地价等。可以预测，土地出让方式将会产生出更多新的形式。土地政策目标也从前期的抑制房地产投资过热到后期的抑制房价过快上涨，对于抑制房地产投资过热有一定的作用，对抑制房价过快上涨的效果评价则在下一节中进行。

6.2.2 房价调控中供地政策效果评价——基于相关数据的统计分析

第一，从打击房地产企业囤地、清理闲置用地的政策实施来看，这些2005—2007年及2010—2013年的政策文件本质并无太大差异，都是旨在促进已供土地形成有效的住房供给，国土资源部对闲置土地进行了定义即“国有建设用地使用权人超过国有建设用地使用权有偿使用合同或者划拨决定书约定、规定的动工开发日期满一年未动工开发的国有建设用地。已动工开发但开发建设用地面积占应动工开发建设用地总面积不足三分之一或者已投资额占总投资额不足百分之二十五，中止开发建设满一年的国有建设用地，也可以认定为闲置土地”。同时规定“市、县国土资源主管部门负责本行政区域内闲置土地的调查认定和处置工作的组织实施。上级国土资源主管部门对下级国土资源主管部门调查认定和处置闲置土地工作进行监督管理”，对于闲置土地的处置方式，除了由地方政府、规划限制、公共利益、处置土地信访以及不可抗力等因素导致的闲置土地，未动工开发满一年的按照土地出让或划拨价款的20%征缴土地闲置费。未动工开发满两年的将无偿收回国有建设用地使用权。然而实践中房地产企业未能及时动工导致土地闲置的情况54%是由地方政府的土地合约、规划条件等原因造成的，房地产企业导致土地闲置的比率比地方政府要低，而房地产企业导致的闲置土地的情况除了资金实力和一些客观条件之外，主要是土地投机，由于地方政府和房地产企业在房地产市场上有相当大的共同利益，对于未开工两年收回土地使用权这一规定，地方政府和中央政府之间存在着非合作博弈，这一措施在实践中可能被大打折扣。1998 年以来，房地产企业每年的购置土地面积、未开发土地面积、完成开发土地面积如下图 6－1 所示，对于囤地率没有较好的指标反映，但仅仅从图中可以看到，每年没有得到及时开发的土地面积和当年购置的土地面积基本持平，保守估算这里边也有相当一部分的土地是房地产企业的囤地投机所导致的，比如据 2010 年国土资源部对全国闲置房地产用地调查，全国闲置土地 11944 公顷，同图 6－1 中当年的 30000 公顷为开发土地面积相比较，三分之一以上的土地都存在土地投机的可能性，除了上文提到的地方政府执行中央政策存在的非合作博弈，《土地闲置管理办法》中的政策漏洞也是重要的原因，而对于土地囤积过程中的地租增值，我国的土地增值税尚没有良好的征收管理体制，导致大量房地产企业借囤地获取超额利润。

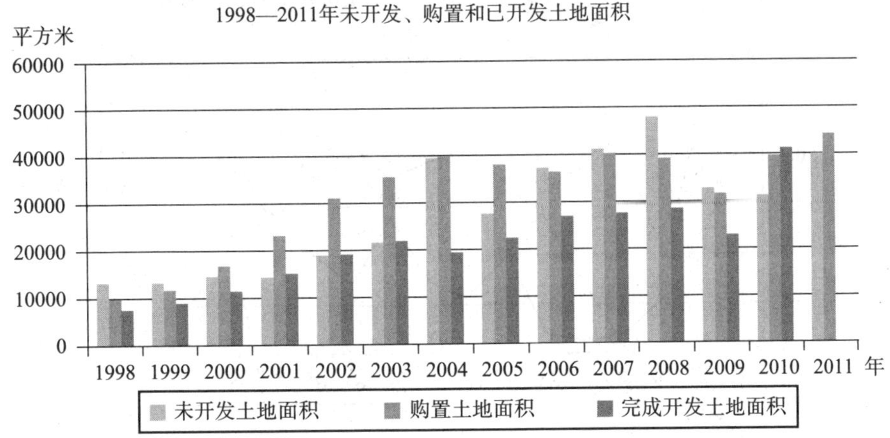

图 6－1　房改以来历年土地购置、未开发和完成开发面积

资料来源：历年中国统计年鉴。

第二，1998—2002 年的土地政策主要是改革土地使用制度，这个时期的房价上涨速度不高，房价并没有进入宏观调控政策的调控视野当中，而对于 2003—2004 年土地政策抑制房地产投资来说，由于土地资源作为房地产投资和固定资产投资的重要生产要素之一，土地政策的效果也比较明显，这个时期是初提土地政策作为宏观调控政策的时候，提出的主要原因是经济增长过快条件下的固定资产投资过热，此时房价处于快速上涨的最初阶段，当2004年之后，房价进入快速上涨通道之后，各项土地政策才被广泛地运用到房地产市场调控中，上文已有分析，这里不再赘述。对于土地政策调控房价和地价来说，由于土地政策是在土地使用制度改革背景下出台的，尤其是土地出让方式的改革，使得土地供给量对地价的影响虽有一定的效果，但地价上涨的幅度还是较大的。

如图6-2所示，1998—2011年以来的土地购置面积可以分为两个阶段，第一个阶段为1998—2004年，土地购置面积大幅度增加，这个时期的地价增长率也通常都在10%以下，自2004年土地出让方式改革后，土地购置面积总体上保持在每年40000公顷左右，绝对量上也并不小，但从总土地供给的环比增长率上来看，自2004年后，土地供给的环比增长率在持续下降，且2004年之后的地价增长率也通常都在10%以上，因此可以说受到土地出让方式的改革，土地供给政策对地价的调控作用并不明显。

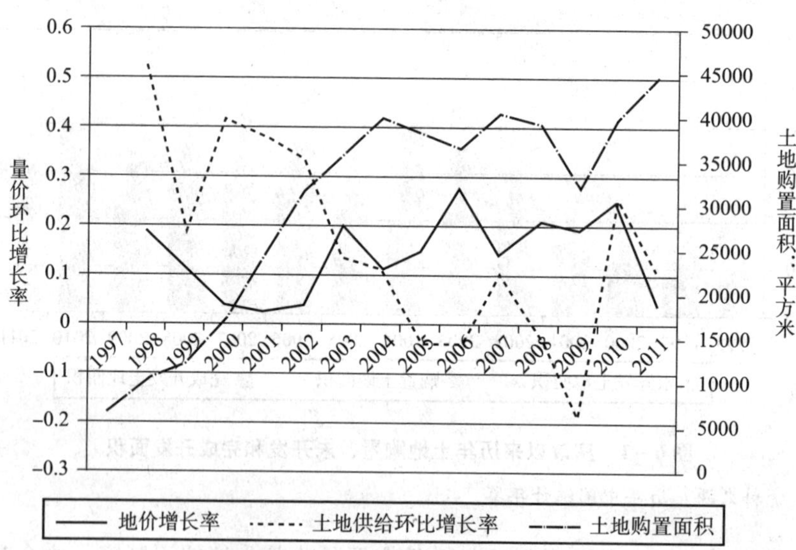

图6-2 1998—2011年土地购置面积及地价、土地供给环比增长率

资料来源：历年中国统计年鉴。

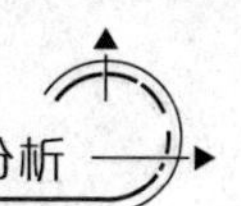

对于本轮最严厉调控下加大保障房和中小户型商品房用地供地量的土地政策在局部时点上有作用，而从整体上来看，在这种加大供地力度的情况下以全国百城总体房价指数为代表的房价仍然保持了上涨，如图6－3所示。在国家最严厉的限购令、限贷、税收等政策配合下房价依然坚挺，说明土地政策仍有待改进的空间。同时也说明加大保障房用地供给量对总体房价的影响不大，用加大保障房建设来缓解高房价可能并不是最优的政策，因为保障房和商品房市场有着不同的需求群体，而不是相互替代的市场，从图6－3中也可以看到相对于普通中小户型商品房供地量，保障房供地量仍然是较小的，保障的归保障，商品房的归商品房，在用地政策调控房价的过程中，更应该加大中小户型商品房土地供应，而保障房用地则要按照既定的保障房群体标准的需求量供给土地，以免造成资源的配置效率下降。

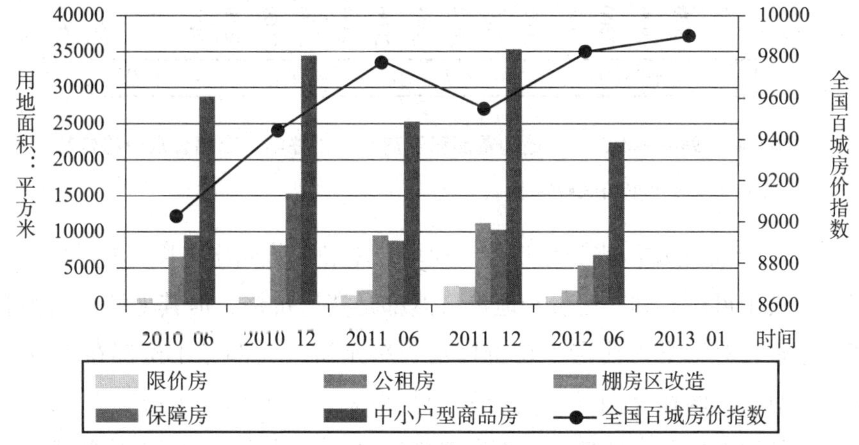

图6－3　史上最严厉调控以来各类保障房、中小户型供地面积及全国百城房价指数走势

资料来源：CEIC数据库和中国指数研究院

而从长周期来看，即从1998—2011年来看（如图6－4所示），土地购置面积在1998—2004年呈现稳步增加，而2004年之后则是较多时段的土地购置面积下降，总体来讲，土地购置面积的增长率远远低于1998—2004年，而2004年是政策命令出台全面实施土地出让“招拍挂”制度，从房价增长率来看，1998—2003年增长平稳，高档公寓价格甚至还有一定的下降，全国商品房均价呈现缓慢上涨趋势，自2004年后的房价过快上涨，即使考虑其他如收入增长、信贷放量增加等其他促使房价上涨的因素，土地供给制度改变后的土地供给政策绩效的下降也是房价上涨的一个重要原因。除了这个因素之外，上文中提到房地产企业囤地造成的土地供给之后没有形成住房有效供给的情况也是土地供给政策失灵的原因。

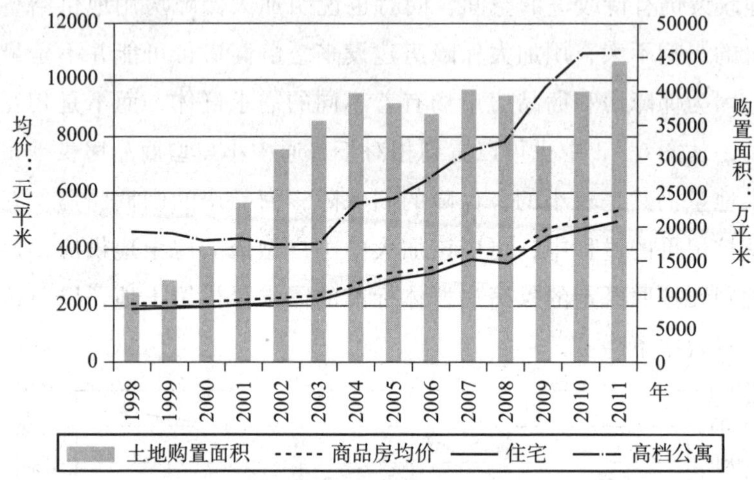

图 6－4　1998—2011 年土地购置面积及商品房、住宅、高档公寓价格走势

资料来源：历年中国统计年鉴。

表 6－5 是房改以来历年房价同比增长率和地价同比增长率的对比示意表，从表中可以看到，房价和地价虽然都是资产价格，但其上涨速度则有很大差别，对于全国住宅平均价格增长率来讲，大部分年份都在 10% 以下，但对于全国住宅用地平均价格增长率来讲，大部分年份都在 10% 以上，地价的涨幅要远远高于房价的涨幅，以上针对的是全国平均数据，对于局部城市来说，这个规律也成立，只是不同城市间的程度可能有所区别。地价上涨率较低的年份有两个特点：一是土地放量供应的时段，二是国家严厉调控的时段。在同一时段具备这两个特征，地价增长率一般较低，如果政策出台频繁但土地供给量仍有限，地价上涨仍将不可避免。这则说明政策本身制定的问题或者政策执行过程中出现了问题。而全国平均增长最快的三年 2004 年、2007 年、2010 年则是在经济高速增长和投资过热的情况下出现的，全国房价均价有微幅下跌的 1999 年、2008 年则是明显受到外部环境的冲击。扣除掉上述这些因素之外，2004 年后土地供应政

策对地价和房价的抑制作用不明显。当然房价过快上涨也是在以下原因的基础上：经济高速增长的背景下；投机成分较多导致房价上涨过快，反过来又引发投机过度；土地政策与其他调控政策如货币政策、财税政策的协调度低等。上述提到的前两个原因很明显是存在的，对于第三个原因是否存在，则在下一小节中进行分析。

表6－5　1998—2011年全国住宅价格和住宅用地价格同比增长率对比

年份	住宅	增长率	住宅用地	增长率
1998年	2063	0.031992244	371.3412402	0.186731859
1999年	2053	－0.004870921	418.0986685	0.111833478
2000年	2112	0.027935606	434.1256605	0.036917864
2001年	2170	0.026728111	443.7610812	0.021713082
2002年	2250	0.035555556	461.0802123	0.037562078
2003年	2359	0.046206019	575.7349859	0.199145052
2004年	2778	0.150827934	647.1080591	0.110295448
2005年	3167.656945	0.123011094	759.2384976	0.147688031
2006年	3366.787659	0.059145611	1042.966359	0.272039322
2007年	3863.903802	0.128656449	1210.869965	0.138663614
2008年	3800	－0.01681679	1523.527827	0.20521966
2009年	4681	0.188207648	1887.745029	0.192937709
2010年	5032	0.069753577	2502.909662	0.245779799
2011年	5357.099843	0.060685791	2600.477645	0.037519255

资料来源：历年中国统计年鉴。

最后，对于供地政策对宏观经济的调控，主要体现在2003—2004年中，当然之后的宏观经济都受到了供地政策的影响。对于2004年的供地政策和土地管理政策，有效地抑制了部分行业投资过热的势头，国民经济保持了平稳发展，这些行业如电解铝、钢铁、水泥和汽车行业。这次调控实行地根和银根相结合，用土地这个手段有效实现了既定的政策目标。此外这个时期土地使用制度的改革也有效地促进了土地市场的发育和土地资源的集约利用，尤其是短期内运用行政手段，耕地流失问题在2005年并没有凸显出来。在2005年、2006年供地政策对宏观经济和固定资产投资的调控中，都有一定的效果。总结来说，运用供地政策参与房地产市场调控和宏观经济调控，虽然对保护耕地、抑制固定资产投资过热有一定的作用，但这些土地政策仍然行政性较强，且不可能在长期中频繁使用，而且供地政策在实践中面临着打击土地投机效果不佳、地方政府执行土地调控政策的非合作博弈、房价和地价上涨速度较快等几个问题。

6.2.3 房价调控中供地政策效果的计量经济分析

从供给面来讲，决定房地产市场供给的两种最为重要的要素为：土地和资本。对于土地要素，地方政府垄断该要素的供给，即一级土地市场的土地供给量决定了房地产开发用地量；对于资本要素，这里假设房地产开发企业的资金需求来源于银行信贷和资本市场，这也大致符合我国现在房地产企业开发现状，即银行信贷很大程度上决定了房地产开发企业可支配开发资金。

由于土地和资金按照一定比例投入到房地产生产中，因此房地产的生产函数为里昂惕夫型生产函数即：$Y=\min[ak_C,\ bk_L]$，其中 k_C 为资金要素，k_L 为土地要素，Y 表示房地产产出额。假设房地产开发中没有无效要素投入即有：$Y=ak_C=bk_L$，假设房地产产出 Y 和社会总产出之间存在比例为：$Y=yX$，投入到房地产开发中的资金投入为 $S=sY$，地方政府供给的土地数量为 E，且 $E=eY$，即土地数量和房地产供给量之间有一定数量关系，政府通常以容积率限制开发面积。故这里房地产开发投入的资本总额可以表示为：$I=\Delta K_C+\Delta K_L=I_C+I_L=[(a+b)b/ab]\ I_C$。因为假设不存在无效要素投入，故有上式的存在，这里 $v=(a+b)\ b/ab$。这里我们得到土地供给总量所支持的最大化房地产投入水平为（b/v）eY，这个水平是由土地供给政策所决定的。里昂惕夫型生产函数下，房地产企业在上述土地供给情况下资金要素投入不会超过 $S=sY$，这里实际上是银行信贷政策对房地产开发企业的资金约束。

综上所述我们得到房地产开发企业的生产函数为 $I=\min[sY,\ (b/v)eY]$，假定房地产业发展速度为 g，则 $g=\Delta Y/Y=(v/Y)\ I$，代入上述生产函数得到 $g=\min[vs,\ be]$。因此当（b/v）$eY\leqslant sY$ 时，对房地产市场发展起决定作用的是土地供给政策，而不是金融信贷政策，此时金融信贷政策无效。当（b/v）$eY\geqslant sY$ 时，对房地产市场发展起决定作用的是货币信贷政策，而不是土地供给政策，此时土地供给政策调控无效。

从上面可以看到，房地产市场供给面的因素较为复杂，土地要素和资金要素是核心。因此，政府对房地产市场供给面进行调控管理时主要依靠土地政策和货币金融政策。土地政策主要有：土地供应量和打击土地囤积，货币金融政策主要有房地产开发贷款量和房地产开发贷款利率。

从需求面来说，收入水平的提高、经济的快速增长、城市化的推进都能增加房地产市场的需求而推高房价；而从政府的政策调控角度来看，需求面的调控主要是货币金融政策，对房地产市场而言就是住房消费贷款量和住房消费贷款利率这两种政策工具。

传统的经济计量方法是以经济理论为基础描述变量关系的模型，但很多经济理论对变量之间的动态关系却不能提供一个很好的说明，而内生变量同时出现在待估方程的两端使得方程的估计和推断变得更加复杂，这里采用一种非结构性方法来建立各个变量之间关系的模型，即 *VAR* 模型。对于 *VAR*（p）模型，其数学表达式为：$y_t = \varphi_1 y_{t-1} + \cdots \varphi_p y_{t-p} + Hx_t + \xi_t$。其中 $t=0, 1, 2, \cdots, T$。y_t为 k 维内生列向量，即要分析的各内生变量，x_t为 d 维外生列向量，p 为滞后阶数，T 为样本个数，φ_p和矩阵 H 是待估系数矩阵，ξ_t为扰动项，当然这里也可以用矩阵形式表达。

房地产调控的主要目的是遏制房价的快速上涨，促进房地产市场平稳健康发展。本书采用无约束的 *VAR* 模型来研究房地产调控政策对房价的影响，主要是从供给面调控政策和需求面调控政策两个方面进行分析。

对于供给面的调控，与已有相关土地政策的文献不同，因地价无法直接调控，它是通过市场“招拍挂”形成，因此这里只能选取调控中介手段为土地供应量（LS）和土地闲置比例（LIP）；土地和资金是房地产开发的两大核心要素，我国城市建设用地由国家垄断供应，而房地产开发资金来源很大一部分是银行信贷。因此房地产开发贷款（CR1）和贷款利率（R1）是供给面调控的另一重要政策。故这里选取土地供应量、房地产开发贷款、贷款利率为供给面调控的政策，调控目标即房地产价格（HP）。

需求面的调控：需求面主要由人口因素、收入分配因素、货币信贷因素。综观近年来对房地产需求的调控政策，主要体现在住房信贷量（CR2）和住房信贷利率（R2）两种调控形式。本书选取的调控政策为住房消费信贷量和住房消费利率，调控目标同上为房地产价格（HP）。本书选择2005—2011年的季度数据，土地政策和信贷政策的相关指标均来自中国统计年鉴和CEIC数据库。

由于房地产业季节性影响明显，对土地购置面积、商品房竣工面积和商品房销售面积表现出很明显的季节性特征，故这里采用经典的X11季节调整法，并且采用其中的X11季节调整法进行调整。为了减少数据的波动幅度，对除了利率和闲置比例之外的其他指标进行自然对数化处理。数据的平稳性检验：由于时间序列的平稳性对于构造计量模型很重要，因此要对时间序列进行平稳性检验。检查序列平稳性的标准方法是单位根检验，只要序列不存在单位根就是平稳的。本书利用ADF（Augmented Dickey-Fuller Test）方法进行检验，具体检验见表6-6。

表6-6　ADF单位根检验结果

变量	检验形式	ADF统计量	临界值	平稳性
D（R1）	（0，0，1）	-2.571	-1.954**	平稳
LS	（i，0，0）	-3.902	-3.752*	平稳
D（LIP）	（0，0，1）	-6.960	-2.656*	平稳
CR2	（i，t，0）	-3.494	-3.233***	平稳
D（R2）	（i，0，1）	-2.725	-2.629***	平稳
D（CR1）	（i，t，1）	-5.241	-4.356*	平稳
HP	（i，t，0）	-3.898	-3.587**	平稳

D表示一阶差分，（i，t，0/1）分别表示截距项、趋势项和滞后阶数。*、**、***分别代表在99%、95%、90%概率下的显著性水平。

考虑到政府对房地产市场调控是从供给管理和需求管理两个方面进行的，因此这里建立两个VAR系统：（1）LS、LIP、CR1、R1、HP；（2）CR2、R2、HP。

对于第一个VAR系统来说，用SIC和AC原则确定最优滞后期，当滞后阶数为3时，SIC与AC为最小值，故这里选滞后期为3。以VAR（3）分析当LS、D（R1）、D（CR1）、D（LIP）分别产生一个标准差大小的新的冲击，对HP当期和未来值产生的影响。结果如图6-5所示。

上左图表示滞后一期的土地囤积率对房价的一个标准差信息的反应。从图中看，这种冲击在前三期非常微弱，从第3~5期冲击影响为正且较为

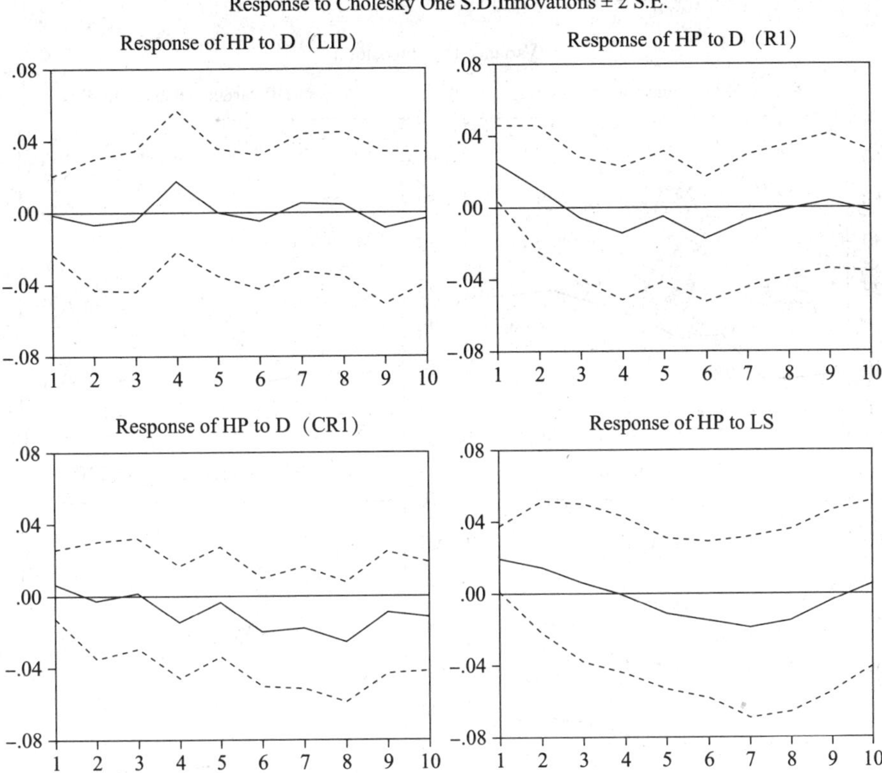

图 6-5　HP 房价的脉冲效应函数（供给管理）

明显，第 5 期后冲击又回到非常微弱的状态。这里表明房地产企业的囤地率对房价冲击具有明显的时滞效应，并且这种效应只在一段时间内明显为正，从而对政府出台打击囤地的土地政策来说，要考虑到政策时滞并充分考虑囤地率对房价的影响长期内可能不太明显。上右图表示给滞后一期的房地产开发贷款利率一个标准差大小的冲击对房价的冲击效应，可以看到这种冲击是正向递减且从第 3 期开始为持续的负效应，第 8 ~ 10 期这种效应变得很小，这表明房地产开发利率政策时滞效应不明显，且对房价有持续明显的抑制作用。下右图表示给滞后一期的房地产开发贷款额一个标准差大小冲击后对房价的冲击效应，图中表明这种冲击同囤地率一样，也是从第 3 期开始表现出明显且持续为负的冲击，相对于房地产开发利率政策来说，开发贷款额的调控政策更为明显。下右图表示土地供给量对房价的冲击效应，可以看到这种冲击和利率冲击非常类似。

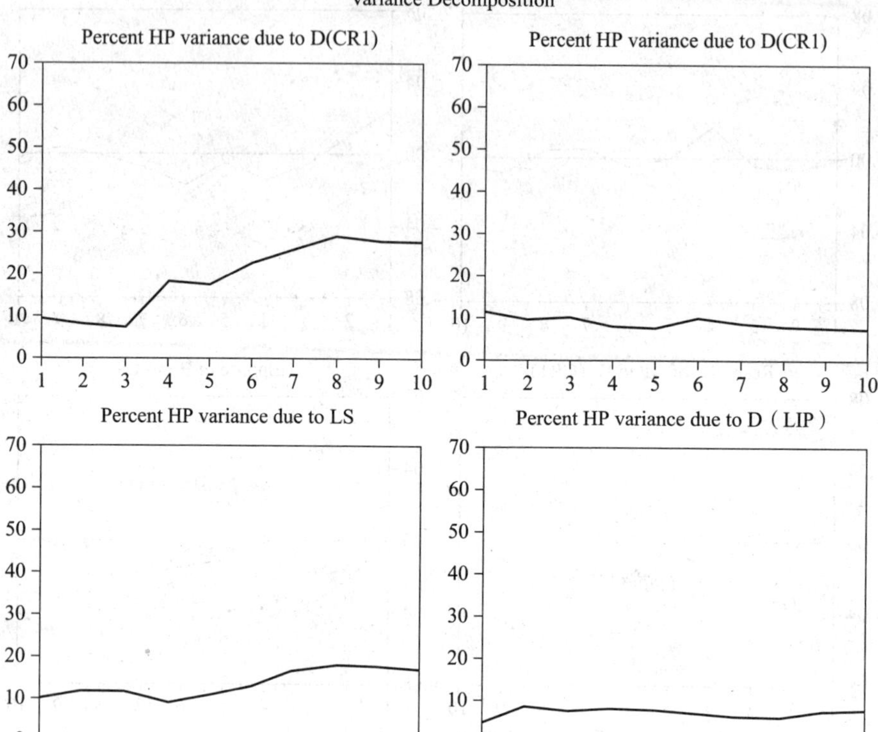

图 6-6　供给面调控政策方差分解

方差分解是将 VAR 系统中的内生变量的波动分解为各方程随机误差项相关联的部分，从而了解各信息对目标内生变量的重要性。这里采用方差分解方法分析房地产开发贷款额、房地产开发贷款利率、土地供给量、打击囤地政策等供给管理政策对房价的冲击大小，结果如图 6-6 所示。从图中可以看到，相对于房地产开发贷款利率和囤地率的 10% 左右的冲击度，房地产开发贷款额和土地供给量的冲击度更大，最大分别为 25% 和 16% 作用，这里表明供给管理中数量型调控政策比价格型调控政策效果更好。

同上文分析，对于第二个 VAR 系统，用 SIC 和 AC 原则确定当滞后阶数为 5 时，SIC 和 AC 为最小值，故选滞后期为 5。以 VAR（5）分析 D（R2）、CR2 分别产生一个标准差大小的新的冲击，对 HP 当期和未来值

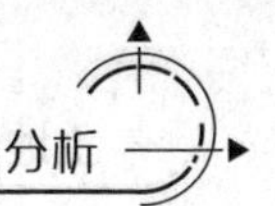

产生的影响结果如图 6 –7 所示。

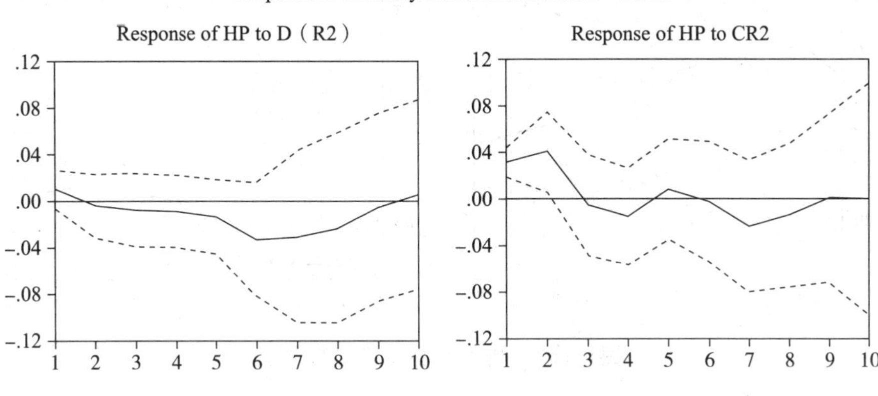

图 6 –7　HP 房价的脉冲效应函数（需求管理）

从图 6 –7 左可以看到，给滞后一期的房地产抵押贷款利率一个标准差大小的冲击对房价的冲击效应，这种效应在第 1 ~5 期较小，之后冲击为负且较为明显。而对于房地产抵押贷款额来说，这种冲击在第 1 ~3 期较为明显，在第 3 ~9 期呈不规则的状态，第 9 期后无冲击效应，这表明相对余额房地产抵押贷款利率政策来说，房地产抵押贷款额政策对房价的冲击过程较为复杂。方差分析如图 6 –8 所示，从图中可以看到，需求管理政策中，房地产抵押贷款额对房价的冲击要远远高于房地产抵押贷款利率对房价的冲击。在需求管理政策中，数量型政策工具同样比价格型政策工具影响度更大。

理论分析表明，房地产市场供给管理政策更需要强调土地政策和金融信贷政策的配合，单一的使用土地政策或者信贷政策的作用将大打折扣，同时相反的，土地政策和信贷政策将加剧市场波动性。相对于供给管理政策，需求管理政策较为单一。

利用 2005—2011 年的季度数据建立 VAR 模型对房地产调控政策进行分析表明，数量型调控政策比价格型调控政策调控效果更明显，这对供给管理和需求管理都一样。在供给管理中，房地产开发信贷额对房价的冲击度要比土地供给对房价的冲击度要大，这表明，在未来的房地产调控政策中，要探索更加合理科学的土地供给政策，提高土地政策调控作用。同

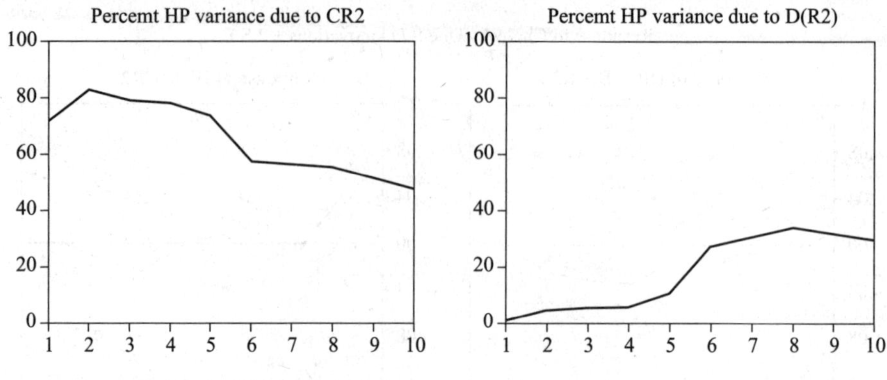

图6－8　需求面调控政策方差分解

时，打击囤地的政策可能并没有预想到的那么大，这可能是这些政策遭到了地方政府或者房地产开发企业的抵制或变相执行。因此，囤地和打击囤地公共政策对房地产市场影响将是进一步研究的方向。

6.3　结论及供地政策失灵原因分析

6.3.1　实证分析结论

上文通过对近年来供地政策参与房价调控的统计分析和计量经济分析可以看到，土地政策在打击地方政府违法出让土地、地方政府在土地出让上和中央政府的目标并不完全一致，而且由于信息不对称的原因，中央政府使用上收审批权、加大督查力度、改革土地使用方式等一系列手段改革解决地方政府在土地管理、土地经营和土地政策执行等方面出现的种种问题，其中一些起到了一定的作用，比如土地市场建设上取得了较大进步，而对于地方违规用地、追求土地财政等方面，则存在着诸多的利益博弈，至今尚没有得到良好的解决。

而近年来的清理闲置土地，打击房地产企业土地市场投机的效果也不佳，上文已有论述，主要原因有两个：政策漏洞和地方政府执行政策的非合作博弈。因此，仅技术层面的土地使用制度改革仍然解决不了所有问题，制度完善仍然是下一步改革的主要方向。

对于供地政策参与调控地价和房价，总体来说效果不佳，尤其是自2003年土地政策提出之后，房价和地价以较快的速度上涨，土地政策频繁出台，并没有抑制房价的过快上涨，这也说明仅仅以土地政策调控房价可能达不到控制房价快速上涨的目的，引入了货币信贷政策和土地政策的模型表示，土地政策在整个房地产价格调控中与货币政策同样重要，它们之间不可分割，存在政策实施的“短板效应”，利用2005年第一季度—2010年第四季度的季度数据实证表明，在土地政策和货币政策的协同过程中，土地政策作用明显较低，影响到了信贷政策的良好发挥。同时，对于货币政策和土地政策，相对于价格型工具来说数量型工具更为重要。而土地政策中的打击囤地、清理闲置用地政策等对抑制房价的贡献度较低，因此提高清理闲置用地政策的政策绩效将是未来供地政策改进的主要方向。

6.3.2　土地供给政策失灵的原因分析

第一，土地政策偏重于行政手段，供地政策本身就是一种供给方管理政策，其可以分为总量供给控制政策、供给结构调整政策两个主要方面，其中供应总量政策如“三个暂停”、清理开发区与违法用地、调整供地计划等，而供给结构调整政策如增加中低价位中小户型商品房用地供应、限制高档商品房和别墅用地供应等，这些政策虽然有法律法规的约束，但其中更偏重行政手段，这些手段虽然短期内对于完善市场外部环境有一定的积极意义，但也极有可能造成政府失灵，因此从长期来看，从行政手段走向以经济手段和法制手段为主的调控政策很关键。

第二，现行农村土地产权制度、征地制度、集体建设用地制度造成了城市和农村两种建设用地实际上的不平等现象，地方政府完全垄断了土地一级市场，导致在合理规划条件下，农村土地不能供应入市，行政垄断造成的市场供应短缺和效率损失。同时，集体建设用地的管理也处于混乱状态，由于缺乏相关的法律法规，集体土地违规入市和没有法律依据的入市也造成了土地市场的混乱。

第三，政府职能的错位、越位和缺位。地方政府往往在土地市场管理和监管上缺位，在土地经营上错位，在土地微观管制上越位，地方政府集土地行政管理权、土地资本经营和土地调控政策等诸多职能为一体，本身就存在诸多不可调和的矛盾，因此，土地政策的执行必将大打折扣。

第四，缺乏相关法律法规的约束。土地利用总体规划和城市规划经常相互冲突，突出表现在保护耕地与城市建设用地规模的矛盾无法协调。土地利用规划本身也存在诸多问题如土地供应计划与土地利用总体规划脱节，土地利用总体规划的战略性不够，科学性较差。最后，土地利用规划、城市规划等缺乏严格的法律法规保障，地方政府往往随意或变相修改规划，用地指标屡屡突破，土地利用总体规划和城市规划的计划规划作用在很大程度上已经名存实亡。

第五，供地政策本身的问题，这个上文中已提到一部分，主要体现在供地政策缺乏成熟的经济理论作为基础，而且调控工具、中间目标缺乏，调控手段单一且直接，大都是行政手段，往往产生较大的波动，且供地政策属于单向调控，对抑制投资过热有积极意义，但对促进市场回暖效果不佳。此外，相对于财政政策和货币政策，供地政策的滞后期更长，需要政府做到科学决策才能较好地实现调控目标。对于土地政策和货币政策、财政政策的协同配合来说，由于供地政策存在着政策短板效应，在一定程度上削弱了整体调控政策的效果，因此实践中，对于供地政策的短板效应要充分考虑。

因此，未来供地政策的完善方向则主要包括：政策手段的完善，应更多地使用市场手段和法律手段，对于行政手段的使用则必须限制在法律法规许可的范围内，避免政府失灵；相关配套制度的改革如农村土地制度、征地制度、农村集体建设用地制度改革；地方政府职能的适当转换，剥离部分政府不应该承担的职能，如经营城市国有土地资产，加强地方政府的监管和调控职能；相关规划计划的科学制定、良好执行以及法律法规的良好保障；提高供地政策和其他调控政策的协调度。

第7章　部分国家和地区土地供给制度述评及借鉴

我国住房市场化深入改革的时间不长，自1998年房改以来仅15年。城镇土地使用制度改革从1998年的《土地管理法》实施以来，市场化的历程也非常短，这段时间内中国经历了一个高速经济增长的阶段，土地价格和商品房住房价格也迅速膨胀，由于土地市场和房地产市场发展的时间不长，国内外这方面的文献对土地供给制度和房地产价格水平之间的关系也没有统一的观点。因此，土地供给制度对商品住房市场的影响还缺乏足够充分的实践经验和理论支撑体系。本章主要考察国外有代表性国家和地区的土地供给制度的基本情况和商品房市场的发展情况，比较不同土地供给制度下的制度绩效，尤其是借鉴利用土地供给制度对于抑制过快上涨的房地产价格方面的经验和教训，以便为我国商品住房市场的完善和土地供给的制度变迁提供一些思考和借鉴。

本书选取了一些国家和地区的具体情况进行分析，主要为欧美国家和受欧美国家影响较大的国家和地区。这些国家和地区有：北欧的瑞典、丹麦，西欧的荷兰、英国、法国、爱尔兰，南欧的西班牙，美国以及英国的前殖民地中国香港地区，这些国家和地区经济较发达，城市化的进程早已经完成，房地产市场和土地市场发展较为成熟。这其中土地所有制度和土地供给制度比较类似的国家和地区组合有英国和中国香港地区，瑞典和荷兰地区，德国的土地供给制度和住房制度比较特殊，一直是遵循社会市场经济从而坚持政府对土地市场和房地产市场的适度的管制，此外的法国、美国、爱尔兰、丹麦、西班牙在土地所有制多元化的基础上也各自有一些自己的特色。从图7－1近年来的这些国家和地区的房价波动率来看，呈现

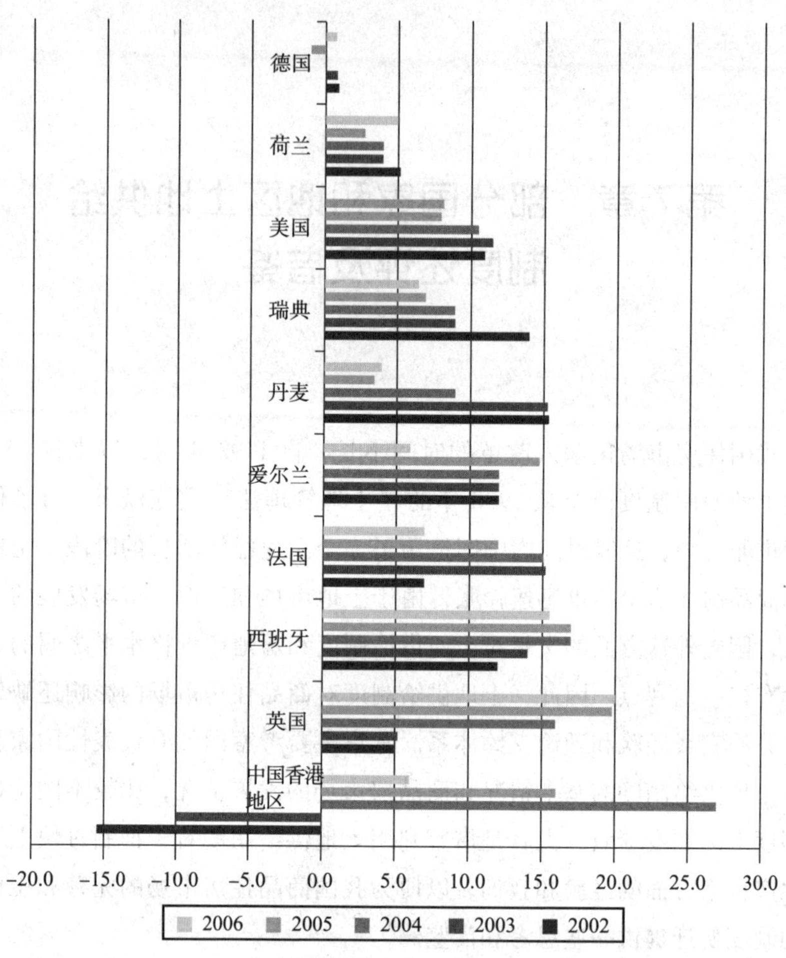

图 7－1　房价增长率，与上年同期相比（%）

资料来源：BIS. ECB. Nationwide. INSEE. NVM。

SCB. MVIV. OFHEO. TSB. BulwienGesa.

出一些特征：房价波动最平稳的国家是德国；波动最大，经济繁荣期上涨速度最快，经济衰退期下跌速度最快的国家和地区为中国香港地区；总体房价波动较为平稳的国家和地区是德国、荷兰、美国；波动率居中的国家和地区是瑞典、丹麦、爱尔兰、法国；波动率很大的国家和地区是西班牙、英国和中国香港地区。考虑到不同国家和地区的土地所有制度、土地供给制度及住房制度有所不同，因此，本书从房价波动率不同的三组国家

里分别选取一个国家来进行分析，低房价波动率国家选取控制房价上涨率最好的德国为例，中房价波动率国家选取土地储备制度实施较好的瑞典为例，而高房价波动率国家和地区则选取中国香港地区为例，直接原因就是中国土地供给制度和土地储备制度极大程度上是借鉴了香港地区相关土地使用制度而发展起来的，虽然这些国家和地区的经济结构、发展总体水平等有一定的差别，但是在土地供给制度和房地产市场发展方面，却有制度差异和相同的部分，找到这些差异和相同的部分与我国的具体情况进行对比借鉴，给我们提供了一个很好的学习机会。

7.1　中国香港地区土地供给制度述评及借鉴

7.1.1　香港房地产市场发展历程

我国的房地产市场尤其是土地市场极大程度是借鉴了香港土地使用制度建立起来，在某种程度上，内地房地产业是香港房地产业的“模板”。而在香港回归后，香港房地产业对中国内地房地产业的影响就更多了。本小节首先回顾一下香港房地产市场的发展历程和特点。

二战后香港的房地产市场总体来讲可以分为两个大的阶段：第一个大的阶段从二战结束到1985年，第二个大的阶段从1985年到现在。在第一个大的阶段中又分为四个大循环周期：第一个循环周期为1948—1959年，战后和平发展使得香港居住人口急速增加，人口从1949年186万上涨到1959年的300多万，从而产生大量的居住需求，此时大量资本涌入香港，香港出现了第一波房地产市场过热。1958年后房价、地价大幅下跌，但由于需求巨大，很快被1959—1969年第二个大周期循环的房价上涨趋势所取代，由于这个阶段银行的房地产信贷量大增，1965年房地产金融风险出现并导致了商业银行信用危机，从而企业倒闭、房价暴跌。第三个大循环周期是1969—1975年，1969年香港从上次地产行业的衰退中复苏，为了解决中低收入阶层的住房问题，这个时期香港政府制定了“十年公屋计划”，香港楼市房价又步入快速上涨通道，但1974年的石油危机又导致香港楼市步入衰退阶段，这个时期房价下跌35%左右，地价也下跌接近40%。第四个大循环周期为1976—1985年，这个时期香港政府推行“居者有其屋”计划和地铁计划，伴随着香港人口增加到500万，楼市又步入过热状态，但随着随后的世界经济危机的到来楼市又进入衰退阶段，如图7－2所示。

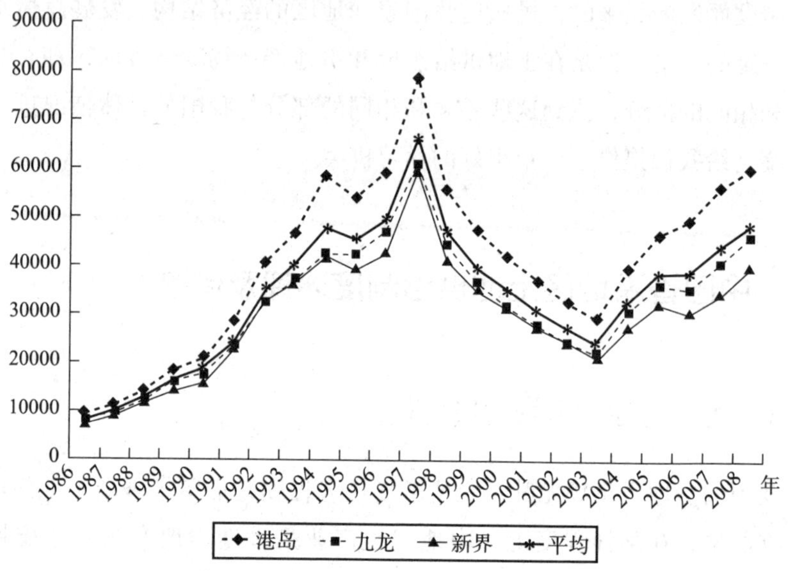

图7－2　香港1986年到2008年（上半年）房价走势

资料来源：厦门房地产联合网。

第二个大的阶段的第一个周期从1985—1989年，这个小周期处于上升阶段，此时由于中英联合声明的生效，从内地返回香港的移民和居民的置业需求大增，大量资本也进入香港楼市，此外，银行信贷和低利率政策也促进了楼市的快速回暖，到1989年，香港房价回到了1981年的水平。第二个时期是从1990—1997年楼市扩张期，这个时期房价以过快的速度上涨，1994年的房价水平是1990年房价水平的150%，房价收入比过高，香港政府出台楼市干预措施，主要有信贷政策、税收政策及打击投机等，在20世纪90年代中期遏制了楼价的快速上涨，但1996年宏观调控措施的放松之后楼市价格又快速上涨，仅1997年就上升40%。第三个时期从1998—2003年，这是香港楼市的低迷时期，香港回归政府出台了“八万五计划”即1998—2008年每年建8.5万套住宅以抑制房价，这次出台的政策调整力度

过猛，加之亚洲金融危机的外部冲击，房价开始下跌到 2003 年的最低点，地产的低迷对香港经济产生了很大负面作用。第四个时期从 2003 年开始，政府出台了一系列刺激楼市回暖的政策，促进居民对经济前景的信心恢复，在这些政策刺激下香港楼市又步入上升周期通道中。

同中国内地的房地产市场相比，香港房地产市场的特点是：第一，房地产业是香港经济的支柱产业，仅地产业和住宅产业之和占香港 GDP 总量最低也达到了 30% 左右，最高时接近 40%，再加上房地产业相关的中介行业，这个比例超过了 40%，房地产投资额一般占到固定资产投资总额的 65%。同时，香港股市、银行业和房地产市场密切相连，股市的 33% 市值是房地产股，银行信贷中住房抵押贷款和房地产开发贷款也占到了贷款总额的 30% 以上。第二，仅考虑房地产业带来的地租收入即土地出让金收入，1971 年以来，地租收入占香港财政收入的比重为 11.5% ~36%，香港财政收入对土地批租市场的地租收入有着较大的依赖，但这个比例同中国内地 2002 年以后相比，这个比例还不是太高。在地租收入之外，房地产业的相关税收在香港财政收入中也占据重要地位。香港地少人多，加之香港政府的非饱和饥饿土地供应政策，很大程度上推高了香港房地产价格，也造成地价和房价循环上涨的局面。第三，香港楼市投机现象严重，房价上涨形成的“财富效应”使得大量资本进入楼市，在房价上升通道时楼市投资回报率很高，短期过度投机现象带来的房价过快上涨在受到外部冲击的情况下泡沫就可能破裂。

7.1.2　土地供给制度的特点

香港的土地供给制度的诸多特征来源于港英殖民地时期的制度，英国及其殖民地的土地所有权归英国王室所有，香港总督只有得到英王的土地“权利证书”后才能向市场供给土地，港英政府供给的只是土地使用权，这与内地的土地所有权属全民所有，只有国有土地使用权进入土地市场是一致的。之后香港土地由英国皇室所有转为港英政府所有，实行港英政府下土地批租制度，香港回归后则延续了原有制度。由于香港的发展只有 100 多年历史，土地供给制度设计的出发点和土地供应制度所对应的政治、经济、社会文化环境不同，中国内地实行的土地所有权与土地使用权分离、中央政府所有、地方政府代理土地供给制度的制度绩效和香港必然存在重大差别。

首先，香港土地面积为1104平方公里，人口711万，是仅次于纽约和伦敦的全球第三大金融中心，人均GDP 34200美元（2011年），人均土地面积为0.00016平方公里，而中国内地人均土地面积为0.007平方公里，且香港可供开发的土地面积仅占总面积的30%。从土地资源禀赋来看，香港属于自然禀赋高稀缺地区，而中国内地是自然禀赋相对丰富的地区。从土地供给的弹性系数来看，香港的土地供给弹性系数应更小，这与我国中东部的大城市的情况类似。但有所区别的是中国内地的土地使用制度在更大程度上决定了城市土地供给的低弹性，而香港土地供给的低弹性虽然一部分原因来自香港政府的土地供给行为，但土地资源的自然禀赋及土地资源的审慎开发等因素也必须有所考虑。

其次，中国内地实行的是转型过程中的非完全市场经济，而香港实行的是完全的市场经济，中国地方政府对土地市场的规制、管理、经营方式还不完全适应市场经济的需要，与香港的以竞争机制、价格机制等基础机制不同的是，中国内地的转型经济模式中还不同程度地存在着计划经济中的过多的行政审批方式和审批环境。因此，内地市场经济中的土地市场往往会有更多的政府失灵，而香港土地市场中市场失灵会比政府失灵更严重。

最后，香港的土地供给法律完备，法制环境良好。主要体现在以下几个方面：第一，土地规划和利用计划详细、立法完善，并设定详细、科学的供地程序和审查程序来制衡香港政府的土地供给行为，供地的外部干预极大程度上受到了各种法律法规的制约。中国内地的土地利用立法较为滞后，仅有的一个《土地储备管理办法》是立法层次较低的行政法规，实践中也出现了种种弊端，同时土地供给的技术程序也不规范，易受到外部因素的干预，从而市场化程度并不高。第二，在完全城市化的香港土地市场，无论是存量还是增量的土地，都不会涉及农地征收，而只有城市土地的征收拆迁，政府垄断了土地征收拆迁权和土地供给权，实现了供需两端的完全垄断。香港政府规定：征地拆迁必须是为了公共目的，并对被征地拆迁人按照市场价格进行合理补偿。由于征地目的明确，征地程序公开透明，补偿方案周密且补偿标准以市场价格为基准，保障了被征地拆迁人的利益，而中国内地地方政府的征地范围目标不明，所征用的土地既有出于公共利益目的而征地的，也有出于商业目的而征地的，且内地征地审判权控制在地方政府手中，征地程序不透明，法律又规定了按照农地标准补偿被征地者，因此被征地者处于弱势地位，其合法正常权利经常被侵犯。第三，香港由于法制健全，城市规划和土地利用规划能有效对地方政府的土地出让行为进行制约，在法律法规完善的同时政府和相关市场的主体也依法行政，因此政府失灵的程度比内地土地市场要少，而内地的城市规划和土地利用总体规划缺乏严格法律保障，而且大多的城市规划和土地利用规划科学性、长远性较差，由于规划、计划的短期性、实用主义和弱科学性，地方政府作为土地市场的规制者、管理者往往本身成为破坏规划和计划的主体，政府职能往往存在严重的缺位、越位和错位。

7.1.2.1 土地供给制度中的政府垄断行为

由于香港实现了完全城市化，故其土地市场就是完整的城市土地市场，不存在农村土地进入市地市场的现象，也不存在不同土地所有者之间相互竞争供给土地的情况，香港政府作为土地所有者和土地管理者身份完全垄断了香港的土地供应。由于香港政府垄断了土地市场，同时作为土地所有者、土地供给者和土地管理者，便必然出现土地批租收入与调控市场的矛盾，政府在市场监管中的角色和定位模糊。这种现象经常在香港上演，香港回归后政府取消了公屋建设计划并于2002年宣布停止或不定期拍卖土地，这些应对亚洲金融危机冲击的暂时性的措施一直实施到2005—2010年楼市过热时期，这直接催生了房价的高增长速度。当然，除了土地批租收入与政府调控房地产市场的矛盾之外，还有一个特殊的原因：1997年香港回归祖国后，政府为了避免在回归过渡期内供应大量土地引发金融危机，因此做出了限制土地供应的决策。由于上文提到的金融危机而延续了这项政策，总的来说，近30年来香港地产市场总体上表现为供不应求，这在很大程度上推高了地价和房价。

7.1.2.2 土地供给方式

香港的土地出让方式主要有招标、拍卖、挂牌、协议四种方式，并以

"招拍挂"出让为主，没有中国内地划拨出让土地的方式。香港协议出让土地的范围也与内地不同，内地的协议出让方式大都用于只有一个用地意向者时，而香港协议出让土地则主要面向非营利及公益用地或者保障房用地，地价为象征性的地租，这与内地的划拨土地出让权类似但又不完全相同。内地的划拨用地主要是针对军事、行政用地，与香港的针对高科技企业用地和工业用地的划拨或协议出让不同，内地的地方政府因招商引资或其他目的而产生负地租供给土地的现象，主要表现在越权批地供地，错位违法用地、低地价、零地价甚至负地价供地。此外，香港土地出让中的"勾地"制度也是一种以市场引导供给的供给方式，其主要特点是：在市场供过于求或者处于萧条期时，政府为了避免无效供地或者低价供地而采取的一种改进的供地制度，香港政府在勾地表内将未来出让的土地的宗地位置、规划条件、出让面积等内容资料进行储存并向市场公开，如房地产企业有置地需求则在规定的时间内向政府提出一个置地价格，如果这个置地价格符合政府制定的价格则以公开出让的方式供地，如果置地价格不符合政府制定的价格则政府不再进行市场供地行为，勾地制度有效地防止了市场萧条期供地行为加剧的市场萧条，同时也避免了香港政府低租金出让土地造成地租流失的可能。当然随着土地市场和房地产市场行情的不断变化，香港的勾地制度在实施过程中也不断进行完善和改进，见表7-1。

表7-1　中国内地和香港地区的土地出让形式对比

地区	中国内地	中国香港
出让方式及收入	"招拍挂"	招标拍卖
	协议出让（工业用地和单一用地申请者）	私人协约非营利用地（名义地价）
	土地出让金补缴	地价补缴、续缴
	无	土地出让合约豁免费用
	其他所得	其他所得

7.1.2.3　香港土地出让的地租形式

地租按照向土地所有者交纳方式分为批租制度和年租制度，香港实行的是土地批租制度，一次性收取土地使用权出让年限内的地租的贴现值之

和。这一总和通常叫土地出让金。这里的土地出让金与西方市场经济国家中地价不完全相同，在欧美国家，由于大多数市地私有，土地所有权的价格被称为地价，而土地出让金在本质上仍然是土地租赁价格，即土地出让金反映的是土地使用权的租赁价格，而地价是反映土地所有权的买卖价格。香港的土地批租价格分为名义地价、完全市场价格和下调地价三种形式，名义地价即上文提到的协议供地价格，主要针对非营利组织和公益组织及保障房用地，名义租金的征收体现香港政府对土地的所有权，一般以完全市场价格的一小部分计算，而且不调整年租金。1985 年后新批租的土地除了缴纳前期的地价之外还要按年缴纳实际年租金，这与传统的批租一次性缴纳所有地价不同，它仅指的是前期征地费和相关开发费用以及政府规定的年租金率和市场供求租金率之间的差额的贴现值。因此可以说香港实行的是土地批租制度、土地年租制度的结合，而中国内地对经营性房地产则一律采用了土地批租制度。港英政府前期香港土地的批租制度的出让年限多为 75 年，后来因为影响投资者长期投资积极性而改土地批租年限为 99 年，到 1898 年又恢复了 75 年批租制度并辅之以 99 年批租制度。《中英联合声明》之后批租的期限一律修改为 50 年，而私人游乐场地为 15 年，码头用地为 15 年且可续期 15 年，汽油站用地为 21 年且不可续期。从这里看到，1898 年之后的土地批租制度下的批租年限改革与经济规律并没有什么联系，而是其他因素决定的，这与中国内地的住宅用地批租年限的修改一样。

7. 1. 2. 4　香港土地供给条件和供给程序

香港政府出让土地时需要和土地使用者签订土地使用合约，政府作为土地所有者和管理经营者对土地的管理主要通过土地合约进行，合约内容主要包括土地的规划条件等一系列限制性条件。土地合约签订后未经政府和土地使用者同意不能任意改变土地合约内容，即使土地在二级市场上进行流转，其他的土地使用者也必须按照政府规划进行二级开发。此外，香港政府对已经出让的土地在土地合约中规定“建筑合约”，即在规定的时间内必须完成的开发面积，若在规定的时间内未完成则要按照延迟年限的不同给予不同的罚款率，这同中国内地的打击房地产企业囤积土地的措施大致相同，但实施的效果却截然不同，内地地方政府打击囤地的非合作博弈与法律法规的不完善是内地打击囤地政策失效的根本原因。

香港土地供应由特区政府根据合理制定的土地用途规划战略和土地供应计划决定，具体由地证署执行，土地用途规划战略和土地供应计划的科学性是合理土地供给的前提，政府根据土地市场的具体行情公布土地供给的年度计划、5 年计划和 10 年计划，计划包括出让总量、用途结构、区域结构等，还包括每宗地的规划条件、出让方式、宗地面积和位置、时间地点等。公开透明的土地用途战略规划和土地供应计划有利于企业稳定对房地产市场预期，对市场的供给有较清晰的判断，这在一定程度上提高了土地资源配置效率。

7.1.2.5 香港土地供给的地租收取和利用方式

上文已提到两种地租形式即批租租金和年租租金两种。根据不同形式下的土地使用情况，香港政府在土地市场上获得地租和税金大致有以下几种形式，土地批租时土地出让金即各年租金的贴现、批租土地续租的地价续缴、修正土地利用规划条件后的地价补缴、年租制度下的年租金、印花税、物业税、政府规定的年租金率和市场供求租金率差额、遗产税等。香港在土地市场上获得的收入在资金管理方面则主要是成立基本工程储备基金，基本工程储备基金主要用于征地拆迁补偿费用、基础设施配套费用、转入政府的收入款项及偿还政府借贷等。这个储备基金类似于中国内地的土地出让金及国有企业上缴利润的结合体。此外，香港政府还成立土地基金，主要目的是使得政府从土地市场获得的收入在不同届政府之间获得合理分配。香港政府在土地出让金预算编制的实施过程中，由于房地产市场行情的不断变化，也常出现预算收入和实际收入不一致的情况，从市场经济中的不确定性来说，这也是一种正常的现象，因此土地出让金预算编制应兼具刚性和一部分弹性。最后，香港政府对于土地市场获取的收入在支出时与内地的有所不同，香港强调土地租税收入使用的开放性，即注重这些资金的使用效率，而内地土地出让金的收入中央政府强调用于民生领域如保障房、教育、农田水利等方面，而地方政府则更倾向于将土地出让金用于城市建设和基础设施配套而避免对民生领域的过度支出，地方政府的这种土地出让金使用行为在一定程度上也推高了房价，剩余部分归地方政府在其他方面的支出使用。实践中，由于民生领域中支出费用较大，而地方政府在民生领域的投入也常出现非合作博弈的现象，因此，良好的制度设计和提高土地出让金的使用效率都是未来制度变迁应着重考虑的。

表7-2 香港土地预算收入、实际收入、实际支出及预算差异率

年度	预算收入（万元）	实际收入（万元）	实际安排支出（万元）	预算差异率%
2009—2010年	1650000	3963208	39407	140
2008—2009年	4310000	1693585	92634	61
2007—2008年	3850000	6231788	37197	62
2006—2007年	3050000	3700041	22651	21
2005—2006年	3198330	2947194	35359	8
2004—2005年	1198350	3203277	47090	167
2003—2004年	245361	541476	137043	121
2002—2003年	2499210	1147580	99221	54

资料来源：郭雨松．香港土地制度和土地出让金管理及其借鉴［J］．地方财政研究，2012（5）．

7.1.3 经验分析与借鉴

上文提到由于香港和中国内地在经济发展阶段、政治制度、法制环境等多方面有着重大区别，尽管香港土地供给制度是中国内地土地供给制度学习的“模板”，但以香港为蓝本的土地供给制度在香港和内地之间实施的制度绩效却不完全相同，以这项制度在香港实施取得的良好制度效果及出现的一些问题为经验借鉴，尤其是要结合这项制度在我国实施后产生的制度变异的结果来进行分析。

相对于中国内地的土地供给制度，香港土地供给制度中法律法规完善，土地用途战略规划和土地利用计划较为科学，规划计划的实施受法律法规保障，香港政府不能随意修改土地用途战略规划，公开透明的土地出让计划有效地降低了土地市场的不确定性，对稳定房地产市场的预期有重要作用，“勾地”制度的引进有效引进了土地市场需求面因素，也在一定程度上保障了政府的土地资产不会流失。香港政府严格保护拥有合理使用权的企业或个人，在征地拆迁问题上有严格的程序和法律保障，土地产权者一般能得到公正的市场价格补偿，这方面的社会问题不严重。此外，香港的年租制度和批租制度的混合租金制度在一定程度上也克服了单一批租制度的诸多弊端，在降低房地产市场投机方面有一定作用。当然和中国内地一样，这种垄断供给制度为政府提供了大量的土地出让金，使得政府在城市基础设施建设中积累了大量的资金，有效地减小了部分财政压力。

当然香港的土地供给制度在实施过程中也出现了一些问题值得深入思考。首先，垄断供地制度下易产生高地价并推高房价产生房价泡沫，在地价和房价的循环上涨过程中，不断有资本进入房地产市场，进一步加剧了房地产市场的投机性，而由于香港是一个小型高度开放经济体，在这种高地价、高房价的投机市场下，在内部经济形势衰退和外部大的不确定性的冲击下又容易产生房价和地价的大幅度下跌，给房地产投资者和投机者带来重大损失，更容易引发大的金融风险。其次，由于香港是一个单独的城市经济体，与内地有众多的城市不同，在香港的这种垄断供地制度下，土地市场下游的商品房住房市场更容易形成垄断，香港房地产业的市场集中度很高，在 4000 家房地产企业中前十大发展商控制了接近 80% 的市场份额，而在内地的东部大城市，也达不到这样的高市场集中度。高市场集中度提高了房地产企业的垄断势力，虽然香港的地价成本较高，但由于产业上下游垄断的存在，香港房地产业的利润率仍然较高，高额的成本被转移到房价中。最后，高房价使得居民生活成本和企业的商务成本高居不下，这在一定程度上损害了香港的国际竞争力，房地产业的一支独大也导致了制造业萎缩，以金融服务业为主的香港经济更容易受到外部经济冲击从而使香港经济和房地产市场增长出现波动和衰退，经济增长和发展的长期潜力不足。

内地借鉴香港的土地供给制度但与香港土地供给制度实施效果有相同的部分。比如，土地财政、一定程度的产业空心化、较高的房价，但内地的房价一直坚挺还没有出现大幅下跌，这可能与内地的房地产市场在初步阶段有关。与香港土地供给制度不同的实施结果是：土地出让的市场化程度不高，地方政府和房地产企业寻租现象时有发生。内地的法律法规配套很差，城市规划和土地利用规划的科学性和可执行性差，没有完善的法律

法规和程序规则约束政府的不当行为。内地的征地拆迁等社会问题突出。此外，内地的土地出让金使用也较混乱，地方政府更倾向于用于经营城市的投入，这种行为也没有得到合理的制度约束。

上文分析了香港土地供给制度中的有效制度绩效及其出现的问题，结合中国内地和香港地区不同的经济、政治、法制文化背景，对于我国土地供给制度有以下几个方面的思考和借鉴：首先，法律及制度程序方面，健全完善的立法和法制环境对于优化土地市场的环境非常重要，缺乏法律法规和有效制度约束的土地市场必将出现大的政府失灵，具体如配套法律的完善、科学土地利用总体规划和城市规划的制定、土地公开供应计划程序等，这是健康发展的土地市场的基础。其次，土地供给制度中的一些创新性值得借鉴，比如批租制度和年租制度的混合制度，对于内地来说，可能会有更好的制度绩效，因为内地不同于香港的小型城市经济体，混合租金制度可能以有效的方式降低土地和房地产市场的投机程度。此外，香港土地供给制度中“勾地”制度对于需求引导供给发挥了重要作用，改变单一的以地方政府供给主导的土地市场有重要意义。最后，对于土地使用者的合法使用权权益，需要得到有效的法律保护，包括城市被拆迁者和农地被征地者，因此合理的产权制度和对地方政府有约束的法律很关键。最后，由于自然禀赋重大不同，内地的土地资源禀赋相对香港来说丰富得多，因此中国内地更应该从制度创新方面改革现有土地供应制度，尤其是可以从城乡间、不同城市间及时间维度上合理配置土地资源，以缓解城市化的巨大用地需求。

7.2　瑞典土地供给制度述评及借鉴

国外的土地使用制度中按照政府对私人所有的土地政策不同大致可以分为两类：一类是以公共利益和公共福利为主要的制度目标，个人利益在一定程度要服从公共利益和国家的需要；另一类则强调市场在土地资源配置中的基础作用，政府重视在法律和规划控制下的土地私人所有者的利益，私人土地所有者可以根据法律法规的要求从土地市场中获得地租增值收益。前一类的国家以瑞典为代表，后一类的国家以法国为代表。在上文中已经指出，按照不同土地供给制度下的房价波动水平来划分，瑞典属于房价波动平稳居中的国家，且瑞典土地使用制度相对来说比较成熟，国民实现了较高的居住福利水平，因此这一节主要阐述瑞典土地供给制度及其对我国的借鉴意义。

7.2.1 瑞典土地供给制度改革的背景

瑞典土地供给制度改革的最初原因是移民潮的出现。20 世纪初，瑞典兴起了向美国移民的热潮，从 19 世纪中期到 20 世纪初，有近 100 万的瑞典人移民到国外，主要以美国为主，19 世纪 80 年代移民潮达到了最高峰，每年大约有几万人移居国外，而瑞典当时人口总数为 300 多万，国土面积 40 多万平方千米，资源禀赋的现实是地广人稀，这与中国香港的资源禀赋是完全不同的。因此大量劳动力和人才的流出使得国家未来的经济增长潜力大大下降。为了制止大规模的移民，瑞典开始在社会经济建设方面出台一系列政策，其中的一个举措就是设法降低城市土地价格来为工人提供价格低廉的城市住房，以缓解大量移民带来的国民经济不可持续发展的压力。还有一个原因是 20 世纪初的瑞典工业化时期的经济高速增长下带来了巨大的城镇住宅需求，政府迫切需要提供大量廉价住宅来缓解住宅压力。20 世纪初，瑞典出现了土地所有权的个人所有和土地发展权的个人所有，伴随着城市的推进，私人拥有的土地投机现象严重，地价上升速度很快并最终导致房价高居不下，作为早期实施公共社会福利制度的国家，政府在经济活动中的干预度很大，在这种情况下亟待政府对土地市场的投机现象进行干预管制。基于这几个方面的原因，瑞典的土地供给制度改革从 1904 年开始，首都斯德哥尔摩议会通过了全面启动实施土地储备制度。瑞典的土地供给制度主要是通过土地储备制度完成的，这与我国现阶段的土地供给制度以土地储备制度作为组织工具实施是一样的。因此本节介绍瑞典的土地供给制度时就以其土地储备制度运作机制为核心来阐述它的土地供给制度及对房地产市场的影响，以期对我国土地供给制度的制度变迁提供一些可借鉴的地方。

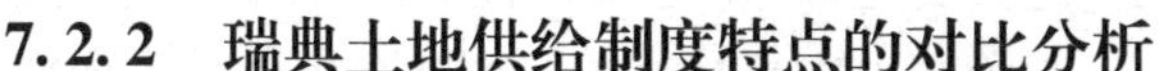

7.2.2　瑞典土地供给制度特点的对比分析

瑞典的土地储备制度也叫土地银行制度（land banking），与我国土地储备制度由地方政府国土资源管理部门、土地集团、国土资源管理部的下属事业单位或地方政府成立的土地管理委员会不同，瑞典的土地储备中心是直接由中央银行参与土地市场管理的机构，由政府的公共机构在土地未发展前获取并持有相应的土地发展权，用来克服私人土地所有投机现象所引起的市场失灵，以最终实现公共利益的一种公益机构。我国在2007年出台的《土地储备管理办法》中也指出土地储备管理制度的目标是“完善土地储备制度，加强土地调控，规范土地市场运行，促进土地节约集约利用，提高建设用地保障能力”，考察我国的土地储备目标，首先最主要的应该是调控土地市场，其次是促进土地优化利用和提高建设用地保障能力，这与瑞典成立土地银行调节土地市场的初衷完全一致。

瑞典土地储备制度的运行机制的主要特点是：第一，通过土地储备机构将有升值潜力的土地收回国有，然后用于公共基础设施建设，我国的土地储备机构也通过收回、征地拆迁、收购、置换、优先购买及其他方式垄断了城市一级市场的国有土地，通过一级开发升值后在一级市场进行供给，但土地储备制度诞生以来，我国土地储备机构储备的土地主要是以征地拆迁方式获得的农地，而不是通过其他方式获得的国有土地。地方政府在征地后将大量的土地以低地租甚至负地租投入工业用地市场，一般是通过政府在各类形式的经济开发区招商引资的方式，此外就是高价出让商业住宅用地，直接催生高房价。很重要的一个原因就是我国征地拆迁补偿标准是以农地标准补偿，也就是说，虽然与瑞典土地储备制度运行目标相同，但我国实施土地储备制度后却出现了明显的制度变异。由于瑞典和我国的土地所有制度、政治、经济及社会环境差别很大，其土地储备中心对即将进入土地银行的土地一般采取的市场竞争性的购买行为而非我国实行的政府强制行为下的征地拆迁制度，瑞典的土地银行中所储备的土地在一定意义上可以说是一种土地投资，而国内以公共利益为由的征地拆迁制度，从法律规定上看是出于公共利益而非市场投资，但正如上文所描述的，我国土地储备中心中的土地其实更是一种不动产投资。

第二，瑞典土地银行的一个重要手段就是运用土地储备银行的土地调节干预土地市场以平抑地价和房价，以防止私人所有者以各种形式垄断土地市场和在土地市场进行投机活动。即在土地市场过热时抛售土地储备中心的土地以缓解过高的地价，以及在房地产市场低迷时将低价的土地通过各种方式纳入到土地储备中心。例如，在瑞典土地储备制度实施的早期就通过各种手段储存了是其市中心土地面积数倍的城乡接合部土地，随着瑞典工业化和城市化的推进，土地储备中心大量的土地就以较低的成本满足了城市化的需求，用来进行各种基础设施的建设、住宅建设和环境保护建设等，土地储备调节市场的功能凸显。我国的土地储备制度的设计目标最重要的一条也是调节市场，但通过上文的实证分析表明我国土地储备制度调节土地市场缓解高房价的目标基本没有实现，另有一些文献通过实证分析认为地方政府土地储备中心的土地供给行为有着明显的企业化行为，即在房地产市场过热时有意进行不饱和供地抬升地价以获取更多的土地出让金，当然也有一些客观原因制约了土地储备中心在市场过热时抛售土地，即大多土地储备中心由于资金或其他问题，本身所储备的土地数量非常有限，起不到调节土地市场供应的作用，但更重要的原因毫无疑问是地方政府的营利性和对土地市场的宏观调控本身就存在矛盾，当土地储备中心以营利最大化为目标时，干预土地市场的效果必然大打折扣。

第三，瑞典在推进城市化的过程中通过土地管理和开发手段实现公共社会福利国家政府的政策目标，如基础设施的投资建设、环境保护、解决城市化进程中的住宅短缺问题、旧城改造和新城建设等政府目标，政府在实现这些目标时将公共利益和公共福利作为首要考虑，在很大程度上私人土地所有者的个人利益要服从这些公共利益，实施土地的回收、收购、开发、出让等过程，当然是在一系列法律法规和程序约束的情况下进行的，以防止土地银行滥用公共权力侵犯私人权益。瑞典通过各种手段储备土地时并不以特定目的、特定时间、特定用途等收购或回收各种土地，而是遵循不定时、不限用途并超前的储备土地，这样做的一个很重要原因就是避免土地市场受到既定预期的影响而使土地市场供求关系发生改变，也在一定程度上避免了政府购买土地的支出成本。由于各国政府一般都规定政府对土地有优先购买权，因此瑞典土地银行大都是利用优先购买权在信息不对称的情况下按照其既定计划进行土地收购，这样做一个重要的原因就是避免干扰土地市场。对于一些没有收购的私人所有的土地，瑞典一般通过各种土地法律法规和规划条件限制私人的土地市场投机，现在瑞典的土地所有制比重大致是私人及企业约占60%，其中私人约占40%，企业约占20%，中央政府占有30%，地方政府及教会和其他组织占有10%。与我国土地一级市场出让之前的一级开发一样，瑞典也将土地银行中储备的土地进行前期整理和储备开发，以减少土地投入市场后调控市场的政策时滞，在一定程度上也将减少成本的不确定性和土地二级开发的时间。

第四，与我国土地出让制度不同的是，瑞典土地银行制度下的土地出让使用坚持只租不售的原则，同时适当调节和控制土地价格。瑞典以出租的方式出让土地最早始于土地银行制度建立之初的1907年，并且在早期只有首都斯德哥尔摩使用这种方法，到了20世纪40年代陆续在其他城市实施，在后来的瑞典住房政策制定时也主要考虑了其土地出租制度。在土地出租制度下，承租人有权按照政府的规定使用土地，且不能单方面解除土地出租合约。但地方政府可以在土地租赁合约满60年到期后解除租赁合约。如果政府因为公共利益的需要单方面收回租赁土地权利，瑞典法律法规严格保护了土地承租者的合法利益，政府一般通过调整土地租金来获得地租增值的大部分。瑞典的城市土地出租制度存在特有的属性，通过制定土地出租法律法规，瑞典承认了土地承租人是出租土地投资者的收益人，而且确定土地租赁权利可以作为承租人的抵押品，这点在很大程度上克服了土地租赁制度下融资和进入市场流通的弊端。土地承租人可以用抵押或转租的方式将部分或全部土地租赁权转让给第三方。从这里可以看到，瑞典的土地出租制度与我国农村的农地承包经营权有很大的相似度，我国农地也由单一公有向衍生出承包经营权等用益物权进而进一步衍生出抵押权等担保物权，这实际就是土地资本化的一个过程。需要指出的是，由于瑞典的土地分为个人所有、企业所有、中央政府所有和地方政府所有等多种所有制形式，土地出租制以政府拥有的公有土地为主。因此，承租公有土地进行住宅建设成为二战后瑞典住房政策的一个重要组成部分。出租土地数量占总土地数量的比例在20世纪70年代逐步减少，土地出租制度在

1953 年之前主要是作为控制地价和房价上涨的工具来使用的，而 50 年代后土地出租制度所变化的原因就是政府获取土地价值成为主要目标，解决居住问题变为次要目标。20 世纪 90 年代以后，新的瑞典执政政府采取了土地批租制度，即我国现行的土地批租制度，采用土地批租制后即土地租赁权转为土地批租权后，瑞典的土地市场价格大幅上涨了 25%，土地租赁制度向土地批租制度转换过程，既有政府获取财政收入方面的原因，也是新自由主义在瑞典的发展影响的结果。

第五，瑞典土地银行制度在土地供给中，通常将土地储备量和土地出让量保持在一定的合理比例上，这样既可以拥有对土地市场调控所必需的土地储备量，也可以让土地进行一定的升值后出让，避免了政府的损失，政府也可以有计划地调节土地供应量使地价和房价的上涨率控制在一定的范围内。由于所出租的土地数量占土地储备总量的比例不高，因此对于那些尚未进行详细规划的储备土地可以在确定规划条件并进行前期开发后出让。反观我国实施的土地储备制度，土地收购和出让缺乏计划性，且常突破城市规划和土地利用规划，加之大部分土地储备中心是事业单位法人，因此在资金来源方面渠道有限，土地储备中心的土地储备量不多，既不利于宏观调控也常导致土地利用规划和土地出让计划难以正常实施。

第六，同中国香港地区的供地制度完善的法律法规背景类似，瑞典针对土地储备制度运行的收购、前期开发、出租、课税、融资、收回等全流程制定了较为完备的法律法规体系，而我国相关的法律法规体系十分不健全，尤其是针对土地储备制度具体运行的可操作法律法规上，还没有一部完整的法规或程序标准，而良好的制度变迁首要的就是完善法律法规。此外，瑞典针对土地银行制度运行中的相关金融融资政策和财税政策也很有特色，值得我们借鉴和探索使用。

7.2.3 经验分析与借鉴

瑞典的国情和土地制度与我国有巨大差别，但在同一制度的制度变迁中却往往惊人的相似，对于土地供给制度的制度变迁，不仅仅是瑞典对于土地市场的管理和相关的技术手段，而且其制度变迁的方向和方式，这些经验都很值得我们借鉴。

首先，瑞典的土地银行制度实施的经验表明，在良好的法律法规的约束下，土地储备制度有助于优化土地利用结构，有利于加强政府对土地市场的调控，确保城市建设用地的供应。我国土地储备制度在确保城市建设用地供应上制度绩效较好，但在优化土地利用结构、促进土地资源可持续利用及调控土地市场方面的制度绩效较差，这主要来源于不合理的土地利用规划和城市规划、营利性的地方政府行为、土地储备制度中组织缺陷等。更深层次的原因则在于我国土地储备制度在实施过程中出现了制度异化，偏离了既定的制度目标，而不是制度目标的不合理性。瑞典土地银行制度实施出现较好的制度绩效就是因为制度目标合理，而且各种相关的子制度相互匹配，最大程度上发挥了土地银行的制度优势。

其次，瑞典政府主导的土地银行制度和土地征用制度、土地优先购买权制度将加强政府的统筹管理和保障个人的权利有机地结合起来。瑞典的土地银行制度有效地配合城市规划，使得这两个制度的实施都没有出现政府失灵，也发挥了政府对公共利益的主动性调节。土地征用制度赋予了政府以合理价格强制收购土地的权利，有点类似于我国学者提出的征购制度，即将市场交易和强制性结合起来的土地购买制度。尤其值得强调的是土地优先购买权，这是瑞典土地银行制度良好运行的重要支撑，合理有效地利用土地优先购买权对于改进我国土地供给制度的绩效有重要意义。此外，我国正探索建立城乡统一的建设用地市场，这即意味着集体土地自由入市或者地方政府以征购价格获得农地，在集体自由入市的情况下，为防止出现市场失灵，地方政府有必要借鉴瑞典的土地交易许可制度或登记备案制度，对于自由入市的土地进行强制性的交易许可，只有当其符合法律法规和政府规划时才能进入土地市场，避免政府职能缺位。

最后，也是最重要的一点，就是通过对瑞典出让土地制度的历史变迁过程的梳理，这对于完善我国现有土地供给制度和城市住房制度有着很大的借鉴价值。瑞典在土地银行制度建立初期到 20 世纪 50 年代左右，为了解决居民的住宅问题和高房价问题，瑞典土地银行制度实施了土地出租制度，并在这个制度的实施过程中不断对该制度进行完善，有效地遏制了土地投机的问题，土地出租制度不仅有效地解决了高房价的问题，而且在一定程度上促进了瑞典城市的合理布局，随着城市化和工业化的完成及其他原因，20 世纪 50 年代以后，土地出租制度的比例有所下降，但毫无疑问与经济发展所处的阶段有极大的关系。我国正处于社会主义初级阶段，真正的城市化率较低，工业化尚未完成，在 20 世纪 90 年代实施土地使用制度改革之初，国家在试点城市采用了批租制度和出租制度并行的制度，但随着制度的深化改革和经济的发展，土地批租制度成为我国经营性用地的唯一用地制度，从前几章的理论和实证分析均表明，单一的批租制度必将催生土地投机并导致高地价、房价，这既是我国近年来房地产市场发展的事实，也正与瑞典土地出租制度形成了鲜明的反面对照。按照经济发展的阶段我国可以逐渐采用单一出租制、混合制度、单一批租制度等，当前我国经济高速发展已有 30 多年，房地产市场也已经初步建立，适宜探索出租制度和批租制度的混合制度，即与上文分析香港供地制度时提到的一样。当然在借鉴瑞典土地出租制度来解决我国高房价问题时，必须考虑到相关制度的配套改革。

7.3 德国房地产市场中的土地供给制度述评及借鉴

德国是经济高度发达的工业国家，经济总量居欧洲十大经济国之首，全球仅次于美国、中国和日本位居第四。但与欧洲大国法国、英国、西班牙和世界上其他发达的大国不同，德国是欧洲和全球房价控制的最成功的国家，整体房价水平低，波动很小，如 2011 年德国的房价收入比约为 3.1，而在中国的平均房价收入比水平约为 7.4，不少大中城市远超过这一房价收入比水平。其房地产市场的房价从长期来看可以分为两个时期，第一个时期为 1958—1995 年，即战后到东、西德合并之初这段时间，第二个时期为 1995 年以后。第一个时期内德国的城市化还在推进，到 1995 年德国的城市化率达到顶点，这个时期房价处于较快增长时期，城市化的基本面决定了房价的长期走势，1995 年城市化达到最高峰之后，房价趋于平稳的低增长甚至低负增长阶段，如图 7－3 所示。

德国房价和经济增长率、城市化增长率、人口数量等经济基本面高度

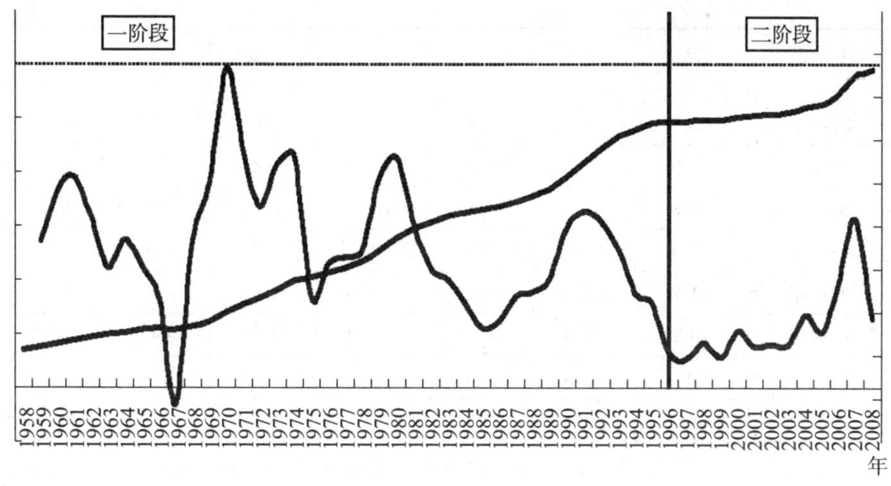

图7－3　德国房价指数变化（1958—2008）

数据来源：CEIC数据库

相关，房价没有脱离其基本面，投机成分很小，故总体的地价和房价水平与经济发展水平相适应，没有阻碍到德国经济增长和竞争力的下降，在欧洲诸国中房价整体水平波动情况见表7－3。从控制房价角度来看，德国独特的土地供给制度、住房制度、均衡发展的房地产业毫无疑问是低房价和低价格波动率的最关键的因素，德国政府通常不直接对房地产市场进行直接干预，但通过一系列完善的法律法规体系来规范房地产市场和促进房地产市场的健康发展，本节通过对德国土地供给制度和住房制度进行分析，并与中国的土地供给制度和房地产市场进行比较分析，即使考虑两国间存在的诸多政治、经济、文化等制度差异，其土地供应制度和独特的城市住房制度也有许多值得社会主义市场经济的中国借鉴之用。

表7－3　2001—2011年欧洲国家房价波动表

国别／年度	德国	西班牙	意大利	法国	瑞典	英国	欧盟
2000年	0.2	8.8	3.9	8.8	11.2	NA	6
2001年	0.2	9.9	6	7.9	7.9	NA	5.5
2002年	－2.3	13.4	9.3	6.8	4.2	15.3	6.8
2003年	－2.9	16.9	3.4	9.6	4.7	14.2	6.4

续表

年度＼国别	德国	西班牙	意大利	法国	瑞典	英国	欧盟
2004 年	-3.7	13.3	3.8	12.8	9	10.8	7.2
2005 年	-3.9	11.2	5.5	13.5	8.6	3.5	7.6
2006 年	-1.8	6.5	3.6	10.2	10.8	3.9	6.4
2007 年	-1.3	2.6	2.9	5	8.2	8.8	4.3
2008 年	-2.8	-3.9	-0.9	-2.3	-0.2	-4.3	1.8
2009 年	-0.2	-7.3	-1.2	-7.2	1.9	-9.7	-2.5
2010 年	1.9	-5.4	1.5	3.4	6.6	4.3	0.3
2011 年三季度	0.44	-1.8	NA	2.1	0.24	0.77	0.83

资料来源：汪建强．德国房价调控经验及对我国的启示［J］．价格理论与实践，2012（2）．

7.3.1 德国土地供给制度特点

德国位于欧洲中部，国土面积为35.7万平方千米，人口8180万（2010），人均国土面积为0.004平方千米，其中，耕地约占35%，永久牧地占15%，森林用地31%，城镇、工矿、交通等基础设施用地占15%，德国土地所有制的形式有联邦政府所有土地、州和地方政府所有土地、教堂占有土地、私人土地等几种所有制形式。相对于香港的人均土地面积0.00016平方千米、瑞典的人均国土面积0.48平方千米及中国内地的0.007平方千米来说，德国以仅丰富于香港的土地资源禀赋制造了平稳房价的神话，其中空间均衡的土地发展和土地供给制度是其中两个最重要的因素。

第一，德国土地的均衡开发，德国城市布局是以大城市为核心建立区域内互补的中小城市群，区域内的中小城市总体来说均衡发展，中小城市是城市体系中的核心和主体。① 由于是较为均衡的城市布局，故城市及城市体系间土地的空间开发程度较为一致，这种情况下交通及基础设施分布均衡且由于德国政府高投入所以总体水平准高，公共服务体现出均衡发展，这种情况下，德国城乡之间、城市之间的居民收入差距得以极大的程

① 王伟波．德国的城市化模式［J］．城市问题，2012（6）．

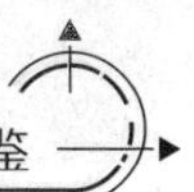

度上缩小，由马克思级差地租理论可知，级差地租Ⅰ往往由通勤成本决定，级差地租Ⅱ往往由资本投入量决定，在一定程度上公共服务完善与否和基础设施的完备程度决定。在德国土地均衡发展下的城市及城市布局体系下，城市内尤其是城市间、区域间的通勤成本被大大降低，公共服务均衡发展，德国居民分布在众多公共服务均衡供给的城市中，在这种情况下不会出现畸形的高房价城市，而表现为城市群内的城市房价总体平稳，这是由于均衡发展下的级差地租Ⅰ和级差地租Ⅱ在空间上都相对均衡和平稳。而对于中国单中心的大城市如北京随着城市圈的扩大，必将带来越来越高的地价和房价水平，土地在城市内和城市间、区域间的均衡开发，是德国房价保持相对低水平的一个重要因素。对于我国来说，直辖市、计划单列市、副省级城市、省会城市、地级市及县级市等各级别的城市共有600多座，但总体发展和布局表现为大城市数量少且人口规模大，城市群分布不均衡，城市群内城市之间发展也不均衡，中小城市数量多但人口规模小，优质的公共服务向大城市聚集，因此人口聚居在少数公共服务好的大城市，在人口大规模集聚、投资投机需求不断增加的情况下，大中城市的房价快速上涨成为必然。

第二，德国的土地物权体系中有地上权，地上权即在非土地自物权的他人土地上投资的权利，并在地上权土地合约期限内土地投资人有权转让该地上权。在地上权的合约框架内，一般是75～99年，土地投资者对土地投入资本及建筑物和土地限定物权本身拥有财产权，这在一定程度上与上文瑞典土地出租制度中一样，只不过所用概念名字不同罢了。与瑞典的土地出租制度类似，土地投资者每年向土地所有者交纳租金，租金价格大约相当于设定地上权时土地市场价格的3%左右，待地上权合约期限结束，一般可以通过以下几种方式合理保护土地投资者的合法财产：通过向土地所有者出售土地投资资本、通过购买土地所有权获得完整的土地自物权或对地上权进行续期。通过上文的描述，德国的土地地上权即土地年租制度，与瑞典土地出租制度也基本一样，当然在租金如何确定、租金标准、能否抵押等方面可能有所区别，但总的来说，地上权的本质在很大程度上与土地年租权利是一致的。①

---

① 付颖哲．德国抑制土地和房地产投机的经验［J］．宏观经济管理，2011（2）．

德国在利用地上权调控土地市场时也通过类似土地储备制度的组织形式，德国的土地储备组织制度的最初起源也是因为城市住宅短缺问题，为了解决城市居民的住宅需求，政府土地储备组织或土地基金需要大量的公有土地作为居住用地，此外，当时德国土地市场也存在土地投机现象，因此也需要德国政府对土地市场进行适当的管制和干预，以有效地缓解市场失灵带来的一系列问题。德国土地储备的组织形式主要是土地基金，即以基金数量为基础实施土地储备，一般不会出现储备资金短缺的现象，另外在德国土地基金的具体运作中，由于对相关程序进行了严格的评估，确保了土地基金的有效运作。德国的土地基金运作一般通过土地优先购买权实现，在有具体规划的区域，政府及其他公共机构均可以行使土地的优先购买权，同瑞典一样，德国的优先购买权价格参照市场价格，有效地保护了土地所有者利益。《地上权条例》和一些住房制度领域的法律法规体系构成了德国房地产市场良好运行的法律制度基础，土地基金和中央银行通过土地供给量和利息率、信贷量等打击房地产市场投机和调剂房地产市场，在房地产市场过热时，拥有大量土地的地方政府、住宅同志会、教堂及土地基金可以提供大量的土地地上权缓解供不应求的市场，而在房地产市场进入低迷或衰退的时候，地方政府、教堂、住宅同志会及各土地基金实施反向操作低价购入土地，另外也刺激了房地产市场的恢复。由于有不同层级的政府、教会和住宅同志会等诸多机构参与，机构之间存在利益博弈需要相互协调，在一定程度上影响了政策的实施效率。比如，德国土地基金也存在土地收购和土地供给的时机选择问题。当然这也是利弊并存，诸多机构的参与使得土地基金的资金来源充裕，而且诸多的土地所有者可以有效缓解土地供给不足的困境，防止了土地一级市场上出现垄断的可能。由于德国较好地抑制了大量资本进入土地市场从而避免了不动产价格泡沫的出现，从而使资本进入了实体经济中如制造业当中，价格较为低廉的土地也为制造业的发展提供了低成本的空间场所，使得实体经济得以迅速发展，实体经济的壮大使得德国经济有较强的竞争力，房地产业的低投机性是德国实体经济发达的一个重要原因。

7.3.2 德国住房制度的特点

第一，德国通过《租赁保障法》确定了较为完善的房屋租赁市场，租

赁市场在德国房地产市场中占有重要地位，在欧洲诸国中德国租房率最高，而自有住房率在欧洲主要国家中最低，见表7－4。这主要得益于德国租房市场的市场机制和政府干预机制的较好的结合，政府根据住房的区位、房屋质量等因素综合确定相应的房屋租赁指导价格作为住房租赁市场上供需双方制定房租租金合约的标准依据，供需双方需严格遵守政府制定的租金标准，这是典型的价格管制，如规定租赁价格超过政府和评估机构制定的合理租赁价格的20%租房者将面临巨额罚款，同时房租也必须降低到合理租赁价格，而超过合理租赁价格50%的不仅面临巨额罚款，甚至涉及经济犯罪。这些政策的实施过程中势必会产生一些资源配置效率降低的情况，于是在房地产市场供求关系有所改善后，价格管制也有所放松，但后续出台的《租赁保障法》加强了对租房者的权益保护，使得在德国租房居住条件并不比买房居住条件差太多，此外《租赁保障法》对于短期内和长期内的房租水平也相应地制定了租金价格基准表并结合通货膨胀水平适当调整房租水平的原则，相对较低的房租水平和高安全性的租房居住使得德国的租赁市场在欧洲最为发达。

表7－4　欧洲国家住房自有率和家庭平均人口

国别	英国	西班牙	德国	法国	荷兰	丹麦	瑞典	爱尔兰
住房自有率（%）	69	82%	43%	56%	54%	53%	46%	75%
家庭平均人数	2.4	2.9	2.1	2.4	2.3	2.2	1.9	2.9

资料来源：EMF. Eurostat。

第二，与德国的土地供给制度中的地上权制度打击土地市场投机一样，德国对商品房住房市场同样采用了税收政策打击商品房投机。在利用税收政策调节房地产时，政府区别了住房消费和住房投资投机两种不同情况，针对自用消费的住房，只对土地价值征税，不对建筑物征税。而对于二套或多套住宅的既对土地征税也对建筑物征税，有点类似于我国目前在重庆和上海等试点实施的房产税。对于房屋交易来说则施以重税，主要有：基本交易价格税、印花税、资产所得税、增值税等，通过诸多的住房交易税，房地产市场的投机程度较小，也避免了房价泡沫的出现。针对租房获利的出租者，除了缴纳土地税之外还必须缴纳所得税。此外，为了防止房地产企业的投机，政府除了采取税收政策还用完善的法律法规打击房地产市场中的投机，例如，房地产企业制定的房价不能超过合理房价20%，否则将面临最高5万欧元的罚款，而如果房地产企业制定的房价超过合理房价50%将构成经济犯罪。值得一提的是，这里的合理地价、合理租赁价格、合理房价都是由独立于政府的不动产评估师评估认定，除了评估价格，德国地方政府还制定了各类不动产指导价格，房地产市场中各主体有义务参考指导价格进行交易，并在合理的范围内浮动。①

第三，德国除了多元化土地市场的供给主体外，下游的商品住宅市场同样是多元化的供给主体，德国鼓励合作建房，鼓励成立住房同志会，鼓励自建房，据统计，住房同志会提供的住房总量占德国住房总量的10%。当然这些政策在一定程度上也与德国土地所有制有关，而我国由于城市土地国家所有，因此严禁个人建房。此外，在房源极度缺乏的一段时间里德国还鼓励企业建房，对企业自建房给予各方面的优惠，这个政策与特殊的经济环境有关，不具备普遍意义上的借鉴价值。但合作建房方面有利于打破房地产企业垄断住房供给的局面，有一定的合理意义。

第四，房地产业并非是德国的支柱产业，德国经济增长的潜力主要依靠机械制造业、汽车产业及电子化工行业，对于满足人们居住需求的房地产业在更大程度上作为公共福利制度的一个组成部分，在住房短缺的早期，政府为低收入者提供了大量的保障性住房，住房短缺问题解决后又提出“向社会提供足够的住房”的目标，提供保障房的方式也有所改变，随着住房问题的逐步解决，现在只需维持少量的保障住房建设。由此，德国各级政府也不会从土地地租、房地产税收中获得巨额收入。从上文也可以看到，政府在房地产市场中的各种管制很多，但政府管制并非抑制市场机制的作用，这种在市场机制之上的管制不同于全面管制，造成的资源配置效率的降低也不会太大。对比我国的情况，首先将房地产业作为拉动国民经济增长的支柱产业，同时地方政府垄断土地一级市场批租获得巨额土地批租收入，而在保障房建设方面，由于激励机制不足和财力等原因，还有着巨大的保障房缺口，存在巨大的政府职能的缺位。

① 曹建海. 德国房价为何10年稳定 [J]. 人民论坛，2010 (7) 上.

7.3.3　经验分析与借鉴

在发达的后工业化国家中，相对英美的自由经济主义，德国施行的是社会市场经济，社会市场经济强调政府干预下的市场机制，并注重公平与效率的均衡，其保留了资本主义的核心内容如生产资料私有制、自由竞争、契约自由等，但也吸纳了一些社会主义价格观的思想。由上文中德国土地供给制度和房地产市场的分析，可以看到这正是社会市场经济在房地产业的表现，德国高度平稳的房价和较高的居住水平，一方面与德国独特的土地供给制度和住房制度有密切关系，另一方面是市场机制和政府干预较好的结合，德国房地产市场中政府失灵和市场失灵均得到了极大程度的控制。我国实行的是社会主义市场经济，但在房地产业中，政府管制的部分造成了严重的政府失灵，同时房地产市场中也存在着严重的市场失灵，因此要合理地定位政府在房地产市场中的作用，防止出现政府职能的错位、缺位和越位。从土地供给制度和房地产市场的发展来借鉴德国的社会市场经济模式，主要从以下几个方面考虑：第一，借鉴德国的地上权制度，德国的地上权制度实际上是土地租赁制和多元化供地制度的结合。在符合政府的规划条件下以用地交易许可的方式允许农村集体土地入市，或者在集体土地上建设租赁房，保留农民集体的土地所有权，租赁收入的一大部分归农村集体所有，当然这也需要农村集体土地所有制完善的配合，比如农村集体所有制实现“股份制”的转换。这一方面可以降低土地市场和商品住房市场的投机程度，另一方面也打破了地方政府对土地一级市场的垄断，更好地履行好相关政府管制职能。第二，政府需要通过管制和市场的方式调节土地市场，打破地方政府垄断的土地一级市场后，政府需要建立完善的法律法规和规划体系来调控土地市场，以避免市场失灵的出现，如盲目的农地自发入市必将造成巨大的资源浪费，同时需要建立合理的房地产税制来合理分享土地增值收益。第三，对于是否要放弃“房地产业的支柱产业地位”和推行多元化的住房供给体系，可能还有重大的争议，但政府现在应该完善房地产税制打击住房市场上的投机现象，建立相关的法律法规和技术程序标准并严格执行。对于保障房，除了上文中提到的在农村集体土地上建立公租房之外，政府还要实物或货币化的方式进行保障房供给，同时要建立完善的住房租赁市场，以租赁价格引导住房价格。

7.4 小结

上文针对中国香港地区的土地供给制度和房地产市场的发展、瑞典的土地供给制度、德国土地供给制度及其住房市场等房价上涨率高低不同的国家和地区的典型事实分析，结合不同的国情提出了中国内地在土地供给制度改革上对国外这些典型国家和地区的借鉴之处。但正如上文提到的，不仅这些国家和地区的土地制度、市场经济发育程度、政治文化环境、住房制度等存在巨大差别，因此针对上述三小节提出的经验借鉴必须有效地整合起来。中国内地的土地供给制度改革很明显不是沿袭上述三种土地供给制度的任何一种，现实的情况是与中国香港地区的土地供给制度相似度最高，而房地产业的定位也与香港房地产业的情况类似，因此，香港土地供给制度中的一些制度创新和完善的法律法规体系是内地亟待借鉴的，但香港地区的垄断供地、房地产业的高度垄断等问题带来的一系列弊端则应通过改革给予解决。瑞典的土地储备制度、土地租赁制度以及由此产生的住房制度对于缓解我国快速增长的房价、建立有效的保障房制度有重大启示。而德国的国土均衡开发政策、地上权制度、政府较大程度干预住房市场等一系列政策制度值得中国内地借鉴。总结来讲：第一，对国外的供地制度的借鉴最容易的方面是相关法律法规的借鉴和程序的完善。第二，供地制度和住房制度紧密相连，良好的供地制度可能有良好的住房制度，也可能没有完善良好的住房制度，借鉴国外土地供给制度经验的同时，也很有必要借鉴其较好的住房制度，并吸取相关住房制度实施过程中出现的教训。第三，对于上述三个国家和地区的土地供给制度的借鉴，应结合我国现有土地制度进行综合考虑，不能简单地遵循某一模式。

第8章　研究结论与政策建议

1998年房改和《土地管理法》实施以来，我国房地产业发展迅速，出现了地方政府土地出让金收入节节攀高，地价和房价过快上涨，房地产宏观调控的政策的效果不佳等一系列问题。已有文献从土地制度、住房制度、金融制度、需求管理和供给管理等方面做了一系列研究，但这些研究还没有从土地供给制度方面进行全面分析。在这种背景下，本书应用西方经济学理论、马克思经济学理论和计量经济学理论，在土地制度和住房价格互动研究的基础上，构建了一个土地供给制度对房价影响的研究框架，从几个方面阐述了土地供给制度和房价相互影响的机理，并对2005年以来房地产调控中的土地供给政策进行了评价，同时也提供了世界主要国家和地区土地供给制度方面的经验。在坚持理论性和创新性的同时，借鉴了国内外的一些最新研究成果，力求提供一些新的理论观点和新的解决问题思路。本章将以上章节中的主要内容进行总结，主要结论和建议归纳如下。

8.1　研究结论

8.1.1　理论研究主要进展

（1）在已有材料和文献的基础上，构建发展了我国土地供给制度对房价波动影响的框架体系。将土地供给制度中的三个主要制度特征——"招拍挂"制度、垄断供地制度、土地批租制度从土地供给制度分离出来，同时将转型期宏观调控政策中供地政策和供地制度结合起来，刻画了这些制度和政策对房价波动的长期及短期均衡作用机理。并适当地借鉴了国外城市土地市场供地制度的部分合理经验，阐述了未来土地供给制度改革中可以采取的步骤、途径和方法，该框架体系为土地供给制度转型、运用土地政策调控房地产价格提供了一个基础性平台。

（2）区域空间垄断和产业链上下游垄断概念的提出对我国房地产市场分析的适用性。已有文献表明传统垄断理论并不适合我国的房地产市场，在结合传统垄断理论和马克思垄断理论的基础上，用区域空间垄断和产业链垄断重新分析土地市场、商品房市场产业链，从理论上证实了双重垄断加价推高房价，双重垄断还表现在横向垄断、空间垄断上。为房地产业的反垄断实践提供了一些思考：打破产业链上游的垄断和空间上的垄断最关键。

（3）用马克思地租地价理论和空间经济理论对“招拍挂”制度对房价波动的影响做了分析。与之前的文献不同，首次运用马克思地租理论论证了农村土地市场和城市土地市场对消费者和土地产品价格有着完全不同的机制：农地产品价格变化引起的地租分配仅在土地所有者和租地资本家之间调整，而市地价格变化引起的地租分配要在消费者、土地所有者和租地资本家之间重新分配，这是传统的新古典经济学理论最忽视的地方。马克思地租理论、空间分割理论和传统的西方经济学要素价格理论结合在一起，才是从理论上真正理解土地供给的“招拍挂”供地制度对房价波动的影响新机制。

（4）用马克思地租理论全面分析了土地批租制度下地价、地租、房价、房租之间的关系，分析了房地产市场中的投机现象对房价波动的影响机理。我国房地产市场中在着投机现象，这种投机现象在地方政府、房地产企业、消费者当中都存在。土地批租制度下房地产企业和消费者通过在土地市场和商品住房市场中的投机抬升了房价，当然地方政府的投机营利行为和纵容房价上涨的动机可能也间接推动了房价的上涨。

（5）分析了促进房价合理回归中货币政策和土地政策的协调度的问题。之前众多理论仅仅从单一货币政策或者土地政策出发，缺乏系统的理念，对于房地产行业来说，如果说土地是核心资源的话，那么资金对资本密集型的房地产业的重要性更是不言而喻，也就是说在出台宏观调控的政

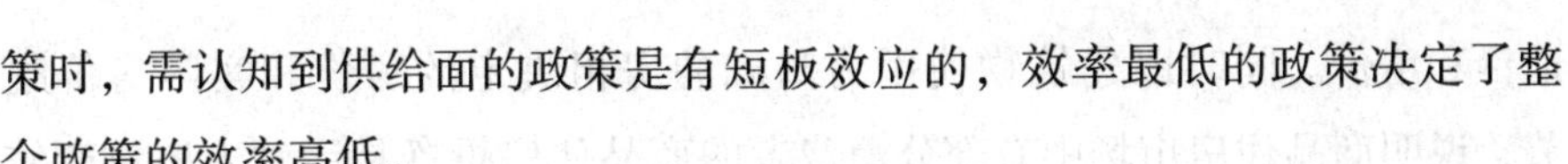

策时，需认知到供给面的政策是有短板效应的，效率最低的政策决定了整个政策的效率高低。

8.1.2 实证研究主要结论

（1）实证研究表明区域土地市场是一个垄断市场，而全国土地市场呈现出寡头垄断的市场结构，对于商品住房市场来讲，区域市场介于垄断竞争的市场结构和寡头垄断市场结构之间，且不同城市之间的房地产市场结构还存在垄断程度高低的不同。由此可以看到对于房地产行业来讲，上下游之间均存在一定垄断势力。实证分析表明，垄断供地制度下，房价上涨率的41.6%和35.9%可由垄断供地下土地价格上涨率增加和政府对土地市场的垄断管制来解释，对于全国房地产市场来讲，房地产行业集中度的适当提高将会起到稳定房价作用，这与传统的垄断理论是不同的，这可能与房地产市场的特殊性有关。但对于区域房地产市场，更应该降低政府的垄断和管制度，以提高竞争度。人均收入的增加率对房价上涨率的解释不显著，说明了近年来房价过快上涨更可能与供给面垄断和管制有关。

（2）引入了不同时期的地价指数分析表明：极短期内房价和地价的关系较为复杂，但在房地产的一个生产周期内，地价对房价的影响十分明显，这个时间周期一般为2个季度左右。对房价指数和地价指数的面板单位根和面板协整检验表明，地价指数和房价指数间存在较为稳定的均衡关系，但在划拨为主的前期，这种均衡关系不太明显，即随着土地市场化配置比例的提高，地价和房价之间的关系更加紧密，土地市场和商品住宅市场间的互动更为有效，但正如上文所分析的那样，土地市场化配置比例的提高确实在一定程度上促进了房价的上涨。

（3）批租供地制度下，房地产企业可以通过在土地市场的投机获取超额利润和社会平均利润，尤其是土地市场供不应求时。来自郑州市土地和商品住房市场的例子表明房地产企业在正常的土地二级开发或土地投机中，获取利润的19%都来源于土地批租期间的地租升值，来自社会平均利润的部分仅占7%左右，这个过程即使房地产企业不进行土地二级开发而只进行土地市场投机，也同样能获取超额利润，这种投机必将在短期推高地价和房价。同时以建筑物使用为基础的房租决定的房价和实际房价脱节，说明商品住房市场中有部分消费者的商品住房投资是针对土地资产的投资。地价和房租之间也不存在稳健的因果关系，这说明房屋租金没有引导土地定价，而地价也对房租影响不大。土地批租制度下商品住房投机度的加大将使得房地产价格可能会有一定的泡沫。

（4）近年来房地产价格调控中，无论是房地产信贷政策还是土地供给政策，数量型调控工具都要比价格型工具绩效明显。从总体的土地供给政策来看，其政策效果要比房地产信贷政策效果差，由于这两个政策在房地产价格调控中存在短板效应，因此土地供给政策是制约整个房地产价格调控政策效果提高的关键性因素。而针对土地供给政策的两个政策工具——土地供给量和囤地率来讲，土地供给总量的政策效果要好于地方政府打击闲置土地的政策，实证表明，地方政府打击房地产企业囤地的政策效果不明显。

8.2 政策建议

结合本节的研究结论，为进一步改善我国土地供应的制度绩效，提出以下的政策建议：

（1）亟待打破现有垄断供地制度，分情况建立城乡统一的建设用地市场

我国在未来一段时间内仍将处于高速城市化的阶段，在保证耕地面积的同时需要通过积极推动农地入市、制定合理城市土地利用规划和城市土地利用计划、扩大农地置换指标等形式增加城市土地供给，以平衡满足快速城市化下的住宅用地需求。第一，在城市化的进程中同时伴随着农村人口的城市化和农村土地的城市化，但是我国地方政府垄断了土地一级市场，城乡接合部的农村土地呈现加速城市化的现象，相对于较低农村人口城市化来说，城市增量土地利用率较低。而现阶段由于我国特有的户籍制度、征地制度和城市、农村土地制度，与转移到城市的农村劳动力相对应的农村土地并没有被高效利用起来，城市的用地指标也没有相应地增加。直接表现在一方面农村人均住宅面积大幅度的提高，同时有大量的农村住

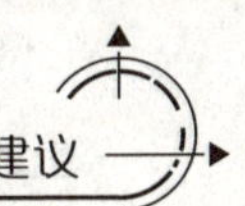

宅存在不同程度的闲置。相对于城市人均住宅面积的缓慢提高和不断攀升的城市房价，土地资源在城乡间显然没有得到有效合理的配置。因此，对于远离城市的农村土地，要通过建立城乡统筹的土地要素市场来配置利用率低下的农村住宅用地。比如，可以借鉴成都、重庆的“地票”模式，即对闲置和利用效率低的农村宅基地、农村公共设施用地、乡镇企业用地及农村公益事业用地经过复垦恢复耕地后产生新的城市建设用地指标，房地产企业拍得用地指标后在城市土地出让市场上购置土地，这是成都的“地票”模式。当然，以“地票”模式为代表的城乡统筹的土地要素市场建立需要尊重市场交易主体尤其是农民及农民集体的自主性，不能以行政方式推动建立“地票”市场。另外，可以考虑将“地票”模式和推动征地制度改革结合起来，也可能是未来城市土地供给制度改革的一大趋势。对于扩大利用农村土地规模的城市，要积极探索“人地挂钩”政策，即城乡之间城镇建设用地的增加规模与吸纳农村人口进城定居的规模相挂钩，地区之间城镇建设用地增加规模与吸纳外来人口定居的规模相挂钩的政策，以避免地方政府盲目地获取用地指标而忽视了劳动力的城市化。第二，对于城市中的农村土地及城中村土地和城乡接合部的农村土地，由于不存在空间上的市场分割，因此对于这两部分的农村土地可以考虑通过多形式的土地利用制度改革促进其资源配置效率：首先，对于城中村土地来说，避免“一刀切”地进行由政府垄断主导的城中村改造，“一刀切”的城中村改造不仅产生了大量被动的住房需求，而且城中村住房实质上已经成为一些城市廉租住房的供应主体，政府全面主导的城中村改造不仅对商品房市场造成一定的冲击，也必将加大城市保障房建设的支出。因此，对于城中村土地来说，要规范其范围内各项管理制度，对不同的城中村土地进行分类管理，积极探索不同情况下的城中村土地和住房管理和改造模式。其次，对于城乡接合部的农村土地来说，则主要从以下两个方面完善：借鉴“两权分离”的租赁房制度形式和推动农地直接入市的方式。“两权分离”即借鉴城市土地使用制度中国有土地所有权和国有土地使用权两权分离的原则，实行农村土地集体所有，但使用权归个人的做法，以租赁房的形式提高城乡接合部土地利用效率，租赁收入部分归农村集体所有，这样也可以直接缓解地方政府的保障房支出压力。农地直接入市的方式则是直接打破地方政府对土地一级市场的垄断，当然农地入市则需要地方政府以监管者的身份做好城市规划和土地利用规划，农地入市必须在符合法律法规和规划许可的情况下进入城市土地一级市场。最后，上述两条主要从城乡土地市场统筹建设的角度出发，提出了打破现有地方政府垄断供地的一些建议。此外，还存在着城市间城市用地指标的竞争和垄断，不同区域、不同城市群间、不同城市间的用地指标存在着盈余或短缺的额度，但缺乏城市土地在空间上盈缺调剂互补机制，导致了土地资源不仅在时间维度上配置效率低下，而且在空间维度上配置效率低下。因此，建立区域内、城市间、城市群间的城市国有土地用地指标的跨城市、跨区域、跨城市群的调剂机制，对于缓解部分城市用地压力将会有积极意义。同时为了防止出现空间上新的垄断，对于特大城市或大城市而言，要控制新增用地的规模，积极发展卫星城市，则可有效地降低特大城市的房价。此外，对于较大面积的宗地来说，将其按照规划合理地划分为多宗较小的地块，坚持一次出让一块宗地的原则，这样可以有效地避免房地产企业的空间垄断。

（2）在技术程序和相关制度创新方面改革土地“招拍挂”出让制度

自土地“招拍挂”出让制度实施以来，实践中已经探索到了较为成熟的做法，为土地市场创造了公开、公平、透明的市场环境，相对于划拨出让土地、协议出让土地过程中的寻租、腐败和“暗箱操作”来说，引入市场竞争机制的“招拍挂”出让制度，促进了土地国有资产的实现，推进了土地市场化、土地资本化进程，有力地推进了城市化的进程。因此，“招拍挂”出让制度是市场经济配置土地资源的必然要求，作为市场经济下的一项土地出让制度，尽管其存在着一些问题，但还没有其他土地资源配置方式能代替土地“招拍挂”出让制度。取消“招拍挂”制度，也并不能完全达到抑制房价的目的，不但违背市场经济规律，也不切实际。以稳定房价为目标，可以从以下几个方面改革以“招拍挂”为主的土地出让方式：第一，实施土地“招拍挂”制度应该稳定市场预期，避免恶性竞争和高地价。实践中土地供应计划性差，临时出让土地多，市场也有连续几年达不到原供地计划安排的供地量，或者提前用完了供地指标、在土地供应计划执行过程中任意改变计划，这很大程度上说明土地利用总体规划或者土地出让计划制定不合理。因此，按照城市规划和土地利用总体规划制定合理、公开的国有建设用地供应规划、土地出让年度计划并及时公开是实施“招拍挂”供地制度的基础，科学合理的供地计划有助于城市土地市场的规范化。建设用地供应规划和土地出让年度计划应在弹性实施的基础上保持总体的刚性，对1年和5年内将要供应的土地按照用地总量、用地结构、用地区域布局及时间上的分配给予系统安排。因为房地产市场受到诸多因素的影响，因此在土地总体利用规划下的短期供地计划制定的周期不宜过长，而且要在一定程度上适应市场保持一定的弹性。中长期的供地计划应根据房地产市场宏观调控政策要求和城市经济社会发展总体规划制定安排土地供给总量，以形成稳定的市场预期，避免“招拍挂”制度实施的负面影响。第二，改革原有的“价高者得”的土地出让原则。“招拍挂”供给城市国有土地应该以城市土地综合利用效益优化和价格两者的组合考虑，并且以土地综合利用效益为主要原则，而不是简单的价格原则。当然对于不同用途的住宅用地，在新的原则下也要有不同的实施方式，属于市场配置的就应该市场配置，属于政府保障的就应该政府保障，具体来说就是：对于高端的住宅房地产、别墅用地则传统的“价高者得”可以继续实施，普通商品住宅可以采取综合评标、双向竞价、限地价竞保障房建设面积等方式，对有保障性质的住房用地来说才可以采用“限房价、竞地价”的方式。但对于“限制竞价举牌次数”“地价超过上限时叫停”“增加竞价价格梯度”等形式的限制地价方式，则要谨慎使用。行政计划价格往往导致部分资源的浪费，滋生不正当竞争行为，实际上也未必能真正起到平抑房价的作用。第三，“招拍挂”制度要引入需求方的管理，使“招拍挂”供地制度和需求方管理制度结合起来，改变单一的供给方管理制度，有助于平稳市场预期。这方面可以逐渐引入香港土地市场的“勾地”制度，香港早期实行的是单一的土地拍卖制度，后来实行的是土地拍卖制度和“勾地”制度的结合，长期一直施行下来的供地制度就有“勾地”制度这一项。所谓“勾地”制度，其本质是通过市场询价并成交的土地供应制度。在完善的“勾地”制度下，土地供应将完全是市场需求变化的结果，并且反映了政府调控市场的政策意图，政府将不再是市场的主导者和干预者。但在我国内地实行“勾地”制度，需要一系列基础条件：良好的法律配套制度环境、“招拍挂”供地制度的进一步完善实施、减少协议出让土地比例、良好完善的市场供求信息、较为科学的供地计划和高效廉洁的政府等。引入“勾地”制度后，地方政府将从主动调控供应土地者转向由市场间接主导的方式，在配合了较为完善的“招拍挂”供地制度和科学的供地计划后，因为引入了需求方管理，土地市场将会维持相对平稳有序发展的态势，在一定程度上也避免和降低了地方政府的土地流拍风险，提高了土地供应计划的执行度。第四，加快配套制度设施的建设有助于完善土地“招拍挂”制度。房地产市场中出现的高房价不是单一的“招拍挂”制度造成的，原因有多方面，虽然“招拍挂”制度本身实施过程中存在一定问题，但把房地产市场和土地市场出现的种种乱象都归结于土地“招拍挂”制度的实施显然有失偏颇。比如土地市场供求信息不公开的问题、土地供应量未达到预定供应计划等上文提到的这些原因，还有土地投机、囤地、囤房等市场投机问题，显然与“招拍挂”制度本身没有关系。这些问题尚不能通过“招拍挂”制度本身解决。此外，房地产市场运行环境不完善、相关的法律法规制度的缺失及良好地保障房制度尚未建立的情况下，改革土地“招拍挂”制度本身并不能很好地缓解房价过快上涨的压力。因此，相关配套政策和制度的完善及法律法规的出台将是完善土地“招拍挂”制度本身所必需的。

（3）探索建立土地年租制度和土地批租制度结合的混合供地制度。

我国土地使用制度改革以来，在实践中否定了住宅用地中实行年租制的原有制度设计，实行单一全面的住宅用地批租制度。土地批租制度使得地方政府在短期内获得了大量的地租——土地出让金，并且地方政府以城市土地抵押获得大量了银行信贷，形成了具有中国特色的土地财政现象，土地批租使得地方政府获得了快速推动城市化建设的资金，但很明显也有诸多弊端：土地批租制下的土地投机和房地产投机问题，主要表现在房租、地租、基本面和房价的脱节上；地方政府一次性收取多年的土地出让金，在一定程度上透支了未来的土地收入，房地产企业也要承担巨大的资金压力，同时使得住宅房地产成本中的长期刚性成本增加；土地批租到期面临的法律风险，住宅用地法律规定为70年使用期限，但70年满后，《物权法》虽有规定，使用权满后可以自动续期，但自动续期是否再支付地租即土地出让金却无下文，这是土地批租制面临的一个法律风险问题；从平抑房价和引导建立健康有序发展的房地产市场而言，未来的土地批租制度可以从以下几个方面做出改革：第一，从上文中的论述中可以看到，在垄断供地制度和批租制结合的情况下，土地市场和商品住宅市场的地租资本化后的价格明显偏离了房租、地租，土地市场和商品住宅市场的投机性使得商品房更凸显了投资品资本性，而不是作为使用价值的消费品。因此，实行批租制和年租制结合的土地出让制度有利于以地租、房租引导土地和商品住宅定价即年租制度下房租可以有效引导批租制度下商品住宅定价，减少房地产市场的投机性，促进住宅房地产市场成为以消费为主的正常市场形态。实行批租制和年租制的混合也同样可以有效减少房地产企业在土地市场中囤地、囤房行为，减少土地市场的投机行为，从而引导地价和房价同时回归理性增值的轨道上，有效地降低系统金融风险。同时，实行混合租金制度后，也将引导政府建立合理的激励机制。在实行混合租金制度的同时应该按照各地经济发展水平来采用不同的比重，即经济发展程度较早、城市化程度高的地区可以适当地提高年租制的比重，而经济发展程度较晚、城市化程度低的地区可以暂时以土地批租制为主，但要用高增值税和高所得税对土地市场和房地产市场中的投机行为进行打击，减少房地产市场中的投机成分。第二，对于实行年租制出让土地的城市和地区，由于出让金按照年份收取，可参照市场租金或评估租金收取，相对于之前由房地产企业向地方政府缴纳土地出让金，实行年租制后，由房地产企业按照市场租金向地方政府缴纳一部分年限的租金，如5～10年，由于实行了年租制和批租制相结合的土地出让制度，则由房地产企业向地方政府缴纳的土地租金会下降，下降的幅度由年租金的租金率决定，年租金率作为一种价格杠杆，有效地调节土地所有者和土地使用者之间的关系。土地经过房地产企业二级开发后，作为完全产权性质的年租金租赁房进入商品房市场，很显然，房地产企业获得相当于社会平均利润的正常利润水平，消费者即土地使用者按照市场租金或评估租金向地方政府缴纳土地年租金。由于我国部分地区已经出台了征收房产税的政策，拥有多处不动产消费者即土地使用者向国家缴纳物业税（房产税），以使土地所有者获取土地自然增值的部分租金。在实行了土地年租制后，由于每年的租金实际已经参考了土地自然增值的部分，因此对于实行年租制的住宅房地产来说，房产税的某些功能已经被土地年租金所替代，可以统一使用租金来表示，在实践中也统一征收年租金。最后，对于实行年租制和批租制并存的土地市场，土地市场和房地产市场的体系更为复杂，因此需要对其实施可能出现的一些困难和障碍给予充分的考虑。首先，关于法律地位问题，法律法规的及时出台明确土地年租制下住宅房地产的财产权界定。其次，关于批租制和年租制比例的问题，政府的土地出让计划应有所考虑，同时土地使用者亦可向地方政府提出预申请，和批租制度下的“勾地”制度并行不悖，对于资金实力较强的企业，仍然可以选择实行批租。最后，实行混合租金制度后，要处理好批租制下的基准地价制定和年租制下的租金确定规则，使得租金市场和批租市场相互引导，最终达到均衡。总的来说，实行混合租金制的土地出让制度要有计划、有步骤地稳健推进，调整好土地所有者和土地使用者之间的关系，比如可以考虑对原有划拨土地进行前期试点工作，或者土地隐形市场较为严重的地区作为前期试点，租金标准由低到高，根据市场情况逐步调整。

（4）提高供地政策有效性的同时，逐步建立成熟的市场调控政策体系

对于房地产市场中的土地供应政策来说，理论分析表明土地供应政策作为供给面的政策应和货币政策有良好的协调性才能发挥其应有的作用，实证分析显示我国土地政策的有效性偏低，已经制约了货币政策发挥其应有的功能，因此，对于未来我国房地产市场调控中的供地政策改进有以下几点建议：首先，在土地政策和货币政策的协调中，土地政策效果不佳，基于全国层面的面板模型和向量自回归模型均证实了这一点，这可能来源于两个方面，在加大土地供应量的同时土地供给结构没有及时得到调整，抑或是供地政策的“漏出”效应，即土地供给出去之后并没有得到有效及时的开发，对于提高未来土地政策有效性时主要从这两个方面着眼。其次，对于用土地政策工具调控房价时，更应该注重调控的效果和调控的制度化、规范化，而现有的土地供给调控政策在这方面还有待改进，首先是针对土地政策的文件、政策很多，政策指向基本相同，但调控效果不佳，另外，土地政策调控房地产市场也有待于法制化、制度化。再次，在土地政策和货币政策配合的过程中，政策不能相互矛盾，比如松土地政策 + 紧货币政策或松货币政策 + 紧土地政策，这样的调控只能陷入政策陷阱中而

起不到应有的作用。此外，在以货币政策和土地政策为主体政策的房地产调控政策体系中，也不能忽视其他辅助的调控政策如税收政策、行政管制等手段。最后，土地政策作为转型期中国宏观调控的一种工具，主要是因为我国特殊的土地所有制、耕地资源的锐减和转型经济阶段调控的客观要求。土地政策参与宏观调控不具备财政政策和货币政策“紧缩”和“扩张”双向的调节机制，放量调控的弹性空间有限，而且，土地政策参与宏观调控既有直接性也有滞后性，因此，土地政策最终会退出房地产调控政策和宏观调控政策，恢复作为土地政策本身的职能。

8.3 后续性研究计划

上节总结了本书理论研究的新进展和实证分析，除了第1章提到的研究局限性之外，还有其他一些很值得研究的突破方向：

（1）考虑从需求面分析问题，尤其是考虑到土地市场和房地产市场很多程度上是由资本推动的，银行信贷和产业闲余资本可能对房地产业的热度起了推波助澜的作用。除了银行信贷之外，尚有经济增长速度、城市化率、人均收入、收入分配差距等诸多需求面因素都是分析房价波动的好的突破口，但所有的分析实质上都是供需分析。

（2）加强对不同区域、不同级别城市之间的差异性分析，比如说在东部、中部、西部三大区域中细化出一线、二线、三线城市，对不同城市间的具体情况进行差别化计量经济分析，这样可以为制定差异化的土地供给政策提供更全面的依据。在计量经济分析的基础上，分析出不同城市间差异化的原因，提出一些关于区域差异化之间的一般理论。

（3）城市土地的供应来源于存量土地和增量的农村土地，农村土地又可以分为城中村农地、城乡结接部农地、远离城市的农地，目前关于城市增量土地的农村土地仅限于城中村和城乡接合部的农村土地，未来如何在时间维度上、空间维度上合理利用农村土地资源平抑房价需要深入研究。此外，不同城市间的城市土地供应如何协调，供地指标在城市间、区域间盈缺互补以更加合理地促进土地资源配置和平抑房价，也需要进一步思考研究。

参考文献

[1] Asabere, P. K & Huffman, FE. Building Permit Policy and land Price distortions: empirical evidence [J]. *Journal of Housing Economies*, 2001 (10): 59 -68.

[2] Ben-Shahar, D. Theoretical and empirical analysis of the mutiperiod pricing patten in the real estate market [J]. *Journal of Housing Economics*, 2002, (13): 95 -107.

[3] Davis, G. W. A model of the urban residential land and housing markets [J]. *The Canadian Journal of Economics*, 1997, 10 (3): 393 -410.

[4] Davis, M. A. & Heatheote, J. The Price and quantity of residential land in the United States [J]. *Journal of Monetary Economics*, 2007 (59): 1 -26.

[5] Deation, A. &Laroque, G. Housing, land price, and growth [J]. *Journal of Economics Growth*, 2001 (6): 87 -205.

[6] Frame, D. E. Equilibrium and migration in dynamic model of housing markets [J]. *Journal of Urban Economics*, 2004 (55): 93 -112.

[7] Gillen, M. &Fisher, P. Residential developer behavior in land Price determination [J]. *Journal of Property Research*, 2002, 19 (1): 39 -59.

[8] Kenny, G. Modelling the demand and supply sides of the housing market: Evidence from Ireland [J]. *Economics Modelling*, 1999 (16): 389 -409.

[9] Laferrere, A. &Blane, D. L. How do housing allowances affect rents? an empirical analysis of the French case [J]. *Journal of Housing Economics*, 2004 (13): 36 -67.

[10] Markusen, J. R. Elements of real asset Pricing: a theoretical analy-

sis with special Reference to urban land prices [J]. *Land Economics*, 1979, 55 (2): 153 -166.

[11] Nordvik, V. Selective housing policy in local housing markets and the supply of housing [J]. *Journal of Housing Economic*, 2006 (15): 279 -292.

[12] Oates, W. E. Property taxation and local Public spending: the renter effect [J]. *Journal of Urban Economics*, 2005 (57): 419 -431.

[13] Pamuk, A. &Dowall, D. E. The Price of land for housing in Trinidad: the role of Regulatory constraints and implications for affordability [J]. *Urban Studies*, 1998, 35 (2): 285 -299.

[14] Potepan, M. Explaining inter-metropolitan variation in housing prices, rents and land prices [J]. *Real Estate Economics*, 1996 (24): 219 -245.

[15] Rose, L. Urban land supply: natural and contrived restrictions [J]. *Journal of Urban Economics*, 1989 (25): 325 -345.

[16] Sheiner, L. Housing. Prices and the savings of renters [J]. *Journal of Urban Economics*, 1995 (38): 94 -125.

[17] Somerville, C. T. The industrial organization of housing supply: market activity, Land supply and the size of home builder firms [J]. *Real Estate Economics*, 1999, 27 (4): 669 -694.

[18] Thorsnes, P. Consistent estimates of the elasticity of substitution between land and non-land inputs in the Production of housing [J]. *Journal of Urban Economics*, 1997 (42): 95 -105.

[19] Capozza, D. R., Hendershott, P. H., &Maek, C. An anatomy of Price dynamics in illiquid markets: analysis and evidence from local housing markets [J]. *Real Estate Economics*, 2004. 32 (1): 1 -32.

[20] Chau, K. W., Wong, S. K., Yiu, C. Y., TSe, M. K. S&Pretorius, F. 1. H. Do unexpected land auction outcomes bring new information to the real estate market [J]. *The Journal of Real Estate Finance and Economics*, 2010, 40 (4): 480 -496.

[21] Cheshire, P., &ShePPard, S. The welfare economics of land use

Planning [J]. *Journal of Urban Economics*, 2002, 52 (2): 242 -269.

[22] Clapp, J. M. , &Giaeeotto, C. The influence of economic variables on local House Price dynamics [J]. *Journal of Urban Eeonomics*, 1994 (36): 161 -183.

[23] Cunningham, C. R. House Price uncertainty, timing of development, and vacant land Prices: Evidence for real options in Seattle [J]. *Journal of Urban Economics*, 2006, 59 (1): 1 -31.

[24] DiPasquale, D. , &Wheaton, W. Housing market dynamics and the future of housing prices [J]. *Journal of Urban Economics*, 1994, 351 - 367.

[25] Dowall, D. E. , &Landis, J. D. Land -use controls and housing costs: An examination of San Francisco Bay area communities [J]. *Journal of the American Real Estate & Urban Economics Association*, 1982, 10 (1): 67 -93.

[26] Edward, G. , JosePh, G. , &Hilber, C. Housing affordability and land price: is there a crisis in American cities [J]. *NBER work paper*, 2002, 8835.

[27] Elboume, A. The UK housing market and the monetary Policy transmission mechanism: An SVAR approach [J]. *Journal of Housing Economics*, 2008, 17 (1): 65 -87.

[28] Follain, J. R. The Price elasticity of the long run supply of new housing construction [J]. *Land Economics*, 1979, 55: 190 -199.

[29] Geltner, D. , MacGregor, B. D. , &Sehwann, GM. Appraisal smoothing and price discovery in real estate markets [J]. *Urban Studies*, 2003, 40 (5 -6): 1047 -1064.

[30] Glaeser, E. L. , Gyourko, J. , &Saks, R. E. Why have housing Prices gone up [J]. *American Economic Review*, 2005, 95: 329 -333.

[31] Goodman, A. C. Central cities and housing supply: growth and decline in US Cities [J]. *Journal of Housing Economics*, 2005, 14: 315 -335.

[32] Goodman, A. C. , &Thibodeau, T. G Where are the speculative bubbles in US Housing markets [J]. *Journal of Housing Economics*, 2008, 17 (2): 117 -137.

[33] Green, R. K. , MalPeZZi, S. , &Mayo, S. K. Metropolitan - specific estimates of The Price elasticity of supply of housing, and their sources [J]. *American Economic Review*, 2005, 95 (2): 334 -339.

[34] Harris, J. C. The effete of real rates of interest on housing Prices [J]. *Journal of Real Estate Finance and Eeonomics*, 1989, 2 (1): 47 -60.

[35] HolWay, J. M. &Burby, R. J. The effects of floodplain development controls on Residential land values [J]. *Land Economics*, 1990, 66 (3): 259 -271.

[36] Lawrenee, S. B. Household headship rates, household formation and housing demand in Canada [J]. *Land Economics*, 1984, 60 (2): 180 -155.

[37] Lee, C. 1. Does Provision of Public rental housing crowd out Private housing investment? A Panel VAR approach [J]. *Journal of Housing Economics*, 2007, 16 (1): 1 -20.

[38] MalPezzi, S. , &Maelen - nan, D. The long-run Price elasticity of supply of new Residential construction in the United States and the United Kingdom [J]. *Journal of Housing Economics*, 2001, 10: 278 -306.

[39] MalPezzi, S. , &Mayo, S. K. Getting housing incentives right: a case study of The effete of regulation, taxes and subsidies on housing supply in Malaysia [J]. *Land Economics*, 1997, 73: 372 -391.

[40] Monk, J. A. , Royee, S. C. , &Dunn, J. *The relationship between and Supply and Housing Production* [M]. York: Joseph Rowntree Foundation. 1994.

[41] Muellbauer, J. , &Muphy , A. Booms and busts in the UK housing market [J]. *Economic Journal*, 1997, 107 (445): 1701 -1727.

[42] Muth, R, F. The derived demand for urban residential land [J]. *Urban Studies*, 1971: 243 -254.

[43] Ooi, J. TL. , &Sirmans, C. F. The wealth effects of land acquisition [J]. *The Journal of Real Estate Finance and Eeonomics*, 2004, 29 (3): 277 -294.

[44] Ooi,, J. T. L. , &Lee, 5. T. Price discovery between residential

land &housing Markets [J]. *Journal of Housing Researeh*, 2004, 15 (2): 95 – 112.

[45] Ozanne, L. , &Thibodeau, T. G. Explaining metropolitan housing Price differences [J]. *Journal of Urban Economics*, 1983, 13 (1): 51 –66.

[46] Poteoan, M. J. Explaining inter metropolitan variation in housing prices, rents and land prices [J]. *Real Estate Economics*, 1996, 24 (2): 219 –245.

[47] Poterba, J. M. Tax subsidies to owner-occupied housing: an asset market approach [J]. *Quarterly Journal of Economics*, 1984, 99: 729 –753.

[48] Quigley, J. M. , &Raphael, S. Regulation and the high cost of housing in California [J]. *American Economic Review*, 2005, 95 (2): 323 –328.

[49] Raymond, T. YC. Housing Price, land supply and revenue from land sales [J]. *Urban Studies*, 1998, 35 (8): 1377 –1392.

[50] Stephen, M. , &Waehter, 5. M. The role of speculation in real estate cycles [J]. *Journal of Real Estate Literature*, 2005, 13 (2): 143 –164.

[51] Stevenson, S. Modeling housing market fundamentals: empirical evidence of extreme market conditions [J]. *Real Estate Economics*, 2008, 36 (1): 1 –29.

[52] Tang, K. K. The wealth effete of housing on aggregate consumption [J]. *Applied Economics Letters*, 2006, 13 (3): 189 –193.

[53] ToPel, R. H. , &Rosen, S. Housing investments in the United State [J]. *Journal of Political Economy*, 1988, 96 (4): 718 –740.

[54] TSoukis, C. , &Alyousha, A. Implications of intertemporal optimization for House and land prices [J]. *Applied Eeonomics*, 1999, 31: 1565 –1571.

[55] Abelson Peter. House and Land Prices in Sydney from 1931 to 1989 [J]. *Urban Studies*, 1997, 34 (9): 1381 –1400.

[56] Alyousha Ahmed&Tsoukis, Christopher. Ricardian Causal Ordering and the Relation between House and Land Prices: Evidence from England [J]. *Applied Economic Letters*, 1998 (5): 325 –328.

[57] Dale-Johnson, D. , W. J. Brzeski. Land Value Functions and Land

Price Indexes in Cracow 1993—1999 [J]. *Journal of Housing Economics*, 2001, 10: 3, 307 -334.

[58] Dowall David E, Leaf Michael. The Price of Land for Housing in Jakarta [J]. *Urban Studies*, 1991, 28 (5): 707 -722.

[59] Hannah. L, Kim. K. H. and Mills. E. S. Land use controls and housing prices on Korea [J]. *Urban Studies*, 1993 (30): 147 -156.

[60] Jack Carr and Lawrence B. Smith. Public Land Banking and the Price of Land [J]. *Land Economics*, 1975 (11): 21 -29.

[61] James Meikle. A Review of Recent Trends in House Construction and Land Prices in Great Britain [J]. *Construction Management and Economics*, 2001 (19): 259 -265.

[62] Levin E J, Wright R E. The impact of speculation on house prices in the United Kingdom [J]. *Econ Model*, 1997 (14): 567 -580.

[63] Meese, R, and N, Wallace. Tesfnlng the Present Value Relation for Housing Prices: Should I Leave My House in San Francisco [J]. *Journal of Urban Economics*, 1994 (35): 45 -66.

[64] Peng R, Wheaton W C. . Effects of restrictive land supply on housing in Hong Kong and econometric analysis [J]. *Journal of Housing Research*, 1994, 5 (2): 262 -291.

[65] Pollakowski. H. O, S. M. Wachter. The Effect of Land-Use Constraints on Housing Prices [J]. *Land Economics*, 1990, 66 (3): 315 -324.

[66] Stephen Malpezzi. Measuring the Costs and Benefits of Urban Land Use Regulation: A Simple Model with an Application to Malaysia [J]. *Journal of Housing Economics*, 1996 (10): 393 -418.

[67] Tsoukis, Christopher&Alyousha Ahmed. Implications of inter-temporal Optimization for House and Land Prices [J]. *Applied Economics*, 1999 (31): 1565 -1571.

[68] Wheaton WC. Real estate cycles [J]. *Real estate Economies*, 1999, 27 (2): 209 -230.

[69] Winky K. O. H, Sivaguru Ganesan. Study on Land Supply and the

Price of Residential Housing. Neth [J]. *J. of Housing and the Built Environment*, 1998 (130): 439 - 452.

[70] Quigley John M. Real estate prices and economic cycles [J]. *International Real Estate Review*, 1999, 2 (1): 1 - 20.

[71] Harris J. The Effect of Real Rates of Interest on Housing Prices [J]. *Journal of Real Estate Finance and Economics*, 1989, 2: 47 - 60.

[72] Archer W. R., Gatzlaff D. H., Ling D. C. Measuring the Importance of Location in House Price Appreciation [J]. *Journal of Urban Economics*, 1996 (40): 334 - 353.

[73] Quigley. J. M. Real Estate Prices and the Asian Crisis [J]. *Journal of Housing Economics*, 2001, 10: 129 - 161.

[74] Pesaran H. H., ShinY. Generalized Impulse Response Analysis in Linear Multivariate Models [J]. *Economics Letters*, 1998, 58: 17 - 29.

[75] Monk S. Evolucating the Economic Impact of Planning Controls in the United Kingdom [J]. *Land Economics*, 1999 (1): 74 - 83.

[76] Englund P., Iounnides Y. M. House Price Dynamics: An International Empirical Perspective [J]. *Journal of Housing Economics*, 1997 (6): 119 - 136.

[77] Diparsquel D. Why Don't We Know more about Housing Supply [J]. *Journal of Real Estate Finance and Economic Base*, 1996, 11 (1): 31 - 37.

[78] Deutsch E., Tiwari P., Moriizumi Y. The Slowdown in the Timing of Housing Purchases in Japan in the 1990s [J]. *Journal of Housing Economics*, 2006 (3): 230 - 256.

[79] Dennis R., Charlotte Mack. Determinants of Real Housing Price Dynamics [J]. *NBER Working Paper*, No. 9262, 2002.

[80] Dag H., E. Naug. What Drive House Price [J]. *Economic Bulletin*, 2005, 1: 29 - 41.

[81] Aura, S, &Davidoff, T, Supply constraints and housing prices [J]. *Economic Letters*, 2008, 99 (2), 275 - 277.

[82] Ayuso, J., &Restoy, F. House Prices and rents in Spain: Does the

discount Factor matter [J]. *Journal of Housing Eeonomics*, 2007, 16 (3-4), 291-308.

[83] Campbell, S. D., &Davis, M. A., et al. What moves housing markets: A variance decomposition of the rent-Price ratio [J]. *Journal of Urban Economics*, 2009, 66 (2), 90-102.

[84] Gallin, J. H. The long-run relationship between house prices and rents [J]. *Divisions of Research &Statistics and Monetary Affairs*, 2004.

[85] Himmelberg, C., &Mayer, C., tal. Assessing high house Prices: Bubbles, fundamentals, and misperceptions [J]. *Journal of Economic PersPectives*, 2005, 19: 67-92.

[86] Laferrere, A., &LeBlane, D. How do housing allowances affect rents? An empirical analysis of the French case [J]. *Journal of Housing Economics*, 2004, 13 (1): 36-67.

[87] Miller, N. G., Peng, L., &Sklarz, M. House Prices and economic growth [J]. *Journal of Real Estate Finance and Economics*, 2009, 42 (4): 1-20.

[88] Plazzi, A., Thorous, W., &Valkanov, R., Expected returns and the expected growth in rents of commercial real estate [J]. *Working Paper*, *University of California*, *Los Angeles*, 2006.

[89] Quigley, J. M., &Raphael, S. Regulation and the high cost of housing in California [J]. *The American Economic Review*, 2005, 95 (2): 323-328.

[90] Wu, J. J., Adams, R. M., &Plantinga, A. J. Amenities in an urban equilibrium model: Residential development in Portland, Oregon [J]. *Land Economics*, 2004, 80 (1), 19-32.

[91] 郭其友．土地供给与经济周期：土地政策参与宏观调控的理论诠证 [J]. 当代经济研究，2007 (5).

[92] 杨慧．中国住房市场与土地市场协调性分析 [J]. 中国国土资源经济，2012 (8).

[93] 黄静．土地供给方式对房价的影响研究 [J]. 上海财经大学学

报，2012（4）.

[94] 李国敏．土地年租制：住宅用地制度改革的方向 [J]．城市问题，2006（9）.

[95] 付颖哲．德国抑制土地和房地产投机的经验 [J]．宏观经济管理，2011（2）.

[96] 曹建海．德国房价为何10年稳定 [J]．人民论坛，2010（7）.

[97] 曹明星．高房价视角下的房地产税制改革 [J]．税务研究，2010（4）.

[98] 黄聚河．外国政府控制房价的有效经验及启示 [J]．价格理论与实践，2007（3）.

[99] 唐健．近年来房地产调控中的土地政策辨析 [J]．中国土地科学，2011（3）.

[100] 徐小华．房价与地价的动态调整关系 [J]．中国土地科学，2010（4）.

[101] 马小刚．房地产开发土地供给制度分析 [D]．重庆：重庆大学，2009.

[102] 濮励杰．城市土地供应与房地产市场运行研究 [M]．北京：科学出版社，2008.

[103] 张娟锋．土地资源配置体制与供给模式对房地产市场影响的路径分析 [J]．中国软科学，2011（5）.

[104] 李建建．城市土地储备制度与地价上涨的关系研究 [J]．当代经济研究，2007（8）.

[105] 程大涛．住房用地二元体制对公共租赁房产业化发展的影响研究 [J]．中国土地科学，2011（6）.

[106] 周彬．“土地财政”与房地产价格上涨：理论分析和实证研究 [J]．财贸经济，2010（8）.

[107] 郑思齐．土地财政下的土地和住宅市场：对地方政府行为的分析 [J]．广东社会科学，2011（2）.

[108] 宫汝凯．什么推动了中国城镇房价上涨？来自制度变量的证据 [J]．南方经济，2012（9）.

[109] 王学龙．中国的土地财政与房地产价格波动［J］．经济评论，2012（4）．

[110] 冯辉．论地方政府在当下房价调控问题上的角色转变及法律规范［J］．广东社会科学，2011（4）．

[111] 张小宏．住宅用地供给短缺背后的地方政府动机［J］．学习与探索，2010（11）．

[112] 张双长．“二次房改”的财政基础分析［J］．财政研究，2010（7）．

[113] 骆祖春．中国土地财政问题研究［D］．南京：南京大学，2012.

[114] 王绍洪．商品房用地制度变迁与制度创新框架［J］．经济体制改革，2011（1）．

[115] 王川．我国城镇土地供应绩效评价及住房市场监控机制研究［D］．重庆：重庆大学，2011.

[116] 唐要家．行政性市场势力与图书纵向价格扭曲［J］．产业经济评论，2011（9）．

[117] 唐要家．电信主导运行商价格压榨的竞争效应［J］．中国工业经济，2012（4）．

[118] 杨艳琳．市场集中度与市场绩效的悖论［J］．财贸经济，2008（3）．

[119] 汪冲．寡头型国有土地供应、土地信贷融资与财政调整［J］．上海财经大学学报，2011（8）．

[120] 柳泽民．投机与垄断：房价非理性上涨之根［J］．海派经济学，2011（2）．

[121] 文桂江．财政化商品价格变动的历史经验分析与启示［J］．财贸经济，2010（1）．

[122] 张立建．利润最大化区位理论与广州高房价的根源［J］．统计研究，2008（9）．

[123] 马小刚．房地产土地一级市场的政府管控制度分析［J］．中国行政管理，2009（2）．

[124] 郭春丽. 土地制度改革思路和对策 [J]. 宏观经济管理, 2012 (6).

[125] 王岳龙. 土地囤积对房地产市场绩效的影响机制研究 [J]. 经济评论, 2012 (4).

[126] 黄振宇. 我国住宅市场供给对住宅价格影响的实证分析 [J]. 宏观经济研究, 2011 (3).

[127] 陈鑫. 住宅价格与投机泡沫研究 [J]. 甘肃社会科学, 2011 (3).

[128] 丰雷. 中国土地供应管制对住宅价格波动的影响 [J]. 经济理论与经济管理, 2011 (2).

[129] 张智. 国外土地供给限制制度及其对我国房地产市场的启示 [J]. 中国房地产, 2009 (7).

[130] 刘扬. "招拍挂"制度对城市房地产市场垄断趋势的影响 [J]. 福建论坛, 2010 (3).

[131] 邹琳华. 管制和垄断对房地产成本的影响估计 [J]. 统计研究, 2009 (2).

[132] 黄忠. 房地产市场中的两个垄断问题论纲 [J]. 价格理论与实践, 2007 (9).

[133] 姜建. 我国房地产市场调控政策研究 [D]. 武汉: 华中科技大学, 2012.

[134] 沈悦. 需求异质性、正反馈交易与住宅价格异常波动 [J]. 经济管理, 2011 (6).

[135] 李国敏. 土地年租制: 住宅用地制度改革的方向 [J]. 城市问题, 2006 (9).

[136] 余华义. 中国地价、利率与房价的关联性研究 [J]. 经济评论, 2009 (4).

[137] 易森. 我国住房问题的症结与公租房建设 [J]. 马克思主义研究, 2012 (5).

[138] 杨蕙馨. 横向并购: 我国房地产业集中度演变与发展路径研究 [J]. 经济学动态, 2012 (4).

[139] 余壮雄．谁推高了房价？开发商、置业者还是地方政府？[J]．经济学家，2010（5）．

[140] 马雪．财政分权下的土地问题［J］．东岳论丛，2012（5）．

[141] 黄瑜．土地价格、居民收入对商品住宅价格影响的动态分析［J］．经济与管理研究，2010（10）．

[142] 唐根年．房地产价格上涨的基础支撑面及其市场风险预警研究［J］．经济学家，2010（6）．

[143] 王继东．我国房价波动性与市场集中度关系的研究［J］．烟台大学学报，2012（10）．

[144] 张亚丽．预期收入、收益率和房价波动［J］．财贸经济，2011（1）．

[145] 张娟锋．土地管制、市场价格与政策选择［J］．财贸经济，2012（7）．

[146] 张洪．我国城市土地供应政策的经济分析［J］．财贸经济，2007（6）．

[147] 邓念．政府作用下的中国房地产市场理论与实证研究［D］．上海：复旦大学，2010.

[148] 郭宏宝．财产税、城市扩张与住房价格：基于12个城市面板的经验分析［J］．财贸经济，2011（3）．

[149] 吕江林．我国城市住房市场泡沫水平的度量［J］．经济研究，2010（6）．

[150] 刘民权．商业地价形成机制、房地产泡沫及其治理［J］．金融研究，2009（10）．

[151] 陈超．从供给视角看我国房地产市场的“两难困境”［J］．金融研究，2011（1）．

[152] 王松涛．土地供应政策对住房供给与住房价格的影响研究［J］．土木工程学报，2009（10）．

[153] 郑娟尔．土地供应模式和供应量影响房价的理论探索与实证研究［D］．杭州：浙江大学，2008.

[154] 陈崇．房地产价格波动及其宏观效应研究［D］．南京：南京

大学，2011.

[155] 邵挺．二元土地市场、城乡收入差距与城市结构体系的研究［D］．上海：复旦大学，2010.

[156] 王松涛．中国住房市场政府干预的原理与效果评价［J］．统计研究，2011（1）．

[157] 温海珍．房价与地价的内生性及其互动影响［J］．财贸经济，2010（2）．

[158] 王岳龙．基于中国省级面板数据的房价与地价关系研究［J］．山西财经大学学报，2010（1）．

[159] 陈会广．中国普通住宅房价与地价关系的理论及实证研究［J］．资源科学，2011（5）．

[160] 王岳龙．土地“招拍挂”制度在多大程度上提升了房价［J］．财贸研究，2012（3）．

[161] 岳晓武．房价、地价与土地“招拍挂”［J］．中国土地，2005（1）．

[162] 张凌．中国沿海和内陆城市住房价格波动差异与动力因素［J］．中国土地科学，2011（3）．

[163] 李勇．中国房价和地价到底谁拉动谁［J］．北京师范大学学报，2011（10）．

[164] 陈鑫．住宅价格与投机泡沫研究［J］．甘肃社会科学，2011（3）．

[165] 邓敏．再售期权、货币幻觉与商品住宅价格泡沫［J］．上海金融，2011（8）．

[166] 朱媛玲．土地供给信息对我国住宅市场价格影响研究［J］．情报科学，2012（5）．

[167] 王鹏．我国土地价格的形成机理及其与房地产价格的关联性研究［D］．长春：吉林大学，2010.

[168] 谭政勋．利润率下降、信贷扩张与房价波动［J］．经济学家，2012（5）．

[169] 杨朝军．“批租制”下中国地产投资价值研究［J］．经济研

究，2005（9）.

［170］李宏瑾．土地定价的实物期权方法［J］．世界经济，2007（8）.

［171］王媛．不确定性、实物期权与政府土地供应决策［J］．世界经济，2012（3）.

［172］程大涛．房价与地价关系新解：土地重置成本决定房地产价格［J］．价格理论与实践，2009（6）.

［173］洪银兴．马克思地租、地价理论研究［J］．当代经济研究，2005（8）.

［174］郭春丽．着力推进土地使用制度改革的探讨［J］．宏观经济管理，2011（4）.

［175］李洪侠．房租、地租、批租和寻租［J］．中国统计，2010（19）.

［176］邹至庄．中国城镇居民住房的需求与供给［J］．金融研究，2010（1）.

［177］戴双兴．香港土地批租制度及其对内地土地储备制度的启示［J］．亚太经济，2009（2）.

［178］赵建．政府调控、住房需求结构与住房价格：一个动态模型［J］．南方经济，2009（2）.

［179］程大涛．我国房地产价格上涨驱动机理分析［J］．财贸经济，2010（8）.

［180］叶阿忠．房价的影响因素分析［J］．中国管理科学，2011（10）.

［181］李明月．市场经济中的地租形式研究［J］．南方经济，2002（11）.

［182］赵诚赞．地租资本化与货币流动性过剩的关系及影响研究［J］．经济体制改革，2009（1）.

［183］陈多长．房地产业作为支柱产业的例证：香港的经验［J］．财贸经济，2008（3）.

［184］安体富．我国土地出让金：现状、问题及政策建议［J］．南京大学学报，2011（1）.

［185］张林山．我国土地管理制度主要问题分析与政策展望［J］．宏

观经济管理，2011（3）.

［186］张屹山．中国房屋销售价格、土地价格和租赁价格的关系研究［J］．吉林大学学报，2010（1）.

［187］吕筱萍．引导我国住房市场价值合理回归的路径选择［J］．价格理论与实践，2012（7）.

［188］肖可砾．房产泡沫及中国房地产调控政策分析［J］．江西社会科学，2012（4）.

［189］吴福象．租售比、房价收入比与房地产市场调控［J］．当代财经，2012（6）.

［190］盛松成．经济发展对房价长期走势的决定作用［J］．财贸经济，2007（8）.

［191］郑文娟．中国城市住房价格与住房租金的影响因素及相互关系研究［D］．杭州：浙江大学，2011.

［192］张娟锋．住宅价格与土地价格的城市间差异及其决定［D］．杭州：浙江大学，2008.

［193］徐利．对房地产市场调控政策的反思［J］．财政研究，2010（10）.

［194］陈卫东．世界主要国家和地区住房调控政策经验与启示［J］．宏观经济研究，2010（3）.

［195］兰宜生．我国东中西部大城市土地出让金体现的级差地问题研究［J］．中国经济问题，2012（1）.

［196］周晓蓉．中国住宅市场宏观调控政策效果的理论与实证分析［J］．宏观经济研究，2012（2）.

［197］李成．房价波动、货币政策工具的选择与宏观经济稳定［J］．当代经济科学，2011（6）.

［198］吴焕军．土地政策在房地产调控中的政策效果评价［J］．中南财经政法大学学报，2011（6）.

［199］李懿．房地产供给方金融行为及相关房地产金融宏观制度研究［D］．上海：上海交通大学，2006.

［200］高铁梅．计量经济分析方法与建模：EVIEWS 应用及实例

[M]. 北京：清华大学出版社，2009（2）.

[201] 刘应杰. 德国房价不涨的调控经验 [J]. 人民论坛，2012（9）.

[202] 刘江涛. 限购政策与房价的动态变化 [J]. 经济学动态，2012（3）.

[203] 汪建强. 德国房价调控经验及对我国的启示 [J]. 价格理论与实践，2012（2）.

[204] 王松涛. 中国住房市场政府干预的原理与效果评价 [M]. 北京：清华大学出版社，2009.

[205] 吴璟. 中国城市住房价格短期波动研究 [D]. 北京：清华大学，2009.

[206] 龙奋杰. 中国主要城市住宅市场差异的经济分析 [M]. 北京：清华大学出版社，2008.

致　谢

本书是在博士学位论文的基础上修订而成，在成书之际谨向培养我成长的厦大经济学院老师们、陪伴和关心帮助我的同学、朋友和亲人表示深深的谢意。

首先要感谢我的导师陈永志教授。在一年级繁重的考试压力和二年级毕业论文选题中，我遇到很多困难，陈老师一直鼓励启示我，使我最终克服了这些困难，圆满地完成了任务。他循循善诱的教导让我铭记于心，受益终生。博士论文的写作过程中，陈老师一直悉心指导，精心点拨，帮我拓展思路，修改完善论文。在此谨向陈老师致以我最诚挚的谢意！

感谢经济学院老师对我的培养和无私帮助。在学习生活期间，我有幸聆听了多位教授的课程，得到学院老师不少关怀。尤其是杨继国老师、林民书老师、赖小琼老师、郭其友老师、邵宜航老师等对论文开题报告提出了意见，他们的批判建议是论文能够完善的主要因素。在此，谨向各位老师表示衷心的谢意。

感谢我的父母，我的学业与他们的支持是分不开的。父亲对我的支持和要求使我不断奋进，母亲不断鼓励我，她的慈爱和宽容是我无形的动力。这篇论文作为博士研究生毕业的礼物送给父母，感谢他们多年对我的关心、理解与支持。

感谢厦门大学这个美丽的校园。是这充满人文气息的美丽校园，给我提供了极其良好的学习、生活、成长环境。感谢这里有缘结识的朋友、同学！

本书出版过程中得到了河南财经政法大学工程管理与房地产学院和中国经济出版社的大力支持，在此一并深表谢意！

作　者

2018 年 8 月于郑州